Francis de RIOLS de FONCLARE

DOCTEUR EN DROIT

Directeur des Verreries de Toulouse

Les

Verreries forestières de Moussans

(1450 - 1890)

Et les

Principales Familles

de gentilshommes verriers

Couronne de laurier en argent
décernée par la Société
Archéologique, Scientifique et
Littéraire de Béziers
(Concours de 1925)

TOULOUSE
J. BONNET
1925

Les

Verreries forestières de Moussans

(1450-1890)

Et les

Principales Familles
de gentilshommes verriers

Francis de RIOLS de FONCLARE

DOCTEUR EN DROIT

Directeur des Verreries de Toulouse

Les

Verreries forestières
de Moussans

(1450-1890)

Et les

Principales Familles

de gentilshommes verriers

⚜

TOULOUSE

J. BONNET

1925

PRÉFACE

Nous avions entrepris avec M. SAHUC, notaire, Conseiller général de l'Hérault, une étude sur les verreries forestières de Moussans, et nous nous étions partagé ce travail nécessitant de nombreuses recherches tant dans les archives notariales, que dans les archives du Parlement de Toulouse, et également au point de vue technique.

Malheureusement, en juin dernier, la mort ravissait M. SAHUC à l'affection de sa famille et de ses nombreux amis. Sa bienveillance et sa bonté resteront gravées dans notre cœur.

Nous le remercions de tous les renseignements qu'il avait mis à notre disposition, et qui nous ont permis de terminer ce travail, que nous avions commencé ensemble.

Nous remercions également M. BERTHELÉ, archiviste du département de l'Hérault, M. LOIRETTE, archiviste du département de la Haute-Garonne, M. PORTAL, archiviste du département du Tarn, d'avoir eu l'obligeance de mettre à notre disposition les documents qui nous intéressaient.

Voici le plan général de cet ouvrage : Dans l'Introduction nous nous sommes occupés brièvement des principales chartes régissant les rapports des gentilshommes verriers entre eux et avec le pouvoir royal, nous avons rappelé les institutions de Sommières qui veillaient à l'application des statuts édictés, soit par la coutume ou par les Assemblées générales. Les gentilshommes verriers constituaient vraiment un « corps » avec des règlements et des juges spéciaux.

Pourquoi les verreries forestières se sont-elles installées dans la région moussannaise plutôt là qu'ailleurs, tel est l'objet du Livre I, étudiant la géographie et la géologie de cette région. Une série de matières premières existant aux environs immédiats de Moussans, d'autre part, les communications étant difficiles, les verreries devaient s'installer à proximité pour s'approvisionner aisément en combustible et en matières premières.

En économie politique, on constate souvent que les richesses géologiques ou géographiques sont créatrices de centres de population : pendant deux siècles, malgré la pauvreté des ressources agricoles, la région de Moussans eut une ère de prospérité. Mais l'avènement de la manufacture, du chauffage au charbon et l'émigration des habitants vers les plaines plus fertiles, amena la décadence de l'industrie du verre qui était restée régionale pendant longtemps.

Dans le Livre II, nous avons étudié la plupart des familles de gentilshommes verriers, en insistant sur la nôtre. Beaucoup ont continué jusqu'à nos jours le métier de verrier, et cela représente une fidélité de plus de quatre siècles à une profession et à une région.

Dans le Livre III nous avons étudié les moyens et les modes de production.

D'abord la fabrication et ensuite la vente.

Au sujet de la fabrication, nous avons indiqué les fours de fusion employés pour le chauffage au bois, les fours à recuire ou arches, le matériel employé. Nous avons énuméré la plupart des objets qui se fabriquaient aux XVe, XVIe, XVIIe et XVIIIe siècles, certains d'entre eux se fabriquent encore et sont même d'une vente courante.

Au sujet de la vente, nous avons signalé les familles moussanaises allant dans toutes les provinces voisines, transporter, par charretées, les marchandises fabriquées à Moussans. Après avoir étudié les conditions de salaires et esquissé la vie sociale des gentilshommes verriers au XVIIe siècle, nous avons tracé les effets de la Réforme dans cette région. La plupart des familles avaient embrassé le protestantisme, mais dès la fin du XVIIe siècle, les abjurations se sont multipliées, moins par la violence, que par la persuasion et l'extrême bonté de l'évêque de Saint-Pons, Pierre-Jean-François DE PERCIN DE MONTGAILLARD.

Nous serons heureux si, au cours de cet ouvrage, le lecteur s'intéresse aux Verreries de Moussans, aujourd'hui petit village à demi abandonné, mais qui, sous l'ancien Régime, eut beaucoup de renom pour ses nombreuses verreries forestières. Nous avons ainsi rendu hommage à cette petite patrie, à la famille dont nous sommes issus, et aux familles auxquelles nous sommes alliés.

BIBLIOGRAPHIE

Les Verreries de la Normandie, les gentilshommes et artistes verriers normands, par O. Le Vaillant de la Fieffe, Rouen, 1873.

Monographie d'une famille et d'un village : la famille de Robert et les gentilshommes verriers de Gabre, par Elisée de Robert-Garils, Toulouse, Privat, 1889.

Bulletin de la Société Languedocienne de géographie (1910-1914), ouvrage de de Saint-Quirin (capitaine de Cazanove). « Les Verriers du Languedoc ».

Armorial de Languedoc, par Louis de la Roque; « Généralité de Montpellier, t. I; Félix Séguin, éditeur, Paris, 1860.

Annuaire historique et généalogique de la province de Languedoc, par Louis de la Roque, Paris, 1861.

Jugements sur la noblesse de Languedoc, par M. de Bezons; « Généralités de Toulouse et Montpellier », par le marquis d'Aubais, 1759.

Catalogue des gentilshommes de la province de Languedoc, par Henri de Caux, in-f°, Pézénas, 1676.

Dictionnaire topographique et historique de l'arrondissement de Saint-Pons, par J. Sahuc, Montpellier, 1910.

Mémoire géographique et historique sur l'arrondissement de Saint-Pons au XVIIIe siècle, par J. Sahuc, Montpellier, 1906.

Un ami de Port-Royal, Pierre-Jean-François de Percin de Montgaillard, évêque de Saint-Pons, par J. Sahuc, Paris, 1909.

L'hérault géologique, par P.-G. de Rouville, Montpellier, 1894.

Pièces fugitives pour servir à l'histoire de France, par le marquis d'Aubaïs et Ménard, Paris, *M.D.C.C.LIX*, avec approbation et privilège du Roy.

Archives départementales du Tarn A2.

Catalogue des actes de François Ier.

Archives départementales de l'Hérault. Série C.

Archives communales de la ville de Saint-Pons.

Indicateur du grand armorial général de France, dressé par Charles D'HOZIER (publié sous Louis, Paris), 1869, t. II.

Nobiliaire Toulousain, par Alphonse BRÉMOND (Bonnal et Gibrac, éditeurs), Toulouse, 1863

Archives communales de Rieussec.

Géographie générale du département de l'Hérault, publiée par la *Société Languedocienne de Géographie*.

Le Verre et le Cristal, par J. HENRIVAUX, Paris, 1883.

Archives de la Haute-Garonne. Section judiciaire et notariale. B. Eaux et forêts.

Maîtrise de Saint-Pons, F. 17, 18 et suiv.

Dictionnaire géographique, historique et politique de la France, 1764, par l'abbé D'EXPILLY.

Introduction à la description de la France, Paris, 1752, t. 1er, par PIGANIOL DE LA FORCE.

Diversarum artium schedula, moine THÉOPHILE.

Dictionnaire de l'ameublement et de la décoration, par Henry HAVARD, Paris, Collection Quantin, t. IV.

Les Réfugiés du Pays Castrais, par Géraud DUMONS (capitaine Rey-Lescure), collaboration de M. Gaston TOURNIER.

DECLAREUIL. *Histoire générale du Droit Français*, Librairie Sirey, 1925.

INTRODUCTION

Sans vouloir reproduire les diverses théories sur l'origine des gentilshommes verriers, nous tenons à résumer les plus importantes, et à reproduire les principaux textes qui ont établi leur statut dans notre ancien Droit. Nous parlerons également des institutions de Sommières qui régissaient toutes les verreries du Languedoc, et nous exposerons finalement les différences entre les verreries du Languedoc et les verreries de Normandie.

C'est une erreur populaire de croire que le métier de verrier donnait la noblesse avec les privilèges qui s'y rapportaient. L'art du verre permettait seulement de ne pas déroger. Le métier de laboureur également ainsi que celui de marchand de vin (dans la Guyenne) conservaient la qualité de noble à ceux qui les exerçaient.

Jamais le métier de verrier n'a donné la noblesse, ni ne l'a même supposé nécessairement. C'était un monopole exercé par un petit nombre de familles, sinon en droit du moins en fait. Il fallait solliciter du souverain, des lettres de dispense pour ne pas encourir la dérogeance.

« C'est une erreur populaire et grossière, écrit M. de Laroque (¹), de croire que les verriers soient nobles en vertu de leur exercice. »

Un autre auteur, A. Chéruel (²), dit : « Il n'y avait pas non plus dérogeance pour les gentilshommes verriers maintenus dans leur qualité d'écuyer par arrêts de la Cour des Aides de 1582 et de 1597. »

---

(1) *Armorial du Languedoc*, chapitre CXLIV, page 435.
(2) *Dictionnaire des Institutions, mœurs et coutumes de France*, article Noblesse.

Il n'existait pas de noblesse de verre, comme il existait une noblesse de robe ou une noblesse d'épée. Les gentilshommes verriers, étaient verriers parce qu'ils étaient nobles, et non nobles, parce qu'ils étaient verriers.

Edouard Garnier résume cette controverse en disant : « Pour faire un gentilhomme verrier il fallait d'abord prendre un gentilhomme » (¹).

Les règlements de Sommières spécifiaient bien que nul ne pouvait exercer l'art et science de verrerie s'il n'était noble et procréé de noble génération.

Un maître de verrerie ne pouvait recevoir aucun verrier sans s'être informé, au préalable, s'il était de la qualité requise.

Cette condition est formellement exigée, dans la charte des privilèges octroyés, l'an mil quatre cens quarante cinq, par Charles Septième, Roy de France, aux verriers du Languedoc.

Nous reproduirons, plus loin, les dispositions de ladite charte, car c'est véritablement celle qui trace toutes les institutions de Sommières.

M. A. Esmein, dans l'*Histoire du Droit Français* (²), dit « les emplois qui entraînaient la dérogeance étaient fort nombreux; c'étaient principalement les métiers manuels et les arts mécaniques, sauf la profession de verrier, le commerce, sauf le commerce maritime et certaines professions auxiliaires de la justice, comme celles de sergent et de procureur ». Une autre opinion autorisée (³) dit « ... une autre erreur est que les verriers sont nobles en vertu de l'exercice de leur art; la vérité est que cet exercice ne déroge pas à la noblesse de race bien et dûment justifiée ».

Longtemps les gentilshommes verriers furent en butte aux sarcasmes et aux railleries des autres gentilshommes.

Etait-ce parce que leur métier était manuel et salissant, souvent bien peu rémunérateur, les obligeant à avoir une tenue un peu négligée ? Mais d'où venait cet état de quasi-pauvreté : c'est qu'à l'origine les ancêtres de la plupart de ces gentilshommes avaient vendu leurs seigneuries, pour suivre le roi saint Louis, à la croisade contre les Infidèles.

Cette guerre leur fut particulièrement cruelle et c'est à Louis IX,

(1) *Histoire de la Verrerie et de l'Emaillerie*, Tours, 1886, page 177.
(2) 11ᵉ édition, page 754.
(3) *Dictionnaire analytique de la Coutume de Normandie*, par HOUARD, t. III, page 351.

au service duquel ils s'étaient dévoués corps et biens, qu'ils durent, après la perte de leur fortune, les privilèges attachés à la condition de verrier ('). L'ancienneté de cette origine était fréquemment rappelée aux discours d'ouverture des Assemblées tenues, à Sommières, devant le gouverneur-viguier.

Dans le procès-verbal de l'Assemblée générale des gentilshommes verriers tenue, à Sommières, le 7 octobre 1753, sous la présidence du vicomte de Narbonne-Pelet, juge conservateur né des privilèges en sa qualité de capitaine-viguier et de gouverneur de la ville, nous lisons : le discours du syndic Jean de Robert-Montauriol (²).

« Je représente ici Monsieur, avec ces Messieurs qui m'assistent un corps considérable de noblesse et, je puis le dire, d'une noblesse très ancienne, qui vient aujourd'hui réclamer votre justice.

« Nos ancêtres embrassèrent avec zèle les intérêts de l'Etat et, par un long et pénible service pendant les guerres les plus sanglantes sous le règne de saint Louis, y perdirent leurs biens et leurs vies. Ce monarque généreux, touché de l'état de leurs familles désolées, ne voulant pas les confondre avec les roturiers leur donna le privilège d'exercer l'art et science de verrerie, sans déroger, exempta leurs ouvrages et les matières servant à les composer de tous les droits qui se perçoivent sur les denrées et les marchandises, et les mit sous une autorité souveraine.

« Ces privilèges qui nous appartiennent ont été successivement confirmés par tous nos rois et par Louis quinzième, heureusement régnant. Déchus de l'état brillant de nos illustres guerriers nous en conservons les sentiments et le désir ardent de les imiter.

« Notre principale attention à l'exemple de ceux qui nous ont précédés, est d'éviter la dérogeance et qu'aucun roturier ne se mêle parmi nous et ne s'ingère dans l'art que nous exerçons.

« Nos pères ont, dans cette vue, fait des règlements, ils les ont renouvellez dans les Assemblées générales tenues devant leurs conservateurs et sous leur autorité; nous venons à celle-ci imiter leur exemple et, par un bonheur marqué, nous nous trouvons aujourd'hui sous la vôtre, dont nous ressentons tout l'avantage.

---

(1) *Monographie d'une famille et d'un village*, par M. Elisée DE ROBERT-GARILS, Toulouse, 1889, page 131 et suiv.

(2) Enregistré par Pierre NIEL, notaire royal, à Sommières.

« Nous connaissons, Monsieur, l'ancienneté de votre illustre maison et de vos alliances, vos emplois énumérés au service de notre souverain, et votre mérite personnel, je n'ose, à mon âge, en entreprendre les éloges mes expressions seraient trop faibles, mais la voix publique les annonce partout.

« Vous êtes, Monsieur, notre chef, notre protecteur, notre conservateur, notre juge, nous espérons tout de votre bonté, de la sagesse, de l'intégrité et de la sévérité de vos jugements pour réprimer les abus et punir les entreprises.

« Nous avons et nous aurons toujours pour vous, Monsieur, et pour tout ce qui vous appartient un respect infini, une parfaite soumission à vos ordonnances, nous vous demandons l'honneur de votre protection et nous tâcherons de la mériter ..... »

N'oublions pas de mentionner l'épigramme de Maynard ([1]), contre le poète Saint-Amand, dont le père était gentilhomme verrier :

> « *Votre noblesse est mince*
> *Car ce n'est pas d'un prince,*
> *Daphnis, que vous sortez;*
> *Gentilhomme de verre*
> *Si vous tombez à terre,*
> *Adieu vos qualitez.* »

Constatons que Maynard n'était pas bien renseigné sur ceux qu'il criblait de ses sarcasmes : la raillerie n'est pas signe d'esprit si elle s'appuie sur des inexactitudes.

PRINCIPALES CHARTES ET LETTRES PATENTES RÉGLANT LA CONDITION DES GENTILSHOMMES VERRIERS.

Le premier monument réglant le statut des verriers, est l'octroi de privilèges, par Charles VII, Roi de France, en 1445.

Cette réglementation est venue, unifier en partie, une situation de fait. De nombreuses verreries existaient antérieurement à cette époque, mais elles existaient en vertu de concessions particuliè-

---

(1) François MAYNARD, disciple de Malherbe, né à Toulouse, en 1582, mort à Aurillac, en 1646; auteur de *Philandre*, des « Lettres », des « Priapées », etc.

res, et il est impossible d'en trouver les textes originaux. — Ce
qui confirme cette théorie ce sont les termes même des privilèges
ci-dessus.

« Premièrement que nul ne doit exhiber ledit art de verrier
s'il n'est noble et procrée de noble génération et de généalogie
de verriers. »

Nous jugeons utile de reproduire ci-dessous le texte des privilèges accordés par Charles VII ('), reproduit *in extenso* dans l'ouvrage de M. de Cazanove.

« Privilèges octroyés par le Roy de France aux gentilshommes
verriers du pays du Languedoc et par Sa Majesté confirmés leus
et publiés en jugement par-devant M. Jean de la Roche, lieutenant
de messire Pierre de Roquebletry, chevalier et conseiller du Roi,
son capitaine viguier de la ville et viguerie de Sommières, juge et
conservateur de ces privilèges, l'an mil quatre cens quarante cinq
règnant Charles septième, Roy de France.

« Premièrement, que nul ne doit exhiber ledit art de verrier
s'il n'est noble et procrée de noble génération et de généalogie
de verriers.

« Item, que nul maistre de four de verrerie n'y autre ne peult
et ne doilt monstrer ledit art à personne qui ne soit procrée de
noble et ancienne génération et qu'il n'est justifié de noblesse par
devant le viguier dudit Sommières, commissaire et conservateur
des privilèges de toute la Sénéchaussée de Beaucaire et Nismes et
pays du Languedoc et prins, par devant ledit conservateur, le
serement en tel cas accoustumé et iceux nobles voulant prendre
le screment et exercer ledit art, de justifier leur noblesse dans
deux mois et ceux qui sont habitans hors de la dite sénéchaussée,
en ont autre terme de quatre mois.

« Item, que le verre ouvré ou non ouvré en quelque fascon ou
pour quelque personne que soit vendu, est franc et quitte de toutes entrées et salies (sorties) du Royaume, rue (?), péages et autres
subsides quelconques sans rien resonner de bouche n'y autrement.

« Item aussi les dits nobles verriers, tous et chascuns leurs
bien, sont francs et quittes de toutes talhes, leudes poulverages,
impôts, courratages et roucis, entrées et salies du royaume et
touts autres subsides, quand il y a achept ou vande soit bétail,

---

(1) *Les Gentilhommes verriers du Languedoc, op. cit.*, page 73 et suiv.

bled ou autre fruict ou revenu pourveu que ce soit de leur propre cru.

« Item, et pour que lesdits maistres de four de verrier dans les dites sénéchaussées pour chacun four est tenu bailler et paier chacun en la nativité de Saint-Jean-Baptiste de rante annuelle au Roy, nostre dict Seigneur, quarante sols tournois quand ils besoignent ou quand ils ne besoignent, le dit Seigneur n'y prendra aucune chose, et afin que nul verrier hors du royaume ne puisse ne doive porter n'y admettre aucun ouvrage de verrier de la dite sénéchaussée au pays de Languedoc pour esviter les abus et fraudes que de jour en jour y sont et pour laquelle le revenu des dits quarante sols que le dit Seigneur prend sur chascun an, les dits verriers estrangers et hors du royaume ne seront si osés ni hardis porter nul ouvrage de verre dedans le pays de Languedoc sur peine d'arbitraire et confiscation des dits ouvrages à la cognoissance du dit conservateur.

« Item, est nonobstant les dits quarante sols tournois que les dits maistres de four font et chacun ayant seigneur pour chacun four, toutefois quand le dit Seigneur (le roi) les commande on fait mander pour ses affaires, y ceux nobles verriers sont tenus selon leur faculté à eulx mettre sus en armes et en poinct; et, si les principaux maistres des dits fours, pour vieillesse ou conservation de leur dits fours, ne pourront aller au service, sont tenus... mettre ou y envoyer personnel noble et suffisante, monté et habillé en telle forme qu'icelhuy mettrait si il serait tenu d'aller au dit service.

« Item, que les dits verriers de la dite sénéchaussée, leurs femmes, enfants ou famille pour quelque chose que ce soict civile ou criminelle, ne sont tenus de répondre devant juge d'église n'y séculier, sinon que par devant le dit viguier de Sommièrés leur ..... et ...... conservateur auquel, sans autre, en appartient la premièré cognoissance.

« Item, sont les dits nobles maistres de four et autres verriers, leurs femmes, enfants, famille et biens meubles et immeubles en protection et sauvegarde du dict Seigneur; et s'il advenait que dommage fut fait ou donné à la personne des dits verriers, femmes, enfants, famille ou possession d'iceulx, pour les peines qui pourraient estre encourues et intéréls des parties seront tenus iceux malfaiteurs en répondre au procureur du dit Seigneur et en partie devant le dit conservateur.

« Item, quand les dits maistres de four et verriers, ont besoin
de sable, terre ou bois pour l'exercice de leurs fours que en
payant les dites sables, terres et bois à l'estime à celui à qui
appartiendra, ils en peuvent avoir sans contredit. »

« Item et pour ce qu'il y a aulquns maistres de four, qui au
temps passé, avaient avec eulx ..... en leurs ouvrages aulqunes
personnes nobles ou non nobles ny de génération de noblesse ny
de nobles verriers usant le dit art, soict prohibé et deffendu aux
dits maistres qu'ils ne prendront en leur compagnie quelconque
s'il n'est verrier et de propre génération de verriers, sous peine
de vingt cinq marcs d'argent appliqués au Roy, notre Seigneur.

« Item, et quand aulqun maistre de four ou verrier est trépassé, la femme, veuve, enfants et familles du mort se doit jouir
et user du privilège ainsi que si le trépassé estait en vie jusques
à ce que les enfants soient et ayent age légitime.

« Item, pour ce que aulcuns à la grande déception et domage
de la chose publique font la soude de quoi se font les verres et
mettent et meslent en icelle soude aulqunes choses comme herbes
nommées blaquettes, vaulcaires ..... et autres grandes ..... que toutefois que la dite soude sera trouvée fraudée ..... et falsifiée, que
ceux qui auraient fait la dite falsification seront tenus de répondre au procureur du dit Seigneur et ..... la dite partie par devant
le dit conservateur et sera confisquée ladite soude.

« Item, et pour ce que les dits nobles ont aulcunes fois nécessité
de eulx adjonter pour tenir leurs conseilhs en autorité de leurs
conservateurs du dit Sommières, qui est juge royal et tant pour
la réception des nouveaux verriers quand ils veulent prendre le
serement que aussi ont fait leurs prédécesseurs et aussi à faire
les actes, procés et autres affaires quand ils en ont besoing par
devant le conservateur ou son lieutenant, est nécessaire aux dits
verriers avoir un notaire au dit Sommières dont aucune fois un
estranger ou vagabond escrit et aprés s'en vont avec leurs écri-
tures et documents, autrefois quelque notaire ignorant de qui par
son ignorance iceux suppliants ou leurs successeurs et autres en
pourraient avoir grands intérêts et dommages; qu'il plaise au dit
seigneur que les procureurs des dits verriers qui sont et seront au
temps advenir, puissent élire un notaire royal au dit Sommières
qui soit personne d'honneste condition lequel sans autre ait pouvoir d'écrire et registrer comme dict est tous les actes et les
affaires des dits suppliants et pour enregistrer les nouveaux qui

seront remis et que leur sera nécessaire par devant le dit conservateur ou son lieutenant et ailleurs quand nécessité en auront.

« Extrait tiré sur autre expédié faict sur son original, exibé et retiré, collationné par moi, notaire royal de Montpellier, ce 21 avril 1656. Marye, ainsi signé » (¹).

Il nous faut mentionner une série de lettres patentes relatives aux gentilshommes verriers (1438-1592), qui se trouvent dans les Archives départementales du Tarn (côte A 2). Lettres patentes des Rois Charles VII, Louis XI, François Iᵉʳ, Charles IX et Henri IV, accordant certains privilèges aux verriers.

Voici les principales dispositions de ces lettres patentes, malgré de nombreuses lacunes dans le texte :

« A tous ceux qui ces présentes lettres verront et ouïront Jean Chalet, licencié en Droit, garde du ....., à Lézignan pour le Roi notre sire, salut, scavoir faisons : Nous avoir vu et de mot à mot lu certaines pièces en parchemin scellées de cire rouge ..... »

Louis XI, fils de Charles VII.

20 janvier 1465. — ..... Le vidimus de certains privilèges et sain et entier en son jet et écriture sans aucune faute de suspension duquel la teneur s'en suit donné par coppie sous scel de l'un de nous les élus en Berri, par le Roi nostre sire ce qui s'en suit : « Louis par la grâce de Dieu Roy de France, à nos amis et féaux légaux conseillés par nous sur le fait et gouvernement de toutes nos finances tant en *languedoy que en languedoc*, au Bailli de Berry et aux élus dud lieu et à tous autres justiciers ou leurs lieutenants et a chacun d'eux salut et dilecsion, humble supplication de nos amis Jean Bussières escuyer demeurant à la verrie de Champsibault et Jean Bussières escuyer demeurant au four philippe en la forêt de Beujeu verriers demeurant en notre pays et duché de Berri, avons décidé concernant lesdits supplicants et *tous autres maîtres verriers de notre royaume* et leurs valets et serviteurs et familiers demeurant avec les verriers doivent et sont exempts francs de toutes tailles, aides, subsides, tributs, impositions, coutumes fouage, barrage, chauffage et au-

---

(1) Saint-Quirin, *op. cit.*, pp. 73-76, année 1905.

tres quelconques redevances et actions anciennes et nouvelles
ayant fours en notre royaume au regard de fois et de marchandise de verrerie avec aussi tous marchands achetant verres tant
d'eux que d'autres maîtres verriers et ceux *vendant en gros et
en détail* au regard des dits verriers doivent être pareillement
francs et quittes de tailles, subsides, tributs et impositions, pea-
geurs et autres quelconques subventions tant de raison que de
bonne coutume notoirement tenus gardés et observés de tous
temps et ancienneté que par privilège a eux donnés et octroyés
par nos prédecesseurs Roys de France en mémoire et très cher
Seigneur. Et pour que Dieu absolve par certaines sès lettres dud
affranchissements donnés à doctres ..... »

20 août 1438. — L'an de gràce 1438, dont la teneur suit Charles
par la gràce de Dieu, Roy de France à tous ses amés, feaux
legaux conseillés par nous ordonnés sur le fait de la justice de
nos aides ordonnés par la guerre ..... Et à tous autres justiciers
ou a leurs lieutenants salut et dilection, recue avons humble
supplication de Jean Gualier maître de la verrerie de Charlefon-
taine au baillage de Laon ....., que led supplicants et tous les
autres maîtres verriers de notre royaume et leurs serviteurs,
familiers et valets demeurants et servants aux verreries tant de
raison et de bonne coutume. D'ancienneté gardés et observés
notoirement par privilèges à eux octroyés par nos prédecesseurs
Roys de France que de tout temps sont et doibvent être exempts
de toutes tailles et aussi de tous aides, subsides et impositions
coutumes, truages, barrages, chaussées et autres quelconques
redevances et exactions anciennes et nouveles ayans fours en
notre royaume au regard de leur fait de marchandise de verrerie
avec aussi tous marchands achetant verres tant d'eux que d'autres maîtres verriers et ceux vendant en gros et en détail par
tout notre royaume au regard desdits verriers doibvent pareillement être francs et quittes des tailles, subsides, tributs, impositions, coutumes, truages et autres subventions quelconques sans
que au regard de la dite marchandise aucun ..... nos fermiers,
péageurs et autres quelconques leur doivent faire mettre ou
donnés à cause de ce aucun de sortie ou empêchement et il soit
ainsi qu'il est nécessaire aux suppliants, ses valets, ses serviteurs
et aussi merchants de verres et les transporte en divers lieux en
nostre royaume, et exercer lad marchandise de verres, mais dou-

tans des imposileurs ou fermiers des subsides ou redevances ou aucuns, ceux ignorants de la coutume les vouloir contraindre à payer aucune chose d'iceux subsides lesquels selon la coutume en doivent être francs et quittes ..... et les suppliants qui pour se feraient entre ..... et de regarder le fait de leurs marchandises laquelle chose « redondirait » a très grand préjudice et dommage si comme le dit les supliants, en nous humblement requerant que sur celuy veuillions pourvoir de notre convenable remède.

Pourquoy nous considérons ce que dit, est voulant vu chacun être et demeuré en ses libertés et franchises, vous mandons expréssement enjoignons que cesdites présences vües que leds supliants, ses gens, familiers, serviteurs et valets et chacun d'eux et aussi les marchands au regard de leurs marchandises de verres vous tenés et faites tenir et demeure francs, quittes et paisibles de toutes coutumes, impositions, truages et quelconques autres subsides redevances ayant cour en notre royaume tant selon nos ordonnances et institutions royaux par ce faites sans les contraindre ni souffrir contraints a en payer aucune chose ni pour se donner ni souffrir, être donné ni fait aucun destorbes ou empêchement en quelque manière que ce soit, en quoi si aucune chose en était faite, au contraire incontinent réparer et mettre au premier état et deu. Et en cas aucun débat ou opposition naîtra par ce appelés, eux qui feront appel faites aux parties icelles ouïr bon et brief droit, car ainsi nous plaît il être fait de grâce spéciale par les présentes, nonobstant quelconques lettres subreptices impetrer .....

Donné à Loches le 20ᵉ jour d'août l'an de grâce 1438, de notre reigne.

Le 16ᵉ ainsy signé par le Roy à la relation du Conseiller Chatignère (?), au moïen desquelles lettres dessus transcrites accordées par nos prédécesseurs dud octroy et affranchissement selon le contenu en icelles ..... dont mention est faite ..... ou voulut mettre ou donner empèchement ou que lon leur fît difficulté à présent ou par le temps avenir de les en laisser jouïr et user comme dit est si par nous ne leur était par ce pouvoir de notre grâce, comme il nous ont fait dire humblement requérir icelles.

Pourquoy, nous ces choses considérés et les choses qui mûrent notre Seigneur et père à leur faire led octroy et affranchissement voulons pour ce ycelui lieu être consiniée et entretenue dorénavant et sur les avis et délibérations avec les gens de notre Conseil et iceux supplians pour ces choses et autres affranchissements nous mouvants et ayant agréables et conformes lesdites lettres dessus écrites et le contenu en icelles octroy et octroyons de grâce spéciale par les présentes et que dorénavant ils soient et leurs serviteurs, familiers et valets, demeurants et servants en leur verrerie francs et quittes et exempts ds toutec tailles, aides, subsides, tributs, impositions coutumes, fouages, barrages, chaussées et autres quelconques anciennes et nouvelles ayant fours en notre royaume au regard de leur fait et marchandise de verrerie et aussi tous marchands apprêtant verres tant d'eux que d'autres maîtres verriers et ceux vendants en gros et en détail en notre royaume, tout ainsi en la forme et manière qu'ils ont accoutumé et ont été de temps passé et qu'il est contenu et déclaré dans les dites lettres sans que au regard de la marchandise aucuns impositeurs, fermiers, péagiers et autres quelconques leur donnent ou fassent donner aucun des sorties ou empèchements, si vous mandons et enjoignons à chacun de vous sur ce requis comme à lui appartiendra que les suppliants et chacun de nos présentes .... (lacunes) .... quelques manières que soient, mais si leurs biens sont et étaient pour ce sujet empèchés, mettés le ou faites mettre tantôt et sans délai, à pleine délivrance et au premier état et deu (?), par ainsi nous plaît-il et voulons être nonobstant quelconques ordonnances, mandements ou deffenses à ce contraire. Donné au Pont de l'Arche le 20ᵉ jour de janvier 1465 et de notre reigne le cinquième, ainsi souscrites par le roi notre sire.

De Mansas le baylle ..... et d'autres à ce présens et signé :

DE RUILHO,

s'en suit la taille de messieurs les généraux conseillers du Roy notre père.

Nous conseillers du Roy nostre sire sur le fait et gouvernement de ses finances les patentes du Roy notre sire auxquelles les présents sont attachés sous l'un de nos seings par lesquelles et pour les choses (?) en elles contenües ledit seigneur a octroyé à Jean Bussières escuyer demeurant à la verrerie de Chasimbault et Jean Bussière escuyer demeurant au four de philipe de Beaujeu, verriers demeurant en pays de Berri que eux, leurs serviteurs, familirs et valets demeurants et servants à leurs verreries soient francs, quittes et exempts de toutes tailles, subsides, tributs, impositions coutumes, fouages, barrages, chaussées et autres quelconques anciennes et nouvelles ayant fours en ce royaume et ainsi et en la forme qu'ils ont accoutumé être et ont été le temps passé et qu'il est contenu et déclaré ezd lettres.

Consentons en tant que à nous est l'entérinement et accomplissement ded lettres que le Roy notre sire par icelle le veut et mande.

Donné sous nos signets le 8ᵉ jour de mars 1466 ainsi signé :

RIGNAULT

s'en suit la taille de nos élus susdits. Les élus de Berri, par le Roy notre sire sur le fait des .... (lacunes) .... et pour les causes contenues en icelles ledit seigneur a octroyé à Jean Bussière escuyer demeurant à la verrerie de Champsibault et Jean Bussière escuyer demeurant au four de Philippes, en la forest de Beaujeu ..... Donné sous l'un de nos scels le 10ᵉ jour de mars l'an 1465 et fut donnée la présente copie le 3ᵉ jour d'avril l'an 1465 avant Pâques.

Signé : DE BERRI.

En témoin de laquelle vision, inspection et lecture avons fait mettre et apposer le scel à ces présentes le 9ᵉ jour de May l'an 1466 ainsi signé, par dessus en marge p. Aubert par copie et collation faite à la copie et vidimus ainsi transcrit .....

Le samedi 29ᵉ jour de May l'an 1473 a été concédé Vidimus par Monsieur le lieutenant Hugues Baylle chevalier, seigneur de Rayssac en présence de Georges Brugière et Jean Négriat témoins.

François Iᵉʳ, par son ordonnance du 5 septembre 1523, confirme les privilèges accordés aux gentilshommes verriers par les rois Charles VII, Louis XI, Charles VIII et Louis XII [1].

Nous jugeons utile de reproduire ci-dessous la copie du vidimus faite par la Cour de Bordeaux, par noble homme Bastien de Noguier, verrier en 1637 [2].

« Les gentilshommes de l'art et science de verrerie, en notre royaume nous ont fait humblement remonstrer que le dit art et industrie de verrerie et de grande utilité et de gros coûst, frais,

---

[1] Archives départementales du Tarn A₂. *Catalogue des Actes de François Iᵉʳ*, t. I, page 354, art. 1894.
[2] SAINT-QUIRIN, *op. cit.*, page 77.

mais est fort nécessaire pour la chose publique; quoi voyant nous et nos prédécesseurs, les grandes destractions faites par le dict art de verreries ez églises de notre royaume et ez maisons royales et autres, le bien, profit et utilité de la chose publique, ont favorisé tout les dits gentilshommes verriers que leurs serviteurs, valets, familiers et aussi les *marchands vendeurs en gros et en détail menant et conduisant les marchandises de verreries et matières dont est fait et composé le verre.* C'est a savoir qu'ils ont été affranchis de toute taille, aide, subsides, etc..... et combien que les dits gentilshommes de verrié leurs serviteurs, etc ..... ne puissent être en ce troublés et empêchés.

Néanmoins contre les sentences octroyées par notre prédécesseur, par exaction indue de plusieurs péages tant sur les rivières que sur les chemins mesmement au cours de la motte du bar, Viviers, Tournon, Vienne, Saône, Lamothe, Mont Jean, Ingrande et autres lieux en notre royaume, Dauphiné, Provence, Languedoc, arrètent par chascun jour les marchands de verre pour raison des dits péages et les voulent constraindre à payer comme se fait de certaines autres marchandises .....

« Par quoi Nous, ces choses considérées, voulant subvenir à nos sujets, te mandons que tu fasses expresse défense à tout seigneur, capitaine, péageur etc. ils n'ayent à troubler, n'*empécher les dits gentilshommes verriers et familiers n'y les dits marchands conduisant verre et matières solides et salicol et cendres de fougières et sablons et pierres, cailloux et autres choses servant à la dite composition ...* enjoignant par ces présentes qu'ils fassent les dits gentilhommes verriers, serviteurs et familiers, jouir et user des dits privilèges et prenons par ces présents dessous notre protection et sauvegarde les dits gentilshommes, leurs serviteurs, valets, familiers et marchands. »

On voit combien cette ordonnance de François Ier augmentait le nombre des bénéficiaires de l'exemption du droit de péage, puisqu'elle s'étendait non seulement aux gentilshommes verriers, à leurs familles et à leurs serviteurs, mais encore à tous ceux leur apportant les matières premières indispensables à la fabrication du verre.

En mars 1565, le roi Charles IX, à Toulouse, confirme en des termes semblables les privilèges accordés par François Ier, et il mentionne en outre que les verriers « d'autant qu'ils n'ont eu confirmation lesdits privilèges des feus rois, mes très honorés seigneurs père et frère, les rois François et Henri, ils craignent qu'on les veuille contraindre auxdits subsides, comme l'ont fait les marchands en toutes marchandises, à ces causes désirant subvenir auxdits exposants leur confirmons les privilèges, franchises choses dessus dires ».

Le vidimus ci-dessus est extrait d'une copie du privilège trouvé entre les mains de noble Pierre de Riols, escuyer verrier aux verreries hautes de Moussans.

Signalons en passant (nous insisterons plus loin) que Pierre de Riolz, escuyer verrier de la verrerie haulte de Moussans, obtint du roi Charles IX des lettres patentes le maintenant en possession de ladite verrerie, appartenances et dépendances. Ces lettres patentes furent données à Toulouse le 14ᵉ jour de mars 1565; et le 18 septembre 1565 elles furent suivies de l'ordonnance du Sénéchal de Carcassonne (¹).

Henri IV confirme les privilèges des maîtres verriers et ouvriers, par lettres patentes données au Camp des Stampes le 20ᵉ jour de novembre l'an 1592 et de son règne le quatorzième. Les dites lettres patentes ont été enregistrées à la Cour des Aydes de Montpellier, par l'arrêt de la dite Cour du 2 May 1602.

Louis XIII, roi de France et de Navarre, à la suite de la requête de Charles de Franquefort, résidant en Saintonge, Jean Robert et Jacques Grenier en Bassadois, Jean Paupalle, Joachim Robert en Agenois, Pierre Bouget en Armagnac, d'après laquelle « de tout temps et ancienneté, eux, leurs serviteurs, ensemble les marchands en gros et en détail menant et conduisant la marchandise de verrerie et matières dont est fait et composé le verre, par eau et par terre, ont été et sont affranchis quittes et exempts de toutes tailles, aides, subsides, impots, censives, terrages, passages, bourrages, chaussées, péages, courrages, landages, revenages, pontonage des ponts et de toutes autres exception anciennes et nouvelles ..... ».

Le roi Louis XIII confirme les dits privilèges, à Paris, au mois de May l'an de grâce 1615 et de son règne le cinquième.

Louis XIV, en des termes à peu près analogues, donne des lettres de confirmation aux gentilshommes verriers.

« ... Nous avons de notre grâce spéciale, pleine puissance et

---

(1) Maîtrise des eaux et forêts de Saint-Pons. F. 17.

autorité Royale confirmé et confirmons par ces présentes signées de notre main, lesdits exposants en tous leurs privilèges, franchises et exemptions, pour en jouir eux et leurs successeurs, ainsi qu'ils en ont bien et duement joui et usé, jouïssent et usent encore dès à présent sans qu'ils puissent être troublés et sous quel prétexte que ce puisse être ..... » Nous avons fait mettre le scel à ces dites présentes l'an de grâce 1655 et de notre règne le troisième.

Par le Roy, signé : PHELYPEAUX.

Les présidents Trésoriers et Grands Voyers de France au Bureau des Finances et Domaine de la Généralité de Toulouse, chevaliers, conseillers du Roy, vu les lettres patentes données à Paris, au mois de décembre 1655, obtenues par les gentilshommes verriers et confirmant leurs privilèges, firent enregistrer à leur Bureau les dites lettres patentes et de confirmation « ... faisant défense à tous ceux qu'il appartiendra de leur donner aucun trouble, ni empêchement, au contraire, à la charge de contribuer aux tailles et deniers Royaux, chacun comme le concerne, suivant leur compoix et le tenement de leurs biens et fonds par eux joui et possédés, en la province, attendu que les tailles sont réelles en Languedoc. Fait à Toulouse au Bureau des Finances le 29 May 1661. »

Parmi les extraits des Registres du Conseil d'Etat (du 14 juin 1701, n° 55) (¹), nous trouvons une requête de Helliès Mercier, marchand et syndic des marchands de verres de Bordeaux, contre la seconde présentée par Pierre Domergue, ci-devant fermier général des Fermes Unies de Sa Majesté. La première se basait sur les privilèges accordés aux gentilshommes verriers, confirmés par lettres patentes de décembre 1655. La seconde, présentée par Maître Domergue, tendait à assimiler les verres aux autres marchandises et à leur faire payer des droits d'entrée et de sortie.

L'ordonnance rendue par M. de Bezons, intendant de Languedoc, du 4 décembre 1669, en faveur du nommé de Laroque, et lui accordant main levée de la saisie de quatre charges de verres saisies à la requête de Jean Rivière, fermier du droit de Leude et péages du lieu de Sainte-Colombe, justifiait la première thèse.

(1) Archives Hérault. C. 69.

Etant donnés les précédents, le roy, en son conseil, sans s'arrêter à la requête dudit Domergue, a ordonné et ordonne que les verres et bouteilles provenant des Verreries de Périgord, qui seront transportés dans la sénéchaussée de Bordeaux, seront exempts des droits de connétablie.

Nous verrons plus loin une requête analogue présentée à Monseigneur de Basville, intendant de Languedoc, par noble Marc de Robert, sieur de Lagarrigue, gentilhomme verrier aux Verreries de Moussans.

Louis XV, par lettres patentes données à Versailles en août 1727, et de son règne le douzième, confirme lui aussi les privilèges des gentilshommes verriers.

« Nos chers et bien aimez les gentilshommes verriers de notre province de Languedoc, nous ont très humblement fait représenter, que de temps immémorial eux et leurs prédécesseurs ont jouï de l'exemption des droits de péages, chauffages, landages, pontages et autres, dans laquelle exemption ils ont été maintenus et confirmés par lettres patentes du feu Roy de glorieuse mémoire notre très honoré seigneur et aycul, du mois de décembre 1655, registrées en notre Cour des Comptes, Aydes et Finances de Montpellier le 15 décembre 1656 ..... avons confirmé et confirmons par ces présentes signées de notre main les exposants dans l'exemption ..... qui leur a été accordée et dans laquelle ils ont été maintenus, pour en jouïr par lesdits exposants et leurs successeurs de même et tout ainsi qu'ils en ont et leurs successeurs jouï ou dû jouïr, et qu'ils en jouïssent encore actuellement *pourvu toutefois que lesdites franchises et exemptions n'ayent esté révoqués par aucuns édits, déclarations et arrests.* »

Cette déclaration fut enregistrée au Contrôle Général des Finances, Fontainebleau, le 2 novembre 1727.

L'arrêt du Conseil, du 9 mars 1728, exempte les gentilshommes verriers des droits de censive et des droits seigneuriaux. Ils ne sont pas astreints à la taille sur leurs bien propres, ni sur les terres et les bois servant à l'entretien journalier de leurs fours.

Tous ces privilèges et toutes ces prérogatives furent peu à peu restreints. C'est d'abord, en janvier 1518, l'interdiction de s'approprier du terrain dans le domaine forestier de la Couronne. En 1543, les bois des particuliers sont soumis à l'inspection des maîtrises des Eaux et Forêts, et le nombre des fours est limité.

Dès 1680, les verriers sont obligés de se défendre contre les prétentions des municipalités, qui voudraient les astreindre au paiement d'une quote part de l'indemnité pour le logement des troupes. Une ordonnance Royale du 18 juillet 1741 (¹) enjoint aux verriers de représenter les titres en vertu desquels ils ont été autorisés à établir des usines dans la généralité de Montpellier ; elle est basée sur l'arrêt du Conseil, du 21 septembre 1700, faisant des observations sur le danger des coupes de bois, faites trop fréquemment par les gentilshommes verriers aux abords des villes. Les arrêts du Conseil du 9 août 1723 et du 7 août 1725 imposaient l'octroi de lettres patentes : l'ordonnance de 1741 enjoint aux verriers, sous quinzaine, de représenter les arrêts du Conseil ou les lettres patentes en vertu desquelles ils se sont établis. Toujours hanté par la crainte de la pénurie du bois de chauffage, le pouvoir royal exige que les verreries de la généralité de Montpellier aillent s'établir sur les monts de l'Aigoual ou de l'Espérou, sous peine d'une amende de 500 livres (²), de confiscation des ouvrages pour la première fois et de plus grande en cas de récidive.

Une série de procès ont lieu, pour des coupes de bois faites indûment dans le domaine de la Couronne.

Signalons :

En 1663, Isaac de Robert, sieur de La Plane, est condamné à une amende de 1.000 livres pour des dégâts commis dans la forêt de Minerve.

Sous l'administration de Louis de Froidour, sieur de Cerilly, maître des Eaux et Forêts, les amendes pleuvent sur les maîtres verriers.

En 1667, Jacques de Robert de Fraissinet est condamné à une amende de 50 livres, pour dégâts commis dans la forêt de Campaureil.

Enfin, le 18 juin 1671, les verriers de Moussans sont assignés pour avoir usurpé des terres dans les domaines du Roi.

Ce sont : Jean de Riols, sieur du Causse ; Nataniel de Robert, sieur de Cantelauze ; Abel de Colon, le sieur de Terme ; Philémon

(1) Archives Hérault. C. 12.
(2) Archives Hérault. C. 2762.

de Robert; Jeanne de Riols, veuve de Samuel de Robert-La-Grenade (¹).

Il nous reste à examiner très brièvement les institutions de Sommières, qui réglaient les rapports des gentilshommes verriers entre eux.

Ces institutions sont basées sur la charte de Charles VII, que nous avons reproduit plus haut.

A la base de cette organisation était le capitaine-viguier, gouverneur de Sommières, qui était le juge conservateur des privilèges des gentilshommes verriers. Il présidait les réunions de ceux-ci, et minutes des délibérations étaient prises par un notaire de Sommières. Il confirmait les verriers à la fois dans leur noblesse et dans leurs privilèges. Nul ne pouvant devenir verrier s'il n'était déjà noble, le gouverneur de Sommières était amené à contrôler les titres de noblesse de chacun des postulants. Le juge conservateur devait exécuter les décisions et faire respecter les règlements pris par l'assemblée générale des gentilshommes verriers. Les verriers devaient assister eux-mêmes à ces assemblées ou se faire représenter par un procureur dûment accrédité : le plus généralement par acte notarié.

La juridiction de Sommières s'étendait sur tout le Sud-Ouest; c'était un véritable tribunal, analogue aux tribunaux actuels des Prud'hommes. Le Sud-Ouest était divisé à son tour en cinq départements :

1° Le département de Haute-Guyenne, qui comprenait le comté d'Armagnac, les diocèses de Comminges, d'Auch, et le Couzerans;

2° Le département de Grésigne, comprenant le Rouergue et le Bazadais jusqu'à l'Armagnac;

3° Le département de Moussans et de Fourtou, la juridiction s'étendant sur les diocèses de Saint-Pons et de Narbonne;

4° Le département du Méjanais, s'étendant dans tout le Vivarais;

5° Le département du Bas-Languedoc, embrassant tout le Haut et le Bas-Languedoc, la Basse-Guyenne, le comté de Foix et tout le ressort du Parlement de Toulouse.

Le gouverneur de Sommières était aidé par :

a) Des syndics généraux;

b) Des syndics départementaux.

(1) Maîtrises des eaux et forêts de Saint-Pons, F. 17 et 18 (Archives du Parlement. Cour d'appel Toulouse).

En cas d'urgence, les syndics généraux provoquaient la réunion d'assemblées particulières, mais les articles ajoutés devaient obligatoirement ne pas être en opposition avec les statuts de Sommières.

Les syndics se réunissaient et ils envoyaient un des gentils-hommes verriers en députation auprès du roi.

C'est ainsi que :

Anthoine de Grenier, sieur de la Seigne, syndic des verriers du département de Grésigne;

Jean d'Azemar, sieur de Colombier, syndic du département du Vivarais;

Anthoine de Girard, syndic du Bas-Languedoc;

Pierre de Robert, sieur de la Prade, syndic de Moussans :

Autorisent François de Grenier, sieur de Fonblanque, à se rendre à Paris, pour demander au Roi confirmation des privilèges dont jouït en Languedoc le corps de gentilshommes verriers, en vertu des lettres patentes de décembre 1655 et du 28 juin 1724 [1].

Les peines prononcées contre les délinquants étaient : la démolition des fours, la confiscation des outils, des marchandises et des matières premières, et enfin des amendes proportionnées aux délits.

Ce corps des verriers était une véritable corporation, ayant ses traditions, ses coutumes, son tribunal professionnel, ses œuvres de prévoyance, mais il n'y avait pas de hiérarchie entre les gentilshommes verriers, ceux-ci étant tous d'origine et de condition noble. Ils formaient un véritable corps constitué qui, sous la Monarchie, s'opposait à la conception autocratique de l'Etat, comme le faisaient les corporations, les Parlements, l'Eglise, l'Université, les Etats provinciaux; chacun de ces corps s'opposait à l'arbitraire du pouvoir central, et chacun défendait les libertés soit corporatives, soit locales, et par suite les libertés des individus composant ces corps étaient mieux garanties qu'avec la conception de l'Etat-Providence, de l'Etat-Moloch !

La Révolution supprimant à tort tous ces corps, les abus contre les libertés individuelles renaissent, et il nous faut arriver aux lois du 21 mars 1884 sur les syndicats professionnels, et surtout à celle du 1er juillet 1901 pour voir, sous le couvert desdites lois,

---

[1] Archives Hérault. C. 2760.

refleurir les libertés et permettre à tous les Français d'unir leurs efforts vers un même but.

Signalons en dernier lieu qu'il ne semble pas qu'en Normandie il ait existé une juridiction analogue à celle de Sommières. Voici les faits qui nous confirment dans cette opinion :

Un arrêt du 13 mars 1596, intervenu entre Gilles Le Gret et Esmes Le Vaillant, sieur de la Rontières, obtenu en appel de la sentence rendue au siège de la Table de Marbre, le 12 juillet 1594, par laquelle il avait été permis à Gilles Le Gret de faire bâtir une verrerie (¹). En Normandie, les différents entre verriers étaient tranchés par les tribunaux ordinaires, même lorsqu'il ne s'agissait que d'intérêts professionnels. Le 5 février 1597, un nouvel arrêt est rendu à la requête d'Esmes Le Vaillant contre André Le Vaillant; ensuite, le 23 juillet 1598, une autre requête du sieur de la Rontière est rendue contre Anne de l'Etendart, sieur de Bully.

Faut-il voir là une des différences existant entre pays de droit écrit et pays de droit coutumier ?

(1) Le Vaillant, *op. cit.*, page 103.

LIVRE PREMIER

Géographie et géologie de la région de Moussans

CHAPITRE PREMIER

La géographie et les divisions administratives de Moussans. — Démographie.

A. — La géographie.

Par Moussans, nous désignons toute la région environnant ce domaine et celle du village des Verreries, avec leurs hameaux.

Sans vouloir entrer dans de trop grands détails, nous ne pouvons pas étudier cette partie du diocèse de Saint-Pons sans mentionner quelques idées générales ayant trait à tout le diocèse.

Cette région est située dans un triangle, ayant aux sommets Courniou, Labastide-Rouairoux et Ferrals. Son altitude moyenne varie de 500 à 1.000 mètres au-dessus du niveau de la mer. Le col de Sérières, qui est un des points de partage des eaux allant vers la Méditerranée et vers l'Océan, est à 681 mètres d'altitude. D'une façon générale, on peut situer la partie montagneuse de la région Moussanaise entre la Chaîne des Avants-Monts et les Monts du Minervois, au sud, et au nord de la vallée du Jaur, par la Chaîne du Sommail.

Cette région comprend les deux zones distinguées par les géographes locaux (¹) :

---

(1) *Géographie générale du département de l'Hérault, op. cit.,* page 271.

1° D'une part, un groupe de montagnes et de plateaux granitiques, très pauvre en calcaire, et où ne poussent que quelques maigres pâturages et un peu de seigle.

Telle est la région du Mal païs, de Saint-Bauzille, du plateau de Bel Soulel, Saint-Julien.

2° D'autre part, une zone de hautes vallées et de plateaux inférieurs, d'altitude variable entre les fonds des vallées et les sommets des versants; avec quelques maigres ruisseaux, qui servent à l'irrigation de prairies artificielles.

Dans cette catégorie, il faut ranger la vallée du Jaur, la vallée de l'Orb; de même la petite vallée du Cadessoubre à Ferrals, et celle du Thoré, minuscule rivière traversant les Verreries de Moussans.

Le Thoré (ou Tored) prend sa source à la Croix-du-Jubilé (¹); il se dirige sensiblement de l'est à l'ouest, après avoir parcouru trois à quatre kilomètres dans le département de l'Hérault, et il va se perdre dans l'Agout. Quand ses eaux le permettent (car pendant six mois il est presque à sec), le Thoré passe au hameau de la Resse, où il est grossi par un ruisseau venant du Roc. La petite rivière suit la vallée; elle arrose le village des Verreries (appelé anciennement la Fon de l'Estat), le hameau de la Borio-Cremado, passe à la ferme de Robert, traverse Labastide-Rouairoux et se dirige ensuite vers l'Agout.

A la traversée du village des Verreries, le Thoré est alimenté sur sa rive gauche par l'écoulement d'une source, située en face le lieu dit « Le Suquet ».

A notre avis, cette rivière, traversant un sol calcaire, a certainement un écoulement souterrain; son lit, pendant l'été, est marqué par quelques poches d'eau peu profondes, souvent assez distantes les unes des autres.

Cette petite rivière est comme l'Université de Salamanque, qui avait trois mois de cours et neuf mois de vacances.

Empruntons le passage suivant, à l'ouvrage déjà cité de M. Sahuc, qui brosse à grands traits l'orographie générale du diocèse de Saint-Pons (²) :

« Le diocèse se Saint-Pons se trouve situé dans un pays de montagnes et sur un terrain peu revenant, renfermé dans la

---

(1) J. SAHUC. *Mémoire géographique et historique du diocèse de Saint-Pons*, page 17.

(2) *Op. cit.*, page 8.

distance d'environ huit lieues de l'orient à l'occident, et autant du midy au septentrion. »

Seules les parties méridionales du diocèse, voisines du Narbonnais et du Biterrois, offrent quelques petites étendues de plaine, ou du moins des pentes plus douces et moins abruptes que les régions du nord. Deux principales chaînes de montagnes traversent ce pays, dans la direction du couchant au levant.

La première et la plus considérable, que l'on appelait au xviiie siècle la « haute montagne », se détache de la Montagne Noire et traverse notre diocèse sous les dénominations successives de Somail, Espinouse, Carous. Le vaste plateau qui surmonte cette chaîne représentait la partie la moins riche du diocèse, avec les communautés d'Anglés, Le Marniés, La Montelarié, Le Soulié, La Salvetat, Fraïsse, La Bastide et une partie de celles de Saint-Julien-d'Olargues et de Saint-Vincent; il est borné au nord par les monts de Lacaune et de Murat et va se terminer vers l'est au-dessus de Saint-Gervais, près de l'oppidum du Plô-de-Bru, après la coupure profonde que forment les gorges d'Héric. Les pentes de cette chaîne, à l'aspect du sud, sont plus adoucies dans la communauté de La Bastide et deviennent, à mesure qu'elles avancent vers le levant, plus rudes et plus abruptes, pour être même impraticables au Carous.

De nombreux petits hameaux et villages s'adossent à ses flancs et s'y chauffent au soleil.

Une autre chaîne, plus basse de quelques centaines de mètres, va parallèlement à celle-ci et en avant, dans la même direction. Détachée comme la précédente du massif de la Montagne Noire, elle entre dans le diocèse du côté de La Salle et de Ferrals, passe à Authéze, Sainte-Colombe, Marcory, Pardailhan, Ferrière, et se rapproche du Carous, par Olargues et la Bacoulette, au moment où elle est brusquement arrêtée par une tranchée dans laquelle coule l'Orb. — Ses pentes nord, arides et incultes, regardent la face méridionale de la chaîne précédente, avec laquelle elle forme la vallée du Jaur. Une petite chaîne s'en détache à la Serre de Marcory, pour s'écarter dans la direction du sud-est, formant jusqu'à Cessenon, la vallée large, mais peu profonde, du Vernazobres.

De cette même chaîne se détache entre Ferrals et Pont-Guiraud une série de contreforts qui paraissent l'étayer en appuyant leurs larges assises sur les pays de Narbonne et de Carcassonne;

ils sont dans leur partie haute, arides et désolés, séparés entre eux, le plus souvent, par des déchirures (Saint-Martial, Saint-Jean-de-Dieuvailles, Minerve, Ventajou), dans lesquelles coulent de nombreux ruisseaux et torrents, dont l'ensemble forme le bassin de la Cesse.

Ces montagnes qui sont, pour la plupart, dénudées et soumises presque toutes au régime du reboisement, avaient encore conservé jusqu'au XVIII° siècle, principalement dans les régions les plus élevées, la majeure partie des bois qui les couvraient.

Voyons quels étaient les principaux bois ou forêts de la région Moussanaise.

Consulat de Cassagnoles : les forêts communales de Cassagnoles, Julia, Baliaure, Garrigue, Baillouze et Farrigoules (¹).

Consulat de Ferrals : Les bois de Ferrals, Saint-Hilaire, Bezoins, Las Founs (²).

Consulat de La Bastide : La forêt narbonnaise et la forêt de La Bastide (³).

Consulat de Fraisse : Le bois de Buraud, 214 arpents en bois de hêtre; le bois de Bec; le bois de Souze ou de Sausses, près la métairie d'Esterpas.

Consulat de Rieussec : Le bois de Campaurel; — les bois de Moussans et Costerate de 242 arpents en hêtres et taillis de divers âges, dans lesquels les habitants de Boisset avaient des usages (⁴). — La forêt royale de Moussans était composée, en 1782, de trois triages, dans chacun desquels il y avait une verrerie; une seule travaillait tandis que les deux autres se reposaient, afin de permettre au bois de revenir (⁵). Citons encore le bois des Verrières-Basses-de-Moussans (⁶); le bois de Paparol; le bois de Crouzet.

Consulat de Saint-Pons : Les bois de Sérignan entre Saint-Pons, Teussines et Courniou, et le bois de Caïmont aujourd'hui disparu et dont il ne reste que des montagnes complètement dénudées.

---

(1) Archives Parlement Toulouse. Rép. Eaux et Forêts. F. 8.
(2) J. SAHUC. *Op. cit.,* page 14 et suiv.
(3) Archives Parlement Toulouse. Rép. F. 79.
(4) Archives Parlement Toulouse. Rép. F. 15.
(5) Archives Hérault. C. 2766.
(6) Archives Parlement Toulouse. Rép. F. 18. *Achat et inféodation de la Verrière basse de Moussans* (1.487 et 1.609).

Ces forêts avaient deux grands ennemis, d'une part les bergers qui, pour avoir au printemps des pâturages pour leurs moutons, n'hésitaient pas à incendier une partie des forêts; et souvent ils ne pouvaient circonscrire le feu.

D'autre part, les gentilshommes verriers pour chauffer leurs fours, consommaient de grandes quantités de bois.

Nous verrons plus loin que les intendants du Languedoc et même le pouvoir royal ont dû souvent intervenir pour protéger les forêts.

Il nous faut dire quelques mots de la flore de la région Moussanaise.

M. Flahault, dans sa carte botanique du département de l'Hérault, situe la région de Moussans proprement dite dans la zone dite des montagnes cévenoles; tandis que les vallées inférieures du Thoré, et du Jaur, ainsi que celles de la Cesse, du Brian, du Cessière descendant les monts du Minervois sont situées dans la zone des basses montagnes. Ferrals et Rieussec sont dans cette dernière zone.

1° La zone des montagnes cévenoles est la zone du Hêtre. La zone montagneuse commence dans les Cévennes et dans les montagnes de l'Hérault, au niveau où cesse la culture utile du châtaignier. L'altitude climatérique ainsi déterminée varie de 550 à 790 mètres (¹).

. Sur les plateaux ou les montagnes à pentes faibles, en général, le châtaignier cesse de mûrir ses fruits vers 650 mètres d'altitude.

A mesure que l'on s'éloigne vers les causses de l'Aveyron et de la Lozère, le hêtre est plus abondant.

Le Chêne Vert qui est abondant à l'est du col de Feuille (467 m.), n'existe plus dans la vallée du Thoré. « On passe tout à coup des cultures de Châtaigniers et des maigres bois de Chênes Verts et de Chênes à fleurs sessiles aux teintes fraîches que donne le mélange du frêne, de l'orne, du hêtre, de l'aulne, de l'érable sycomore avec le châtaignier, le chêne à fleurs sessiles et le noyer, les seuls parmi ces arbres qui soient également répandus à l'est du col ». Le hêtre fournit le bois de chauffage et Dieu sait, quelle consommation en faisaient les fours de verrerie ! L'humidité du sol et l'humidité atmosphérique se com-

---

(1) *Géographie générale de l'Hérault*, t. II, page 143.

binent pour favoriser le développement du hêtre dans la vallée du Thoré, ou dans les montagnes siliceuses à partir de 650 mètres et pour le confiner dans les ravins les plus frais et les moins ensoleillés des massifs calcaires.

Les sommets du Minervois, dont les points culminants oscillent entre 800 et 1.022 mètres (sud de Ferrals) et même 1.210 mètres (pic de Nore) s'étendent, par les cols de Sérières (680 mètres) de Sainte-Colombe (636 mètres) et de Rodomouls (568 mètres), jusqu'au bord de l'Orb, à Olargue : les régions situées à l'est du col de Rodomouls paraissent devoir être exclues de la zone montagneuse. Dans cette partie, le hêtre fait défaut.

Certains monts sont complètement dénudés, et on ne découvre autour de soi qu'une surface ondulée uniformément couverte de bruyères ou de genêts. Aucun massif n'offre un aspect aussi lugubre que les sommets du Minervois, des bords de l'Orb, à la limite occidentale de l'Hérault : quelques maigres broussailles, des buis, des genêts.

Le nom de Favairolle (à 4 kilomètres au sud-ouest des Verreries) indique l'importance primitive du hêtre (fau ou fano en langue d'Oc).

Cependant on trouve encore quelques taillis de hêtre à Marcory, au sud de Riols, aux Verreries, à Ferrals, à Cassagnolles.

Signalons que dans la vallée du Thoré, poussent quelques arbres fruitiers : cerisiers, pommiers, pruniers, noyers; mais les rendements sont bien faibles;.

2° La zone des basses montagnes est à proximité de Moussans; il nous faut en dire quelques mots. Cette zone commence à la limite supérieure possible de la végétation de l'olivier, c'est-à-dire vers 350 à 400 mètres; et elle s'étend jusqu'à la limite inférieure du hêtre, soit jusqu'à 650 ou 700 mètres en moyenne dans les terrains siliceux, jusqu'à 1.000 mètres parfois dans les terrains calcaires ou dolomitiques perméables et secs.

Les bois des basses montagnes siliceuses sont à peu près entièrement formés de châtaigniers auxquels se mêlent, suivant l'altitude, des chênes verts ou des chênes blancs. Les bois de basses montagnes calcaires ou dolomitiques sont essentiellement formés de chênes.

Aux basses montagnes siliceuses appartiennent la partie

moyenne de la chaîne du Minervois, les sommets seulement appartiennent à la zone montagneuse.

La limite supérieure de la culture du châtaignier varie dans notre région entre 650 et 800 mètres d'altitude, suivant l'exposition et l'abri contre les vents froids et humides.

Cette limite a une importance économique particulière dans la région des Cévennes, car la châtaigne était une des bases de l'alimentation des populations des basses montagnes. Les pays des châtaigniers révèlent une richesse relative, par rapport aux pays calcaires des mêmes niveaux.

Le territoire compris entre Courniou et Saint-Pons, et le bois de Sérignan situé à l'ouest de Saint-Pons, fournissent un exemple de la flore des basses montagnes siliceuses.

Signalons, en dernier lieu, les plantes servant à l'alimentation de la population moussanaise : la pomme de terre, le seigle, un peu de blé, quelques légumes poussant principalement aux abords de la vallée du Thoré, exposée aux vents humides de l'Océan; des châtaigniers, des pruniers, des pommiers. La vigne s'y acclimate difficilement. Quelques prairies permettent l'élevage de la vache laitière, du mouton, de la chèvre et de la volaille.

Par cet aperçu de la flore, il est aisé de se rendre compte que cette région ne se prêtait pas à un accroissement de population, surtout à une époque où les voies de communication, par conséquent de ravitaillement, étaient rares et incommodes.

L'industrie ne peut se développer qu'à deux conditions :

1° Avoir une région environnante assez riche pour alimenter à bon compte la population;

2° Avoir une population assez dense, pour y recruter la main-d'œuvre nécessaire, sans priver l'agriculture des bras nécessaires pour l'entretien et des cultivateurs et des ouvriers d'usine.

Un certain équilibre est nécessaire entre la population rurale produisant les denrées nécessaires à la vie, et la population urbaine qui consomme les dites denrées sans les produire. « C'est le ventre dit-on qui guide l'humanité » sans entrer dans le sens trop matérialiste de cet adage, nous devons bien conclure que ce ne sont pas les étoffe, ni les souliers, ni les machines ou instruments si perfectionnés soient-ils qui nourrissent les hommes, car sans nier le progrès, on peut se rendre compte que les instruments simples, les étoffes, furent longtemps du domaine de l'industrie familiale, par conséquent, ils ne nécessitaient pas une pléthore d'ouvriers d'usine. La rupture de l'équilibre entre producteurs de denrées agricoles et consommateurs des dites denrées, quand bien même ces derniers seraient producteurs d'instruments, ou d'autres matières; (cette rupture provoque un enchérissement sur les produits du sol.

Supposons deux paysans apportant leurs denrées au marché pour les vendre, et un ouvrier seulement pour les acheter. La loi de l'offre et de la demande joue aussitôt et l'ouvrier peut acheter à bon compte les denrées qui lui sont nécessaires : les deux paysans ont eu un petit bénéfice et, de plus, ils ont retiré le nécessaire à l'entretien de leurs familles.

Si, au contraire, deux ouvriers se présentent au marché pour acheter les denrées produites par un seul paysan, les rôles sont renversés et les prix des denrées vont au moins doubler. La somme d'utilités apportées par un seul paysan ne pourra satisfaire pleinement les désirs des deux ouvriers, et cependant par leur concurrence, les prix auront haussé.

De ce fait ils vont réclamer une hausse de salaire qui leur procurera un bien-être momentané; mais les produits manufacturés suivront aussitôt le mouvement de hausse et cela ne fera pas apporter un sac de blé de plus, ni un muid de vin de plus sur le marché : les besoins ne seront que partiellement satisfaits, malgré les salaires élevés. La véritable cause initiale de la cherté de la vie est la pléthore des ouvriers d'usine, et la pénurie des ouvriers agricoles, pénurie qui raréfie les denrées nécessaires à l'existence.

Que s'est-il passé aux Verreries de Moussans pour que la population ait tant diminué par rapport au début du XIX⁰ et à la fin du XVIII⁰ siècle.

En plus de causes générales que nous n'avons pas à étudier ici : telles que l'attrait que les grands centres exercent sur les jeunes gens un peu déracinés par le service militaire, et souvent détournés des travaux agricoles par une instruction primaire mal comprise et mal adaptée aux milieux; il y a d'autres causes qui sont d'apparence secondaire. C'est d'abord la pauvreté relative des terrains cultivables, obligeant chacun à ne cultiver son bien, qu'en vue de la satisfaction de ses besoins exclusifs.

Ce défaut de surproduction de denrées agricoles empêchait les verreries forestières de se développer : elles travaillaient pendant l'hiver et dès que les premiers jours du printemps arrivaient les verriers abandonnaient leurs travaux, pour se consacrer à ceux du sol, soit directement ou indirectement.

Pendant longtemps cette pénurie de denrées d'entretien fut la cause de stagnation de ces verreries. Ce n'est pas la durée du four qui guidait ces interruptions de travail, car nous verrons plus loin, quel était le nombre de ces petites verreries : plusieurs fours appartenaient au même propriétaire, ils étaient disséminés selon l'état des coupes de bois, et il était aisé de faire le travail du verre, en passant de l'un à l'autre, pendant les réparations sans avoir à craindre les prescriptions du Roi, s'opposant à de trop longues campagnes, qui dans la région Moussanaise restaient lettre morte.

La transformation de l'industrie verrière d'abord familiale en travail de manufacture est une autre cause de dépopulation.

La production en série exigeait plus de capitaux, plus de main-d'œuvre nécessaire pour la transformation des usines : après quelque temps de travail restreint, les fours s'éteignirent les uns après les autres. Chacun prit sa route, et la plupart des familles de verriers abandonnèrent définitivement le pays natal. Le mauvais état des routes rendait fort difficile l'approvisionnement en matières premières et l'écoulement des marchandises fabriquées.

La dernière cause qui est plus récente et qui est même actuelle est la naissance du centre ouvrier de Labastide-Rouairoux qui absorbe la plupart des jeunes hommes qui pouvaient utilement cultiver le pays. Les métiers de tissage travaillent à plein rendement, les charrettes, pliant sous le poids des balles de drap, sillonnent les routes, mais la campagne environnante agonise, et la cherté de vie va s'accentuant.

On peut signaler, en dernier lieu, comme cause de dépopulation, l'attrait des pays de vignoble, sur les paysans cultivant un sol ingrat, se figurant que la monoculture est un idéal.

Nous ne pouvons que saluer respectueusement les familles qui, malgré les causes citées plus haut, sont demeurées fidèles au sol ancestral, et empêchent encore le pays de devenir désert.

Sur les 156 maisons qui constituaient l'agglomération de la paroisse des Verreries de Moussans, au début du XIXe siècle, combien sont encore debout ? Une promenade dans le chef-lieu montrera maintes maisons complètement démolies, et la plupart fort lézardées.

Voici les résultats des recensements de la population de la commune :

En 1866	722	habitants.
En 1872	632	»
En 1876	570	»
En 1881	513	»
En 1886	435	»
En 1891	519	»
En 1896	431	»
En 1901	374	»
En 1906	350	»
En 1921	268	»

B. — Situation administrative des Verreries de Moussans.

Au XVIIIe siècle, en consultant les tènements du village de Rieussec, nous voyons que les Verreries et Moussans étaient rattachées à cette agglomération comme vie locale.

Citons, ci-dessous, ces tènements, à titre documentaire :

Rieussec, La Mourelarié, Merlac, Moulin de Péribis, La Fignère, Cousses et Brian, Lucarnis, Sainte-Colombe, Balagou, Lautié, Value, la Resse, Verreries, Moussans, Galinié, Lespinassié, La Feuillade, Combesinières, la Borie-Crémade.

Anciennement l'agglomération actuelle des Verreries de Moussans était formée de deux parties : l'une à l'est du Thoré connue sous le nom de *Fon de l'Estat* appartenait au diocèse de Saint-Pons, l'autre, à l'Ouest, dite *Les Verreries-Basses* faisait partie de la vicomté de Minerve.

Cette agglomération comprenait 154 maisons, et environ 334 habitants.

I. — Rappelons brièvement que la vicomté de Minerve était à l'époque carlovingienne, un chef-lieu de pagus. Les vicomtes de Minerve firent hommage de leur seigneurie aux comtes de Carcassonne, dont ils suivirent les vicissitudes. En 1171, Louis VII revendiqua le Minervois, et il le donna au vicomte de Béziers, à condition que ce dernier relève directement de la couronne de France.

La châtellenie de Minerve fut remplacée par Louis IX en une

Château de Moussans (Hérault), construit en 1576 (côté de la rivière)

FIG. 1

FIG. 2

Pierres séparant la forêt royale de Moussans (fig. 1) des propriétés des
de Riols (branche aînée)

viguerie (1255). Elle fut définitivement réunie à la Couronne, par Charles VIII qui la racheta en 1483. Enfin, en 1636, le château fut détruit par ordre du roi.

Cette ville est surtout célèbre par le siège soutenu, en 1209, contre les Croisés qui, sous la conduite de Simon de Montfort, la cernèrent six semaines.

La châtellenie de Minerve s'étendait sur les consulats de Vélieux, Boisset, Azillanet, Cruzy, Siran, Olonzac et Rieussec.

Nous avons vu précédemment que Moussans et les Verreries relevaient de Rieussec.

La justice haute, moyenne et basse, appartenait au Roi de France dans ses châtellenies de Cessenon, Anglès et Minerve [1].

La justice de la châtellenie de Minerve avait son siège à Siran, où elle était exercée par le viguier de Carcassonne; elle s'étendait sur Minerve, Vélieux, Rieussec, Boisset, Olonzac. La justice d'Olonzac et de Boisset fut ensuite réunie au sénéchal de Carcassonne et exercée par lui.

Pour les appels, Rieussec, Minerve, Olonzac, Boisset relevaient du Sénéchal de Carcassonne. De même, Ferrals, Cassagnoles, La Livinière.

Signalons en passant que Pierre de Riols (fils d'Isaac de Riols) et époux de damoiselle Anne de Cristol, était conseiller du Sénéchal de Béziers (1er juillet 1671) [2].

On ne peut passer sous silence la juridiction forestière qui intéressait toute cette région car nous verrons souvent les délits forestiers commis par les gentilshommes verriers, réprimés sans pitié par la Maîtrise des Eaux et Forêts.

La juridiction forestière fut établie pour la châtellenie d'Anglès, en 1341, par Guillaume des Fontaines, et pour la châtellenie de Cessenon, elle fut instituée par Robert des Cratels. Les agents forestiers connaissaient « des inféodations du domaine royal, de la recherche des usurpations, de la vente des bois, des délits forestiers, et de la gestion des forêts ». Les délinquants devaient être jugés dans les limites des vigueries. Les appels avaient lieu, à la Table de Marbre, à Toulouse.

La maîtrise des Eaux et Forêts, qui était primitivement à

---

(1) J. SAHUC. *Mémoire géographique et historique du diocèse de Saint-Pons*, page 30.
(2) Archives Parlement Toulouse. F. 18.

Anglès, à La Bastide-Saint-Amans et à Castres, de 1669 à 1672, fut installée provisoirement à Saint-Pons, avec juridiction sur Castres, Puylaurens, sur les diocèses de Saint-Pons et de Béziers, et sur une partie du diocèse de Narbonne.

Cette Maîtrise fut transférée, en 1675, à Saint-Amans et, en 1683, à Mazamet.

. II. — La partie est, de cette agglomération appelée la Fon de l'Estat, relevait de l'évêque de Saint-Pons. Faisons une briève étude de ce diocèse, en insistant surtout sur notre région.

Le diocèse de Saint-Pons, vers 1750, comprenait quarante et une paroisses.

L'église paroissiale des Verreries faisait partie de la mense capitulaire. Le chapitre cathédral était prieur et curé primitif de :

Saint-Martin-du-Jaur, Assignan, Cessenon, Ferrals, Fraïsse, Les Verreries, Montouliers, Pardailhan, Rieussec, Villespassans. L'église des Verreries est placée sous le vocable de Saint-Thomas.

L'église paroissiale de Ferrals avait deux annexes : l'une à Authèze, l'autre à Galinier. De notre époque, Authèze est une annexe de Saint-Julien-des-Molières et Galinier une paroisse d'ailleurs abandonnée.

Dans plusieurs actes (¹) l'église de Galinier est qualifiée d'église de Notre Dame de Sérières. C'est par erreur que M. le capitaine de Cazanove (Saint-Quirin), dans son remarquable ouvrage les « Verriers du Languedoc », parle de l'église de Notre-Dame-de-Ferrières, en disant que ce nom venait de la présence de mines de fer situées dans la région de Moussans.

C'est bien de Sorières. Le nom de « Soriéras » désignait un ancien domaine qui existait au x° siècle et dont le nom subsistait encore au xvii° siècle dans les actes notariés. Ce nom n'a pas été conservé et il n'en reste que le col de Serrières (que beaucoup, maintenant par horreur de leur langue natale, dénomment improprement le col de « Cerise » !). L'emplacement du domaine de Soriéras correspondait à celui de l'église d'Aymard dite anciennement de Sérières dans la commune de Ferrals, en face les hameaux d'Aymard et de Galinié (²).

---

(1) Acte de cession et subrogation entre noble David de Riols, seigneur des Trémolèdes, à son profit, par noble Jacques de Riolz son père (8 novembre 1624). Archives Parlement. F. 18 (Cour d'appel Toulouse).

(2) *Dictionnaire historique et topographique*, par M. J. SAHUC, page 166.

L'église de Rieussec, en Minervois, placée sous le vocable de Sainte-Marie, faisait aussi partie de la Mense capitulaire. Nous ne pouvons pas le laisser sous silence, car pendant longtemps les Verreries relevèrent de Rieussec, pour la partie située sur la rive gauche du Thoré.

L'Assemblée de l'assiette du diocèse se tenait, à Saint-Pons, en présence de l'évêque. Y prenaient part, un commissaire principal, le viguier-juge en la justice ordinaire de l'évêché, le premier consul, maire de la ville de Saint-Pons « assistés de messieurs les Maires, Consuls et Députés des sept lieux principaux » savoir : Olargues, Cessenon, Cruzy, Olonzac, La Livinière, Anglès, la Salvetat.

Pour exercer la justice dans sa seigneurie, l'évêque avait un viguier dans les lieux suivants : La Salvetat, Saint-Pons. Un bailli l'exerçait à La Bastide, et un autre à Saint-Pons. La juridiction de l'officialité s'étendait sur toutes les paroisses du diocèse, et appel de ces jugements étaient portés devant l'officialité métropolitaine de Narbonne [1].

Quand, en 1801, les divisions ecclésiastiques furent remaniées selon les circonscriptions administratives de l'époque, elles furent établies de la façon suivante :

Le canton de Saint-Pons comprenait : une paroisse à Saint-Pons avec sept succursales :

1º La paroisse de Saint-Pons, comprenant le territoire de cette commune, sauf les anciennes paroisses de Courniou et des Verreries.

La succursale de Courniou comprenait les hameaux de Prouilhe, de Marthomis et autres, formant l'ancienne paroisse de Courniou quand celle-ci dépendait de Saint-Pons.

La succursale des Verreries de Moussans comprenait le territoire de l'ancienne paroisse des Verreries qui dépendait de Saint-Pons, plus une partie de la paroisse de Rieussec, elle s'étend aussi sur l'ancienne succursale de Galinier qui dépendait de Ferrals.

La succursale de Rieussec comprenait tout le territoire de cette commune, sauf la partie formant l'ancienne paroisse des Verreries, plus le territoire de la commune de Vélieux.

Cette opposition de la rive gauche du Thoré, relevant de

____

(1) Archives Hérault. C. 1903.

Minerve, avec la rive droite relevant de Saint-Pons, fut longtemps maintenue. La partie gauche fit partie de la commune de Rieussec, et la partie droite de la ville de Saint-Pons, jusqu'à la loi du 12 mars 1864, qui créa une commune autonome.

Quelles étaient les voies de communications aux cours des xv⁰, xvi⁰, xvii⁰ et xviii⁰ siècles.

1° Les Verreries de Moussans étaient traversées par un chemin étroit, peu carrossable allant de Carcassonne à Saint-Pons, par Félines sur la droite, Saint-Jean-de-Molières, Ferrals et Campredon sur la droite, Peyrefiche, le col de Sérières, les Verreries. Au lieu de suivre le tracé actuel du chemin de grande communication n° 12, à partir de Saint-Julien, ce chemin était situé bien plus à gauche. Un vestige de ce chemin existe encore : il quitte la route allant vers La Bastide, sur la droite, peu après le Café actuel (ancienne maison Danzé) et par les flancs de la montagne, il rejoint la Jasse de Vidal, au-dessus d'Usclatz;

2° Des Verreries à Labastide-Rouairoux, il n'y avait pas de chemin, au xviii⁰ siècle. Les rives ou même le lit du Thoré, en tenaient lieu.

Actuellement le chemin vicinal d'intérêt commun n° 47, allant de La Bastide à Minerve, par La Borio Cremado, les Verreries, Sainte-Colombe, laissant Rieussec sur la gauche, Boisset sert à assurer un commerce assez intense entre toutes ces agglomérations;

3° Signalons en terminant le chemin venant d'Anglès, qui, par Saint-Pons, Cavenac, Combeliaubel, Sainte-Colombe, Rieussec, Lacamp, Lacaunette, Aigues-Vives rejoignait Narbonne. Le chemin actuel de grande communication n° 10, passe à proximité de la plupart des localités situées plus haut.

Par ce très bref aperçu, nous voyons que les Verreries de Moussans avaient de très grandes difficultés de communication, c'est une des causes qui explique leur stagnation, alors qu'à la même époque les verreries de Normandie prenaient leur essor, et se transformaient d'industrie familiale en véritables manufactures et amorçaient ainsi l'ère de la grande industrie. Nous verrons plus tard que de cette transformation technique allait découler un changement des rapports entre verriers et maîtres verriers. D'égaux qu'ils étaient jusqu'au xviii⁰ siècle, il allait se créer deux classes : comme d'ailleurs dans toutes les entreprises.

Il nous faut signaler qu'à Sainte-Colombe (environ 2 à 3 km.

après Balagou, altitude 630 m.) était installé un péage sous la Monarchie; il était au débouché du chemin venant des Verreries de Moussans, et au débouché de celui venant de Saint-Pons. Sainte-Colombe, au xviiie siècle, était une agglomération de trois maisons, avec six habitants. Le péage appartenait partie au roi et partie au chapitre de Saint-Pons [1].

(1) *Dictionnaire historique*, J. SAHUC, page 180.

CHAPITRE II

La géologie et la minéralogie de la région Moussanaise

---

§ 1. — GÉOLOGIE.

Il n'est pas inutile, selon nous, de nous occuper de la géologie de cette contrée sans entrer cependant dans trop de détails techniques.

Les industries se développent plus ou moins, selon les facilités de communications et les facilités d'approvisionnements en matières premières.

On peut dire que la nature du terrain est une cause déterminante de la création d'industries.

Le département actuel de l'Hérault a été découpé au hasard dans la province de Languedoc, sans limites naturelles, ni aucun caractère d'unité géologique et ethnographique. Il est formé d'une juxtaposition de territoires ayant des différences géologiques, géographiques et hydrologiques très marquées.

« La rivière de l'Hérault (1), et mieux encore une ligne divisoire qui, comprenant la partie inférieure de sa vallée, se prolongerait au Nord par la haute vallée de l'Orb, en amont de Saint-Martin sépare deux régions absolument différentes d'aspect et d'origines. D'un côté, à l'Ouest, dans les arrondissements de Béziers et de Saint-Pons, le sol s'étage en terrasses successives orientées parallèlement au littoral, dont l'ossature principale dans la région des montagnes, appartient aux terrains géologiques de l'âge le plus ancien, granites, schistes et terrains houillers. De l'autre côté, à l'Est, dans les arrondissements de Mont-

(1) *Géographie générale du département de l'Hérault*, t. Ier; Montpellier, 1891; Introduction, page IX.

pellier et de Lodève, ces terrains anciens, sauf dans un petit fond de cuvette, au voisinage de Lodève, font absolument défaut et sont remplacés par de vastes plateaux de calcaire jurassique, de formation secondaire qui, eux-mêmes, manquent dans la région occidentale. »

Au point de vue de la succession géologique, ces deux régions jouant en sens inverse des deux côtés de la ligne divisoire qui les sépare, ont été tour à tour et séparément submergées ou immergées. Les caractères si opposés dans la constitution géologique et orographique de ces deux régions se retrouvent quant aux productions végétales et aux races animales. Les populations elles-mêmes ont des traits particuliers de mœurs fortement distinctifs, des nuances de caractères, d'aptitudes et d'habitudes sociales.

La région occidentale de l'Hérault est celle où la gradation des terrasses est la mieux marquée.

Les terrasses supérieures appartiennent à un vaste massif montagneux confondu dans un même ensemble, à ce massif plusieurs géographes et plusieurs géologues, parmi lesquels il faut citer MM. de Rouville et Bergeron, ont étendu le nom de « Montagne Noire ».

A vrai dire, il y a, en réalité, deux massifs parallèles distincts séparés par une large et profonde dépression servant à l'écoulement du Thoré, du Jaur et de l'Orb.

Le col de la Feuille qui sépare la vallée du Thoré de celle du Jaur se trouvant à plus de 600 mètres en contrebas des massifs montagneux qui l'encaissent, tandis que son altitude absolue n'est que de 467 mètres, constitue un point de passage entre le bassin de la Méditerranée et celui de l'Océan.

Les Verreries de Moussans, anciennement La Fon de l'Estat, sont à la naissance du Thoré, qui, par l'Agout et le Tarn, se rend à l'Océan.

M. Doncieux (¹), pour les deux massifs plus haut signalés, distingue le massif du Sommail et la chaîne des Avants-Monts commençant à la cime culminante du pic de Ferrals. L'altitude des Avants-Monts dépasse 1.200 mètres au sud de Saint-Amans et elle se maintient à plus de 1.000 mètres au-dessus de Ferrals.

____

(1) *Op. cit.*, pages 12 et 13.

Voici, à titre indicatif, la côte des points les plus élevés :

Route grande communication n° 10 d'Anglès à Saint-Pons : col de Cousines 956 mètres.

Route grande communication n° 12 de Carcassonne à Saint-Pons : col de Serrières 680 mètres, et col du Prince à la limite du Tarn 756 mètres.

Route d'intérêt commun n° 81, de Labastide à la Salvetat, côte de la Matte : 865 mètres.

Ces routes sillonnant dans les sens différents la région Moussanaise, donnent, par leurs côtes les plus élevées, une idée de l'altitude de cette contrée (¹).

Le département de l'Hérault est celui où les diverses formations géologiques se rencontrent avec le plus de régularité et le plus de continuité des temps géologiques les plus reculés à l'époque moderne.

Nous nous sommes inspirés de la carte geologique du département dressée par M. le professeur de Rouville, et de celle de la région nord-ouest de M. Bergeron.

Les terrains anciens, savoir : gneiss et micaschistes et terrains primaires, constituent la presque totalité du massif montagneux désigné sous le nom général de Montagne Noire.

Les roches granitiques qui doivent se trouver en tout lieu à la base de tous les autres terrains constituent le noyau apparent du massif de la Montagne Noire, et plus particulièrement la surface du plateau du Sommail, depuis la frontière de l'Aude à l'Ouest, jusqu'au col de la Mouline, vers l'Est.

La série des terrains paléozoïques débute par le Cambréen auquel M. Bergeron assigne trois étages distincts dans la région qui nous occupe :

A la base des grés, qui se rencontrent surtout sur la route allant de Saint-Pons à Saint-Chinian près de Contades, et dans le fond des ravins de la vallée du Jaur.

Au milieu des schistes diversement colorés en rouge, jaune et vert selon leur âge géologique.

Au sommet un ensemble de grés et de schistes.

Ces formations, peut-on dire, occupent la très grande partie de la chaîne des avants-monts dans l'arrondissement de Saint-Pons.

(1) DONCIEUX, *op. cit.*, page 36.

Les formations Dévoniennes sont aussi très développées dans la chaîne des Avants-Monts : elles sont en général calcaires, parfois dolomitiques, il faut y rattacher les principaux gisements de marbre de Caunes, Saint-Pons, Faugères, etc....

Le terrain carbonifère ou anthracifère se trouve aussi dans la chaîne des Avants-Monts avec des schistes à la base, et des calcaires au sommet, et il constitue une bande à peu près continue s'étendant de Cabrières à Félines-Hautpoul, en passant par Roquessels, Lenthéric et Saint-Nazaire. D'une façon générale les dépôts schisteux prédominent à l'Ouest, et les dépôts calcaires à l'Est.

L'anthracite, combustible antérieur à la houille ne constitue guère que la base des formations houillères de Graissessac.

Quant au terrain houiller, il se compose de deux bassins distincts : celui de Neffiès, qui est d'origine marine, peu exploité, et celui de Graissessac d'origine lacustre qui, de nos jours, a pris un grand développement.

Le terrain Pernien constitue un bassin apparent très étendu traversant les vallées de l'Orb et de l'Ergue entre le bassin houiller de Graissessac à l'Ouest, et Saint-Guiraud à l'Est.

D'une façon générale les terrains primaires se rencontrent au nord-ouest de la région occidentale du département : c'est la région dans laquelle se trouvent les Verreries de Moussans.

La série des terrains secondaires qui suit les terrains primaires se trouve surtout dans la partie orientale du département.

La série du secondaire se compose : du Trias, du Jurassique et du Crétacé.

Les grés bigarrés, multicolores qui forment la base du Trias, se rencontrent aux environs de Lamalou et de Lodève, et sur quelques points du versant sud des Avants-Monts.

L'assise supérieure de ces terrains est composée d'un grain fin siliceux qui, convenablement pulvérisé, donnait un des éléments de la composition du verre.

Le terrain jurassique se subdivise : en lias et oolithe ou Jurassique proprement dit. Le lias se rencontre aux environs du petit Causse de Bédarieux. Il se rencontre en outre sur le versant sud de la chaîne des Avant-Monts, dans les ravins de la Sérane, aux environs de Saint-Chinian, où il constitue, entre Bize et Mourviel, une série d'îlots de terrains secondaires, entourés de terrains beaucoup plus récents.

— 51 —

Parmi les terrains tertiaires, dans la région avoisinant Moussans, il faut citer le Garummien : constitué par des marnes et des roches calcaires plus ou moins imprégnées de fer, leur donnant une couleur caractéristique; ce terrain se rencontre entre Saint-Chinian et Cébazan. Dans la même région se rencontre le terrain Nummulitique.

La formation lacustre adossée au Nummulitique et au Garummien se rencontre dans la contrée d'Olonzac, de Montpellier et même jusqu'à Sommières.

Les autres formations ne se recontrent pas dans la région qui nous occupe.

Si nous nous rapportons aux sources thermales de cette contrée, d'après leur analyse on peut déduire la nature des terrains que ces eaux ont traversées.

« Aucune de ces eaux [1] n'est sulfureuse, et elles paraissent agir surtout par les bicarbonates et autres sels minéraux qu'elles contiennent à diverses doses, notamment le fer, le cuivre, l'arsenic, la lithine, et parfois même le cobalt, le nickel, et autres substances, en trop petite quantité pour être constatées par l'analyse directe des eaux, mais qui se retrouvent parfois en proportion notable dans les sédiments. »

L'analyse générale du groupe des eaux de Lamalou donne :

Bicarbonate de soude, de potasse, de lithine, de chaux, de magnésie, de fer, de manganèse, du chlorure de sodium, sulfate de chaux, phosphate de soude, arséniates, borates, sulfate de cuivre, silice, alumine, etc. [2].

§ 2. — MINÉRALOGIE.

Ici aussi, nous n'entrerons pas dans de grands détails techniques.

L'Hérault comprenant presque toutes les formations géologiques, doit présenter nécessairement une grande variété de minéraux.

Nous nous attacherons surtout à signaler les variétés les plus intéressantes pour leur emploi en verrerie.

[1] DONCIEUX, *op. cit.*, page 240.
[2] DONCIEUX, *op. cit.*, page 243.

Voici la grande classification adoptée dans le remarquable ouvrage de M. Doncieux :

1° Roches et substances minérales...
- Siliceuses,
- Alumineuses,
- Calcaires,
- Magnésiennes.

2° Roches diverses ou composées......
- Granites et porphyres,
- Laves et basaltes,
- Grés,
- Sables,
- Argiles et schistes.

3° Combustibles minéraux............
- Anthracites,
- Houilles,
- Lignites,
- Tourbe,
- Bitume,
- Pétrole.

4° Métalloïdes.......
- Sulfures,
- Arséniures,
- Phosphates.

5° Métaux purs ou combinés.

I. — SUBSTANCES MINÉRALES. — Les roches silicieuses, à l'état plus ou moins pures, se rencontrent dans tout le département, sous des aspects différents.

La silice pure se trouve, à l'état pulvérulent, près de Murviel (arrondissement de Montpellier), et elle serait susceptible d'être employée pour la fabrication du verre. Elle est cependant bien moins pure que celle des environs de Fontainebleau.

Les silicates de magnésie sont plus abondants que les silicates de chaux.

A l'état anhydre, les silicates de magnésie se rencontrent à l'état d'olivine, de talc : substance feuilletée, douce au toucher, qui se rencontre dans de nombreux points de la Montagne Noire. Ce talc constitue un élément excellent pour la fabrication du verre.

A l'état de silicate d'alumine, il faut citer :

a) Le mica, associé tantôt au fer, tantôt à la chaux;

b) Le feldspath, qui, uni à la potasse, prend le nom d'orthose; qui, uni à la soude, prend le nom de albite; qui, uni à la chaux, prend le nom de labrador. Uni à la soude et à la chaux, le feldspath prend le nom d'oligoclose.

Nous n'avons pas à parler dans notre étude des schistes.

Le feldspath, en proportion convenable, entre aussi dans la composition du verre. Un minéral, hydrate d'alumine, plus ou moins mélangé de fer, tantôt blanc, tantôt coloré en rouge : la bauxite, constitue un gisement assez important dans le bassin de Villeveyrac. Cette terre a la propriété d'être réfractaire au feu, et elle a été sûrement employée par les verreries voisines, pour la confection des briques et des creusets nécessaires à leurs fours. Un autre gisement se rencontre hors de l'Hérault, à Salabas (Gard), et principalement au XIXᵉ siècle les verriers de Moussans s'y sont approvisionnés.

Roches calcaires. — Le carbonate de chaux se rencontre à l'état de spath d'Islande, fréquemment dans les grottes et les failles. Le calcaire est la substance la plus abondante du département, et elle se présente sous les formes les plus diverses, notamment dans la région de Bédarieux.

Le marbre se trouve dans les terrains anciens, surtout les formations dévoniennes; il faut citer les régions de Courniou, Faugères, Saint-Pons et d'Olargues. Ces derniers sont à texture cristalline, d'un blanc veiné de rose. Le marbre pilé, le marbre blanc de préférence, est fort apprécié pour la composition du verre. C'est surtout dans la région de Courniou que les verreries de Moussans se sont approvisionnées.

Le sulfate de chaux, ou gypse, est répandu dans les régions de Saint-Etienne-de-Gourgas, Clermont, Roujan, Hérépian et Cazouls-lez-Bésiers.

Roches magnésiennes. — Le carbonate de chaux et de magnésie, plus connu sous le nom de dolomie, se rencontre fréquemment dans nos régions : à Cabrières, la Gardiole, Bédarieux, Ganges.

II. — ROCHES DIVERSES OU COMPOSÉES. — Parmi cette catégorie, bornons-nous à citer la subdivision des sables.

Selon M. de Rouville, ce sont des « roches meubles, composées de grains de différentes substances minérales, et plus particulièrement de quartz, mais aussi tout ensemble de quartz et de calcaire, variant par la grosseur des grains ». Il faut distinguer entre les sables de mine et les sables de rivières. Les premiers, abondants dans la région de Montpellier, sont d'origine marine et souvent terreux, ce qui les rend impropres à la fabrication du verre, à moins d'un lavage préalable. Il n'y a guère que les sables de la Pompignane, près de Castelnau, qui pourraient être utilisés; les seconds se composent de grains plus silicieux.

Les sables de Saint-Julien, utilisés par les verriers de Moussans, sont des sables de rivière, ayant encore beaucoup de substances terreuses unies à des oxydes de fer.

III. — Nous ne parlerons pas des combustibles minéraux, les verreries de Moussans ayant presque exclusivement chauffé au bois, sauf pendant une très courte période. Signalons en passant les bassins houillers de Graissessac et de Roujan-Neffiés. Une formation de lignite se retrouve en couches exploitables dans les calcaires lacustres de Lacaunette, au sud de l'arrondissement de Saint-Pons. Des tourbes se trouvent sur l'Espinouse, dans la haute vallée du Larn : petite rivière de 15 kilomètres, arrosant la Salvetat et le Soulié.

IV. — LES MÉTALLOÏDES. — Le soufre, comme nous l'avons déjà vu, n'a pas été signalé dans le département. On rencontre des sulfures de cuivre, de plomb et de fer. Il existe des gisements importants de pyrites de fer près de Faugères et de Gabian. L'arsenic existe, combiné au plomb, dans la chaîne des Avant-Monts. C'est un produit entrant dans la composition du verre, aidant au raffinage.

V. — LES MÉTAUX. — L'or, l'argent, le cuivre, le plomb existent dans cette contrée, mais nous n'avons pas à nous en occuper. Le zinc est signalé à l'état de sulfure (blende) à l'extrêmité nord du département, au voisinage de Mélagues (Aveyron).

L'oxyde de zinc est un décolorant du verre, préférable au manganèse.

Pour obtenir l'oxyde de zinc, en partant du sulfure, il suffit de le griller au contact de l'air, à haute température.

Il faut citer le fer, qui se trouve dans plusieurs régions du département : citons l'oxyde de fer hydraté de Maureilhan, près Saint-Gervais; un autre gisement aux environs du Petit-Galargues. Dans certains points des vallées de l'Orb et du Jaur, notamment aux environs de Vieussan et de Mons, le fer se trouve associé au manganèse. Ce composé de manganèse et de fer est employé pour la coloration des bouteilles dites en verre noir, en verre couleur d'Angleterre comme l'on disait autrefois.

A Vieussan, la Compagnie de la Terre Noire exploite encore ces minerais.

Cette brève étude, et de la géologie, et de la minéralogie de la région Moussannaise, ne nous a pas semblé inutile, car elle montre que les verriers de Moussans étaient bien placés pour avoir à proximité les principaux produits nécessaires à la composition du verre; il ne faut pas oublier que les communications étaient difficiles, les routes n'existant pas, les chemins muletiers seuls étaient utilisables.

Les verreries, aux xve et xvie siècles, étaient peu répandues, la concurrence était moins âpre; d'ailleurs les règlements de Sommières s'opposaient à des durées de travail trop longues, c'est ce qui explique que les maîtres verriers aient pu avoir à ces époques une assez grande prospérité, malgré le prix de revient élevé des produits primaires entrant dans la composition du verre.

Une autre cause c'est que les nations, à ces époques, formaient un tout économique distinct, satisfaisant à la plupart des besoins du pays et faisant bien peu d'exportation.

LIVRE II

CHAPITRE PREMIER

Question du fief. — Les divers compoix. — La censive.

Après avoir exposé les principales chartes régissant les rapports des gentilshommes verriers entre eux et les pouvoirs publics, il nous faut étudier quelles sont les principales familles qui ont habité la région Moussanaise. Nous ne prétendons pas faire une étude généalogique complète pour chacune (sauf pour la famille de Riols), mais nous indiquerons les alliances, les rapports et les descendances de chacune de ces familles. Les alliances entre familles de verriers étaient fort nombreuses, et souvent elles s'enchevètrent et elles rendent très difficiles les recherches sur les filiations. Pour la famille de Robert, par exemple, une série d'alliances enchevètrent les diverses branches, et il est malaisé de découvrir la branche principale.

Parmi les principales familles de gentilshommes verriers de Moussans, il nous faut citer les Almoy, les Bertin, les Colom, les Robert, les Grenier, et enfin les Riols, sur lesquels nous ferons une étude plus détaillée.

Tous appartiennent à cette race de verriers, qui tiraient leurs moyens d'existence de l'exercice de leur métier pendant une partie de l'année, pendant la « campagne » que duraient les fours.

Les ressources ainsi amassées leur permettaient ensuite de

vivre noblement, selon l'expression de l'époque, soit en cultivant leurs terres, soit en s'adonnant aux plaisirs de la chasse à courre.

Le métier de verrier, par suite des priviléges qui s'y rattachaient et surtout par suite de la noblesse *préalable* de ceux qui l'exerçaient, était plutôt considéré comme un art. Nous verrons par la suite que les gentilshommes verriers avaient peu à peu formé une caste à part, jalouse de ses secrets de fabrication, de ses prérogatives et de ses alliances. Ils n'admettaient pas d'intrus parmi eux, quand bien même ceux-ci leur auraient apporté les capitaux dont ils manquaient pour étendre leur industrie; du reste, le juge conservateur de Sommières était là pour rappeler les règlements aux défaillants. Nous avons vu dans l'*Introduction* que, pour être verrier, il fallait d'abord être d'origine noble, et que ce n'était pas le métier qui conférait la noblesse.

Les rapports des verriers étaient caractérisés par une grande solidarité : les pauvres étaient secourus par ceux ayant une situation aisée, et ceux-ci les considéraient avec juste raison comme leurs égaux.

Ces excellents rapports étaient consolidés par leur vie en commun, à la table du maître verrier, et là se projettaient les alliances entre personnes d'âges semblables. Comme nous le verrons par la suite, la vie était patriarcale, et l'autorité du chef de famille était seule reconnue.

La descendance était nombreuse, et il n'était pas rare de voir des familles de huit, dix et douze enfants. Ceux-ci, dès qu'ils étaient « hors de page » continuaient le métier du père, et les idées traditionnelles se perpétuaient ainsi.

Au moment du partage des successions, l'aîné avait une part prépondérante, car, moralement et physiquement, il était le plus apte parmi ses frères puinés à diriger ou à continuer le métier de son père. Il ne faut pas croire que l'aîné avait tout et les autres rien, c'est une idée répandue dans quelques manuels d'histoire abrégée et qui est complètement fausse. L'aîné avait quelques avantages, mais il ne les avait pas tous : le droit d'aînesse était moins absolu que ce que l'on croie.

Bien vite, l'octroi des verreries forestières devint patrimonial, et sa conséquence directe est l'hérédité.

A l'origine du droit féodal, le droit d'aînesse était commandé par l'indivisibilité du fief qui, morcelé, n'eût plus pourvu à l'entretien et à l'équipement du vassal (¹).

« Le droit d'aînesse, dit Esmein (²), s'établit dans l'intérêt du seigneur, pour assurer l'indivisibilité du fief, non pas dans l'intérêt du vassal et de son fils aîné pour assurer à celui-ci un avantage sur ses frères. »

Quand le vassal laisait plusieurs fiefs et plusieurs enfants, on répartissait les fiefs, un par enfant et tant qu'il y en avait, en suivant le rang d'âge dans la distribution; l'aîné avait seulement l'avantage d'être loti le premier et le choix du meilleur fief.

Il n'est pas inutile de développer un peu cette idée du droit d'aînesse, car on verra au cours de notre étude que ce principe fut admis pour les verreries concédées.

Rares sont les coutumes qui maintinrent un droit d'aînesse absolu, tempéré le plus souvent par un usufruit accordé aux puînés; ce fut généralement l'admission assurée des puînés et des filles qui l'emporta, la coutume assurait seule à l'aîné une part plus forte, un préciput. Les puînés et les filles avaient un « quintement », un « tiercement ».

Quand il y avait un seul fief, avant d'abroger le principe de l'indivisibilité héréditaire, on le tourna, par le moyen de la tenure, en *parage* ou *frérage*. L'aîné seul, et pour la totalité du fief, venait à l'hommage du seigneur, comme s'il n'y avait eu aucun partage : les puînés et les sœurs tenaient leurs parts du frère aîné. Ce rapport entre la branche aînée et les branches cadettes pouvait se prolonger longtemps, jusqu'à l'extinction de la parenté canonique, c'est-à-dire jusqu'au septième degré.

De concessions en concessions, l'idée du partage fut peu à peu admise.

Le droit d'aînesse, bien avant cette évolution, fut entamé par des pratiques testamentaires ou coutumières, cherchant à concilier l'intérêt du suzerain et celui des puînés.

L'aîné représentait seul le fief vis-à-vis du suzerain, il était le « miroir du fief ». Dans le Midi, le droit d'aînesse ne fut introduit que tardivement, par quelques coutumes. Souvent, les héritiers restaient dans l'indivision pendant plusieurs généra-

---

(1) *Histoire générale du Droit français*, par J. Declareuil, page 249.
(2) *Histoire du Droit français*, page 229.

tions : ils avaient une administration à frais communs, et les profits étaient partagés proportionnellement à leurs droits. Au point de vue testamentaire, les fiefs furent soumis en général aux règles concernant les acquêts et les propres.

Les aliénations entre vifs, soit à titre gratuit, soit à titre onéreux, nécessitèrent selon certaines coutumes le consentement du suzerain, sous peine de commise.

L'aliénation fut d'abord permise en faveur des descendants et des collatéraux, comme simple renonciation anticipée en leur faveur. Dans le Midi, les coseigneurs avaient, sur la part de celui qui aliénait, un droit de préemption ('). Peu à peu, de militaire, la féodalité tendait à devenir économique. Nous verrons souvent, dans les divers actes de vente relatifs aux verreries, les transmissions s'opérer entre parents mâles, à l'exclusion des femmes, qui touchaient leurs droits en argent.

Nous allons tout d'abord reproduire les compoix, qui nous permettront de connaître les propriétaires, à diverses époques, des parcelles de terre.

Beaucoup de familles portant le même nom, pour se distinguer les unes des autres, prenaient les noms des ténements qu'elles possédaient. Le château actuel de Moussans constituait une partie des « Verreries Haultes », et la Fon de l'Estat constituait la partie actuelle des Verreries Basses (rive gauche du Thoré). Crouzet constituait une autre partie des « Verreries Haultes ».

Le ténement de La Vergne était près du Lina et de Bardou en 1559.

Voici les noms de ténements ajoutés aux noms de fiefs :

I. — De ROBERT : Sieurs de la Seigne, de la Rouquette, de la Fabrègue, de la Roque (verrerie Saint-Amans), de Cantalauze, du Mazel, du Bousquet, du Bosc, de Lautié, de Combessinière, de la Plane, de Caunette, de Larpens, de Lagarrigue, de Fraissinet, de Terme, du Raisin.

II. De RIOLS : De Moussans, de la Bouissonade, du Vergnas, de Fonclare, del Causse, de Crouzet, de la Crosse, de la Jonquière, du Plos, des Pradels, de Lespinassière, de Balagou, de Puisserguier.

(1) DECLAREUIL, *op. cit.*, page 258.

a) Au Compoix de 1600, à la Borio Cremado, nous trouvons mentionnés : noble Isaac de Riols; à la Fon de l'Estat : nobles Bernard de Riols, Etienne de Robert, Germain de Riols, Guillem de Riols, Pierre de Riols.

b) Au Compoix de 1641, à la Borio Cremado : Les hoirs Samuel de Riols, sieur de la Crosse; ces terres passent au sieur de la Plane : Abel de Robert; Isaac de Robert, sieur de la Plane; Jean de Riols, sieur del Causse.

A La fon de l'Estat : Anne de Courcouls, femme de Charles de Robert; Paul de Robert et Paul de Bertin pour leurs femmes.

A Plan Vernet (masage aujourd'hui disparu, situé entre le Lina et Bardou) : David de Riols, sieur de la Bouissonade; Isaac de Riols, sieur de Puisserguier; Natanaël de Robert, sieur de Cantelauze; Abel de Coulom.

c) Au Compoix de 1647 (Saint-Pons), il y a eu des mutations en 1606 (fol. 498).

La fon de l'Estat, biens nobles : Bernard de Riols (un bois à la Garrigue); maison Etienne de Robert (un pré à la Frayssine); maison Germain Riols (champ Frayssine et Garrigue); maison Hoirs de noble Guilhem de Riols; maison Pierre de Riols (prat de saler), (la Boissonade); Laverne; Vidal de Riols.

d) Compoix de 1680 : Propriétaires d'après les terres mises en marge : Sébastien de Robert, sieur de Caunette, et noble Baptiste de Grenier, sieur de Larpens; Paul et Jean-François de Robert frères (1685).

On trouve porté aux anciens compoix les lieux suivants :

La fon de l'Estat, la Lina, Plan Vernet, le mas de Malafosse (situé dans le consulat de Rieussec, p. les bâtiments, et les terres situées dans Saint-Pons appartiennent en 1680 aux frères Pigassou).

1° LE MAS DE PLAN VERNET : 8 maisons ayant des propriétés : Robert de Cantalauze; ténement al Claux (de la Roque), folios 349/52; ténement de Bouscadel, folio 353; ténement de La Garrigue : un moulin à bled, folio 338.

2° LA FON DE L'ESTAT : César de Pailhoux; Jacques Albert; Daniel Albert; Paul et Jean-François de Robert, sieurs del Terme frères; Jean de Granié; Pierre Barbajon; Daniel Rouanet; Suzanne d'Albert; Gabrielle de Lescure; Jacques Rouanet; Isaac de Robert; Anne de Carameau; Jacques de Robert, sieur de Fraissinet; Charles de Robert, sieur de la Roque; Daniel et Barthélemy Lignon; Magdeleine de Riols; Abraham Riols; André Lanet; Natanaël de Robert, sieur de Cantelauze; Samuel de Riols, sieur de la Bouissonade; François Viers; Jacques de Robert de la Fabrègue.

L'acte du 23 juin 1670 (Pagès) signale que Jean de Riols, sieur del Causse, habite au Crouzet, terroir de Minerve, diocèse de Saint-Pons, et il y a « une verrerie et une maison ».

Signalons quelques détails.

César Pailloux : Maison et étable suivant rivière du Thoré, faisant division du terroir de Minerve (camy de la Sal).

Jacques de Robert, sieur de Fraissinet : une maison, un moulin à bled à la Garrigue.

Charles de Robert, sieur de la Roque : une maison, deux champs, quatre prés, deux bois : 7 livres, 18 sols, 2 deniers.

Samuel de Riols était imposé de 5 livres. 13 sols, 1 denier.

Jean de Granié : 14 sols, 3 deniers.

Jacques de Robert : 2 sols, 11 deniers.

Natanaël de Robert : 6 livres, 13 sols, 9 deniers.

3° A LA BORIO CREMADO (1680) : Noble Abel de Robert, sieur de Combesinière : un champ; noble Izac de Robert, sieur de la Planc : un champ. Le champ d'Abel de Robert était à la Combejuliane (Pierre Cros Vieu).

Pradel, folio 324.

Noble Jean de Riols, sieur du Causse : un pré, un champ et un jardin.

e) Compoix de 1706 : Pierre de Riols, sieur de Moussans : « un château, verrerie, maison pour le mettayer, fenière, jardins, preds et champs à Moussans, le tout joignant, confrontant : d'auta, la forest et son bien rural du moulin; midy, le sieur du Bousquel et lad. fon.; cers, lad. forest aquilon aussy et le bien noble de la Verrerie Basse ».

La *Verrerie Basse :* Noble Jean de Rouvert, sieur de Laubergine : une maison, un jardin; noble de Rouvert, sieur de l'Albaréda; noble Samuel de Riols, sieur del Plos; Pierre Francès; Ch. de Robert, sieur de Moussac : un champ; Jean de Riols, sieur de la Fabrègue : maison; de la Roque, sieur du Mazel; de Riols frères, sieurs du Crouzet; Pierre Pailhoux; Jacques Pagès;

Etienne Fabre; Bosc; Pierre d'Alibert, sieur de la Parade; sieur du Peyrou; Pierre Albert; Jean Bonnet.

Voici encore quelques détails sur ce compoix, qui renseignent sur les familles vivant à cette époque.

Compoix de 1706 (archives départementales).

Malafosse : Noble Sébastien de la Roque, sieur du Bousquet, pour sa mettarie de Malafosse : une maison fournial, four basse joignant, confrontant : d'auta, midy et aquilon, Jean Pigassou; Jean Pigassou : une maison et prés.

La Resse : Noble Jean de Rouvert, sieur de la Vergne : une métairie; Jean Francès : moulin à bled sur le ruisseau de Fraissinèdes; Barthélemy : sa part du moulin.

Fraissinèdes, dit Lautié : Jacques de Rouvert, sieur de Fraissinèdes : sa mettarie, consistant en maison « verrine », un ténement de terre, cabane vieille, plo de Camaurel, chemin de la Soulière à la fon; Marguerite Gayraud : une maison.

Value : De la Roque, sieur du Bosquel : meterie, ténement Garrigue.

Lespinassié : Sieur du Bousquet : une métairie; Théron de Ladoux; Michel Amalric; noble Pierre de Riols, sieur de Moussans : un cazal de moulin, 2 cazals de cabane au moulin de Moussans sur le ruisseau de Sirailles, un pred et coupe de Caffort.

Galinier : 16 feux.

Le *Mas d'Emart,* terre de Ferrals : 2 feux.

La *Borio Cremado :* 21 propriétaires : ténements de La Plane, lou Claux, bouscadel; noble Jean de Riols, sieur du Causse : un cazal et un jardin.

Combesinières : une métairie.

La Fulhade : Daniel d'Alquié, sieur de Cabriès : ténement du Peyrou.

Enfin nous arrivons aux états dressés en 1791; on verra que, même là, la fureur égalitaire s'était exercée.

Citons :

Jeanne Pierrette, veuve Bosc, aux Verreries : deux prés, deux champs, pré clau.

Fonclare fils, aux Verreries : un champ.

Jean-Baptiste Grenier : une maison à deux étages.

Jean Joseph, dit Larpens : une maison à deux étages.

Louis-Robert Bousquet, aux Verreries : une maison à deux étages.

Jean-Martin La Salle : un jardin.

Fraissinet La Garrigue : maison, jardin.

Fonclare père, aux Verreries : deux maisons, un jardin.

Fonclare fils cadet, aux Verreries : une maison et un jardin (acte Tarbouriech, 9 août 1811).

Avant d'aborder l'étude des principales familles de Moussans, il nous faut dire quelques mots sur les tenures roturières, baïlées à cens : souvent le même bénéficiaire ayant la possession de tenures nobles et de tenures roturières. Les tenures roturières : fief vilain, roture ou vilenage, ou communément *censive*, venaient toutes du baïl à cens, sorte de contrat de fief dégradé, éliminant tout rapport personnel entre les contractants.

Dans la censive, il ne subsistait plus que l'investiture : saisine, ensaisinement, et dont on dressait un acte écrit.

Le censitaire n'était tenu envers le bailleur ou seigneur censier qu'à des redevances périodiques, soit en nature, soit en argent. C'était la rente ou le champart.

« Le cens n'était donc pas toujours historiquement d'origine contractuelle. » (¹). Cela pouvait avoir pour origines d'anciennes conventions, des chartes de peuplement, des contrats d'hostise, des tenures serviles dont les tenanciers étaient affranchis, quelquefois même la survivance du « census » romain.

Le cens annuel était en général fort minime, soit que, restant immuable il eut perdu pour les tenures anciennes toute proportion avec leurs nouveaux rendements, soit qu'il fut simplement « recognitif de la seigneurie ».

Dans les pièces annexes publiées à la fin du présent livre, nous en trouverons plusieurs. Le cens était indivisible, c'est-à-dire exigible pour le tout du possesseur d'une fraction quelconque de la censive. Le cens était aussi imprescriptible, la non réclamation des arrérages échus après un certain laps de temps était de nul effet sur la perpétuité du cens lui-même.

Signalons que, dans le ressort du Parlement de Paris, le seigneur censier devait veiller à ce qu'il fut payé au bout de l'an

(1) DECLAREUIL, *op. cit.*, page 265.

et jour, sans quoi il perdait la saisine et il ne la recouvrait qu'en prouvant son droit de propriété.

Le cens grevait la tenure et non le censitaire, et celui-ci pouvait y échapper en « déguerpissant », c'est-à-dire en vidant les lieux après avoir averti le seigneur censier et lui avoir payé les cens arriérés. Le caractère patrimonial des tenures roturières s'affirma encore plus rapidement que celui des fiefs nobles. L'hérédité s'établit rapidement en ligne directe, et puis, selon les coutumes, aux collatéraux.

Mais ici il n'y avait ni droit d'aînesse, ni privilège de masculinité, ni exclusion des ascendants, ni bail autre que celui du père ou de la mère.

Dans le cas de transmission pour cause de mort, le seigneur censier avait, dans le Midi de la France, un droit appelé « acape », d'ordinaire égal au double cens. Le droit d'investir ou ensaisiner l'héritier fut vite remplacé par la théorie « le mort saisit le vif son hoir le plus proche et habile à lui succéder ».

Certaines coutumes étendirent même la saisine à l'héritier testamentaire.

D'héréditaires, les tenures devenaient vite aliénables; certaines même l'étaient dès l'origine.

L'aliénation entraîna au début l'intervention du seigneur censier : il pouvait exiger le retrait censuel dans les quarante jours, ou consentir à l'aliénation en exigeant le laudemiun, lods et ventes, fixé d'habitude au $1/6^e$ ou $1/12^e$ du prix.

La maxime « cens sur cens ne vaut » rendait les transactions difficiles; on imagina alors la théorie du bail à rente, calqué sur le bail à cens, mais n'ayant aucun caractère féodal.

C'était un contrat par lequel un immeuble était concédé moyennant une rente annuelle ou rente foncière, qui devint un droit réel, immobilier, perpétuel, indivisible, mais aliénable prescriptible, auquel on pouvait se soustraire en déguerpissant.

CHAPITRE II

Les principales familles de la région Moussanaise

Nous nous bornerons à faire un aperçu et la généalogie rapide des familles suivantes :

Almoy, Bertin, Colom, Robert, Grenier.

La famille Almoy

Le nom s'orthographie le plus généralement Almoy, Esmouy, ou Ennouy, ou Alemois.

C'est la famille de gentilshommes verriers qui existe depuis le plus de temps dans la région Moussanaise. L'acte le plus ancien est celui du 28 mars 1487 (1488 N. S.), que nous publions in-extenso à la fin du présent livre (¹).

C'est un acte de nouvelle inféodation par le « très chrestien prince Charles par la grâce de Dieu, roy de France », représenté par le clavere Jean Bens, gouverneur de Minerve, en faveur de noble Sycart Almoy, à qui le roi baille à nouveau fief et à nouvele capte son profit les casals appelés les casalz del four viel, situés dans la forêt royale de Campaureilh, près du ruisseau de Nostre Dame.

Ce document montre qu'un four de verrerie, appelé le four viel, existait dans la forêt de Campaurel, antérieurement à 1487. Noble Sycart Almoy était le fils de Bernard Almoy.

La censive annuelle payée au roi ou à son « clavere » de Minerve était de quinze soulz tournois, payables à la feste de la Pentecauste.

Signalons en passant que la fête patronale du village des

(1) Maîtrise des eaux et forêts de Saint-Pons. F. 18. Cour d'appel de Toulouse. Archives du Parlement.

Verreries est toujours la Pentecôte : probablement qu'à l'occasion du paiement de ces 15 sols tournois, des réjouissances étaient organisées et que la tradition s'est ainsi transmise à travers les siècles.

Ces 15 sols tournois de censive furent renouvelés à l'occasion de la construction d'un nouveau four, au lieu actuel de Moussans. La concession portait sur le terrain confrontant : d'autan, avec la forêt de Campauriel; de cers, avec le ruisseau de Nostre Dame de Seriez; de mydhy, avec le premier rade ou bien avec le premier que del rec de Nostre Dam et avec le chemin public venant du four verrier de Moussans; d'aquilon, avec le fleuve le Thoret.

Les limites sont encore représentées par de grandes pierres droites, situées dans la châtaigneraie actuelle s'étendant derrière le Suquet.

Nous donnons ci-après une photographie de l'une de ces pierres.

Sur une face sont gravées deux étoiles en chef surmontant un soleil (ce sont les armes de la branche aîné des Riols), et sur l'autre face une fleur de lys.

Le fief concédé par l'acte de 1487 est un fief noble, et non un fief roturier. Ledit acte était retenu en grosse par Maître Mathieu de Cassero, notaire de Carcassonne, avec confirmation de Maître Roc de Paule, maître des caulx et foretz : il fut espedyé par Blanc, greffier de la Maitrise, le 25' jung 1610.

Les renseignements ci-dessus sont confirmés par l'extrait de l'inventaire des actes échus au partage de noble Isaac de Riols, en date du 22 may 1612 (2° feuille de garde).

Les raisons qui prouvent que Moussans était un fief noble et non un fief roturier, sont les suivantes :

1° L'acte de 1487 parle explicitement de fief pour tout ce qui a trait à la verrerie de Moussans.

La censive de quinze sols tournois ne se rapportait qu'aux dépendances de la verrerie. Il s'agit là d'un véritable bail à cens emphytéotique.

Noble Sicart Almoy tenait lesdites possessions tant pour lui que pour ses successeurs présents et à venir, à nouveau fief et nouvelle capte, aux conditions « movantes du Roy nostre sire ».

Le suzerain était le roi de France, et il laissait au vassal la faculté d'aliéner, de vendre ou bien engager tout ce qu'il voudra,

en tout ou bien en partie « desd. casaux et des dépendances »,
mais là non plus il n'était pas question de la verrerie proprement dite.

Ledit contrat était une *emphytéose* PERPÉTUELLE en faveur
de noble Sicart Almoy, présent pour soi et ses héritiers, successeurs universels.

2° Ce qui confirme l'opinion que l'inféodation de 1487 portait
sur un fief noble, c'est le dénombrement fait le 1ᵉʳ mai 1514 par
Guillen Esmouy (¹).

« Aiso lou denombremen que jeu noble Guillen Esmouy baili
de las terres et poussesions *nobles* que jeu et mous devanciers
aven jouit et possedat de tout temps que n'es memorio dal
contrari et que jeu jouissi incaro al loc de Moussans. »

Plus loin il dit : ... « et mai incaro poussedi and. loc de
Moussans uno Verriero ambe la facultat de prene de toute sorte
de bosques de las fourestes dal Rey, de Moussans, Coste rasto,
Campaureil et Malran per lou servissi de lad. verriero et de
mound. houstal; et per aquo fau d'*albergue* al Rey sept sols
sicis denies que son obligat de pagna al ciavary de Minerbe ».

Signalons, le 3 février 1532 (Amblardy, notaire, Saint-Pons),
la vente faite par Jeanne et Guilhelmine Armoynes, à Nicolas
de Riols, de tous les biens qu'elles possédaient indivisement
avec Antoine Armoynes (ou Almoy).

Cette famille s'est éteinte sans postérité.

La famille Bertin

Les armoiries de cette famille portent :

« D'azur au château sommé de trois tours d'argent maçonné
de sable. »

Voici quelle est la généalogie (²) :

I. Jean de Bertin, épouse, le 9 novembre 1458, Marguerite de
    Clausel, dont il eut :

    a) Bérenger;
    b) Huguette, mariée à Guillaume de Beaulac;
    c) Antoine qui suit.

---

(1) Archives Parlement Toulouse. Eaux et forêts. B. F. 17 (publié plus loin
in extenso).
(2) DE LA ROQUE, *op. cit.*, t. Iᵉʳ, page 77.

II. Antoine de Bertin eut pour descendance :

  a) Claude qui suit;
  b) Antoinette, mariée, le 24 avril 1581, à François de La
     Roque.

III. Claude de Bertin, épouse, le 12 mai 1598, Marie Fabre, dont
     il eut :

  a) Claude qui suit;
  b) Jean.

IV. Claude de Bertin fut père de Sébastien.

V. Sébastien de Bertin, gentilhomme verrier (Diocèse de Mont-
     pellier, épouse, le 25 février 1629, Jeanne de La Roque
     dont il eut :

  a) François, sieur de la Plane;
  b) Claude, sieur du Peyrou.

François et Claude de Bertin furent maintenus dans leur
noblesse le 23 septembre 1669.

Signalons que, le 29 juillet 1712, Antoinette de Bertin, épouse
Jean de Berbizier. Ce dernier était le fils de noble Gabriel de
Berbizier et de Françoise de Robert, natifs du diocèse de Four-
tou (à Tourouzelles).

Claude de Bertin, sieur del Peyrou (fils de Sébastien et de
Jeanne de la Roque) fut témoin à l'acte de mariage du
21 août 1683 (Pagès-Saint-Pons), unissant Sébastien de Granier,
sieur de Raizin et Toinette de la Roque. A cet acte étaient également témoins : Samuel de Riols, sieur du Plos, et Pierre de
Riols, seigneur de Fonclare.

L'acte du 17 octobre 1728 (Alauze-Saint-Pons) porte qu'après
le mariage de noble Etienne de Bertin, sieur de Belbèze, habitant
la Fon de l'Estat, avec Marie-Dorothée de Riols; celle-ci cède à
Clément-Cabot Laffon, la somme de 20 livres à prendre sur
noble François de Riols, sieur du Trouilhas, son frère.

Voici donc avec les renseignements que nous avons pu
recueillir la suite de la filiation de Claude de Bertin, fils de
Sébastien (V).

VI. Claude de Bertin, sieur du Peyrou, né en 1633, mourut le
    29 juillet 1693. Il eut de son mariage avec Marie de
    Robert, « femme de beaucoup de vertu », morte le
    14 septembre 1715, la descendance suivante :

a) Pierre, né le 31 janvier 1686, mort le 27 octobre 1712;
b) Anne, née le 10 février 1690, morte le 9 février 1692;
c) Antoinette qui épouse, le 29 juillet 1712, Jean de Ber-
    bizier;
d) Etienne qui suit.

VII. Etienne de Bertin, sieur du Peyrou et de Belvèze, épouse,
    le 11 août 1707, Marie-Anne de Moulinié, de la Paroisse
    de Labastide. Celle-ci mourut sans lui laisser de descen-
    dance, et Etienne de Bertin épouse en secondes noces, le
    21 novembre 1719, Marie-Dorothée de Riols (sœur de
    François de Riols, sieur de Trouilhas), dont il eut :

a) Antoine, né en 1721, mort le 29 septembre 1724;
b) Madeleine, née en 1722, morte en 1726;
c) Etienne, né le 29 juillet 1723.

Il faut mentionner aussi un autre Antoine de Bertin, né
en 1673, mort le 19 mai 1748, ce devait être un descendant de
François de Bertin, frère de Claude.

La famille Colomb

Les armoiries de cette famille portent :
. « D'azur à trois colombes d'argent, disposées deux et une,
becquées et menbrées de gueule, au chef cousu de gueule chargé
de trois étoiles d'or » (¹).

I. Jean Colomb, damoiseau, rendit hommage du lieu de Brousse,
   au diocèse du Puy, le 13 des calendes de mars 1308.

Cette famille posséda successivement, dans ce diocèse, les
seigneuries de Fourneaux, Pailliers, Trèches, Montregard et
Marnas.
Une interruption s'est produite dans les filiations successives.

(1) DE LA ROQUE, *op. cit.*, t. II, page 16.

II. Claude de Colomb eut pour enfants :

> *a)* Jean qui suit;
> *b)* Aiman, écuyer-archer de la Garde du Roi 1554.

III. Jean de Colomb, écuyer, seigneur de Fourneaux et de Pailliers, épousa, le 30 janvier 1557, Françoise de Faure, dont il eut Denis qui suit.

IV. Denis de Colomb, co-seigneur de Montregard et de Marnas, épouse :

> A) Le 28 décembre 1599, Antoinette Duport, dont il eut un fils Jean qui suit;
> B) Il se remarie avec Charlotte de Burine, dont il eut :
> > *a)* Jean-Jacques;
> > *b)* Jean-Claude;
> > *c)* Christophe;
> > *d)* Anne.

V. Jean de Colomb, seigneur de Trèches, co-seigneur de Montregard, épouse, le 28 mai 1628, Catherine de la Faye, dont il eut : Hector-Henri.

VI. Hector-Henri de Colomb, seigneur de Trèches et co-seigneur de Montregard (diocèse du Puy), représenta devant les commissaires de francs fiefs, les preuves qu'il avait déjà produites devant M. Bazin de Bezons, mais la fin de la Commission avait empêché qu'il n'y eut arrêt.

Signalons qu'Abel Colomb, gentilhomme verrier, acheta, à Abraham de Robert, une maison, un pré et un jardin, situés aux Verrières-Basses de Moussans pour la somme de 755 livres. L'acte est du 14 avril 1654, et la quittance du prix de vente est du 3 juillet 1660 (¹).

La plus grande partie de cette famille semble s'être fixée dans la région de Saint-Amans, et avoir abandonné la région Moussanaise.

Un état de capitation de Saint-Amans, en 1695 (²), mentionne comme chefs de famille Abel de Coulomb, sieur de Lavernède; autre Abel, sieur de la Frégère et Samuel de Coulomb, sieur de

---

(1) Archives Parlement Toulouse. Maîtrise des eaux et forêts. F. 20.
(2) Archives du Tarn. C. 1209.

la Salle. Trois frères de la famille de Coulomb, après la révocation de l'Edit de Nantes se réfugièrent en Allemagne et devinrent capitaines dans les troupes de l'Electeur de Brandebourg (¹).

La famille de Coulomb resta isolée dans la région moussa-Riols de Fonclare-Camredon, se maria avec Marie-Thérèse de Riols de Fonclarc-Camredon, se maria avec Maric-Thérèse de Robert, elle était la fille de Etienne de Robert et d'Elisabeth *Coulomb*. Cette dernière semble être une descendante de cette famille. Nous n'avons pu trouver que fort peu de renseignements.

La famille de Robert

De très nombreux rameaux sont issus d'une tige unique et nous voyons des groupes aux Verreries de Moussans, à Albine-Sauveterre, à Sorèze, à Gabre et dans les diverses parties de l'Ariège. Chaque rameau prend, pour se distinguer, le nom d'une terre et cette complexité de noms, augmente les difficultés d'établir une généalogie sérieuse, issue d'un auteur commun.

Nous nous sommes efforcés en nous basant sur les actes notariés, les jugements et les souvenirs de personnes âgées de reconstituer la généalogie des diverses ramifications. Le remarquable ouvrage de M. de Robert des Garils, sur cette famille, nous a donné aussi de précieux renseignements.

Voici quels sont les noms distinctifs pris le plus souvent par les membres de cette famille (en nous tenant strictement à la région de Moussans) : La Prade, Frayssinède, Lautié, Bosquet, La Roque, Cantelauze, Terme, Talibert, Bosc, La Garrigue, Labarthe, Lassagne, Lavernière.

Voici, selon l'ouvrage de M. de La Roque (²), la généalogie commune à la branche de Robert de Talibert et de Robert de Terme.

Il leur donne pour armoiries :

« D'azur au chevron d'argent accompagné de deux étoiles de même en chef, une rose de gueule en pointe et une fasce d'or sur le tout. »

---

(1) Archives Hérault. C. 273, état de 1686.
(2) *Armorial de la noblesse de Languedoc*, t. Iᵉʳ, page 427.

I. Amiel de Robert testa le 30 décembre 1542, il eut pour
enfants :

   a) Germain qui suit;
   b) Jean qui fonde la branche B;
   c) Gaillard;
   d) Bertrand.

II. Germain de Robert eut pour enfants (décédé 11 avril 1562) :
   a) Sébastien qui suit;
   b) Guillaume;
   c) Antoine.

III. Sébastien de Robert, épouse, le 25 novembre 1555, Françoise
de Landrette, dont il eut :

IV. Jacques de Robert qui épousa, le 1ᵉʳ mai 1598, Marie de
Jacquet dont il eut :

V. Pierre de Robert, seigneur de Termes, épousa, le 5 mars 1633,
Marguerite de Riols dont il eut :

   a) Paul, sieur de Termes qui se fixe à Saint-Pons;
   b) Jean-François qui suit.

Tous deux sont maintenus dans leur noblesse par jugement
souverain rendu le 18 décembre 1670 (¹).

Le dit Pierre de Robert testa le 20 octobre 1666.

VI. Jean-François de Robert, seigneur de Lalibot, alias Talibert,
devint capitaine des carabins de Vandy, puis, en 1662,
aide-major à Montmédy; il épousa Marie Le Loup.

Jean-François de Robert, mourut, en 1705, à Bonzée. Sa filiation et le jugement de maintenue qu'il avait obtenu conjointe-
ment avec son frère Paul, en 1670, furent, l'une établie, l'autre
confirmé au profit de ses descendants, à Metz, le 13 juillet 1740,
par le marquis de Creil, intendant des Trois-Evêchés, et à
Châlons-sur-Marne, le 4 octobre 1749, par M. Caze de La Bove,
intendant de Champagne.

C'est Jean-François qui abandonna le nom de Robert pour
prendre celui de *des Robert*.

(1) DE CAUX, *op. cit.*, page 81 (diocèse de Saint-Pons).
Marquis d'AUBAÏS, *op. cit.*, t. II, page 250.
BRÉMOND. *Toulouse*, t. II, page 245.

De son mariage avec Marie Le Loup il eut :

a) Nicolas qui suit;

b) Noël qui devînt commandant d'Huningue et de la Haute-Alsace, brigadier des armées du Roi. Sa postérité est éteinte.

VII. Nicolas de Robert devînt major de Montmédy en 1704, il épousa Catherine Gobert d'Escourvieu. Sa descendance continue de nos jours, et elle est établie aux environs de Nancy (à Malzéville).

Branche B. II.

II. Jean de Robert (fils d'Amiel), épousa, le 25 mars 1541, Peironne d'Escach dont il eut :

a) Bertrand;

b) Jean;

c) Etienne;

d) Armand qui suit;

e) François.

C'est l'origine des de Robert-Garils.

III. Armand de Robert eut pour enfants :

a) Paul qui suit;

b) Charles qui constitue la branche C;

d) Pierre, sieur de Boscapel, marié, le 16 octobre 1652, à Isabeau Rolland;

e) Isabeau, mariée, le 11 février 1653, à Jean de Grenier.

IV. Paul de Robert, sieur de Boscapel, épouse, le 29 janvier 1631, Marie de Riols dont il eut :

V. Charles de Robert, sieur de la Roque, qui épousa, le 20 avril 1651, Marguerite de Citou. Il fut maintenu dans sa noblesse, avec son père et son oncle, par jugement souverain rendu le 4 décembre 1670.

Ils eurent pour descendants :

a) Zabulon, seigneur de la Bouissière;

b) Henri, seigneur de Maussac, qui suit;

c) Paul, seigneur de Balagou;

d) David, seigneur de la Souque.

VI. Henri de Robert, sieur de Maussac, épouse, le 7 septembre 1687, Suzanne de Robert, fille de Nathanaël de Robert, sieur de Cantelauze (acte Pagès-Saint-Pons 1687). Ils habitaient la maison du « Terrier ». Suzanne de Robert était fille du sieur de Cantelauze et de feue Jeanne de Riols, des Verreries-Basses de Moussans.

On donne, à la future, 600 livres pour ses droits paternels, et la cinquième portion des droits maternels : un lit nuptial; une douzaine de serviettes; deux nappes.

Les témoins étaient :

Les *frères du marié :* Samuel de Robert, sieur de Balagou; Zabulon, sieur de la Bouissière, et David, sieur de la Souque.

Les *cousins du marié :* Samuel de Riols, sieur de la Bouissonade; Jacques de Robert, sieur de Fraissinet; Claude de Robert, sieur de la Garrigue; Pierre de Riols, sieur de Moussans.

Les *frères de la future :*

Jean de Robert, sieur de la Vergne; Samuel de Robert, sieur de la Garrigue; Paul de Robert, sieur de Montaut.

Henri et Suzanne de Robert eurent une fille, Jeanne.

VII. Jeanne de Robert de Maussac, qui épousa, en 1718, Pierre de Robert, sieur de Lastour.

Ils eurent pour enfants :

a) Jean, né le 3 octobre 1721;
b) Marguerite, née le 12 janvier 1719;
c) Marie, née le 4 novembre 1725.

Pierre de Robert, sieur de Lastour, était le fils de Paul, sieur de Leiral et de Marguerite de Vila, du lieu de Minerve.

Branche C.

IV. Charles de Robert (fils d'Armand), épousa, le 16 juillet 1634, Anne de Robert. Ils eurent pour fils : Jacques de Robert, sieur de Fraissinet, et Charles, sieur de la Garrigue.

Il est fort difficile, sinon impossible de rattacher les diverses branches des de Robert, à une même filiation.

a) Beaucoup prenaient souvent des noms de terre, absolument pareils. Par exemple : Bosc, Bosquet, Bosquant, ou Terme ou del Therme;

b) La plupart de ces gentilshommes verriers étaient protestants, on sait qu'après la révocation de l'Edit de Nantes, les religionnaires étaient privés d'état civil. Il est donc malaisé de recourir aux registres de paroisse pour suivre les filiations;

c) Une série d'alliances entre les diverses familles de Robert achèvent de rendre les généalogies inextricables.

Du reste, nous avions annoncé que nous n'indiquerions que très sommairement les généalogies des gentilshommes verriers ayant habité les Verreries de Moussans.

Nous avons insisté un peu plus sur celle des Robert, car nous avons de très nombreuses alliances entre nos familles et étudier l'une c'était préparer la généalogie de l'autre.

Du reste M. de Robert-Garils (¹), dans son remarquable ouvrage, reconnaît que les documents sur la région Moussanaise manquent.

Nous nous sommes efforcés d'y remédier en nous appuyant surtout sur des actes notariés, des jugements et quelques renseignements puisés aux registres des paroisses.

Nous concluons que toutes ces diverses branches se rattachent à l'arbre principal issu d'Amiel de Robert, marié vers 1510, qui fit son testament le 30 décembre 1542 (acte Pierre Maurel, notaire à Arfons-Tarn).

C'est de la région de Sorèze, riche aussi en verreries forestières, que la famille de Robert, s'est répandue dans la région de Gabre, dans la région de Fourtou et, de là, dans la région de Moussans. Il y eut ensuite un second courant d'émigration de Moussans à Gabre et même vers le Nord-Est.

M. de Robert-Garils est d'une opinion analogue et il dit (²) « ... enfin celui (foyer) de la Montagne Noire elle-même, formant apparemment le foyer originel de la famille » et page 133 « un examen attentif nous engage à considérer ces racines comme peu profondes et à placer le foyer familial originel dans la Montagne Noire ».

(1) *Op. cit.,* pages 35 et 59 (en note).
(2) *Op. cit.,* page 35.

Un certain nombre de noms de la Montagne Noire indiquent un centre ancien et important de fabrication.

Le Four-du-Verre, situé entre Lespinassière et Lacabarède, la Verrerie au nord-est d'Arfons, la Verrière, au sud-est de Laprade, les Verreries de Moussans; dans la direction de Cousses, un col porte le nom de « col des Fours », un centre de verreries sur les monts au nord de Labastide-Rouairoux, dans la région du Pont, tout indique l'ancienneté de ces verreries forestières. Une métairie, située à 1 km. 500 de Labastide, porte encore le nom de « Robert ».

Certains noms distinctifs de la plupart des membres de la famille de Robert sont empruntés à la Montagne Noire.

Monner, vient de Mons Niger, de même Bethèze, Labessède, Lasserre, Laprade, Falga, Lasnauzes, Frayssé, Fraissinet, Lespinassière, Labastide, Lafrégeyre, Bousquet, Bosc, Fonclare, Lavernière, Campredon, Lautié, Balagou, la Roque, etc... Il suffit de jeter un coup d'œil sur la carte d'Etat-Major de la région pour s'en convaincre.

Selon M. de Robert des Garils (page 133), ce serait Pierre de Robert, qui s'est le premier fixé à Gabre pour y construire une verrerie.

Voilà un nouvel argument en faveur de l'opinion d'après laquelle le berceau originaire de la famille de Robert, est la Montagne Noire : en effet l'acte de nouvel fief et inféodation du 28 mars 1487 (1488 n. s), mentionne non seulement « le four verrier de Moussans, mais il parle encore « des casalz del *four viel* assis situés dans lad. forest royalle apelé de Campaureilh... » ce qui indique la présence de ruines d'une verrerie beaucoup plus ancienne que celle de 1487, concédée à noble Sycart Almoy (1). Il n'y a aucun doute possible, c'est bien la région Moussanaise qui fut d'abord habitée par la famille de Robert.

Nous allons donner à la suite toutes les filiations que nous avons pu reconstituer en nous efforçant, selon des actes authentiques, de les rattacher les unes aux autres. Si nous n'y sommes pas parvenus complètement le lecteur voudra bien nous en excuser, car ce n'est pas le but primordial de cet ouvrage; nous solli-

---

(1) Maîtrise des eaux et forêts de Saint-Pons. Archives du Parlement de Toulouse. F. 17.

cjtons aussi son indulgence s'il y a quelques erreurs, ce n'était pas chose facile parmi tant de membres ayant le même nom.

Nous allons donc étudier :

1° Une branche de Robert-de Talibert ;

2° La branche de Robert-Fourtou, la plus importante ;

3° Celle des de Robert-Cantalauze, qui paraît se rattacher à celle de Fourtou ;

4° Celle des de Robert-Lautié, se subdivisant en une de la région d'Albine, l'autre de la région de Lacaune ;

5° Deux branches isolées : La Roquette et la Tilette.

Branches des de Robert-Talibert.

I. Pierre de Robert (fils de Paul de Robert, de Fourtou), eut deux descendants :

II. 1° Paul de Robert, sieur del Terme, de la Fon de l'Estat, né en 1627.

Il fit un testament, le 14 juillet 1686 (Pagès, Saint-Pons), par lequel il institue son frère héritier universel. Il épousa Elisabeth de la Roque, le 25 février 1686. Il est mort le 16 novembre 1693.

2° Jean-François de Robert de Talibert, habitant les Verreries de Moussans, mourut le 7 septembre 1691. Il se maria avec Jeanne de la Roque qui mourut le 8 septembre 1691.

Ils eurent pour descendants :

a) Jeanne, née en 1684, morte le 6 octobre 1690 ;

b) Pierre, sieur de la Prade, qui épouse, le 16 août 1702, Catherine de Pailloux ;

c) Sébastien, sieur de Caunnette, épouse Anne de Pailloux, le 20 novembre 1709. Cette dernière est morte le 11 novembre 1720. Se remarie en 1724 ;

d) François, sieur du Terme, il assiste comme témoin au remariage de Sébastien, le 7 décembre 1724, avec Anne de Robert (fille de Jean, sieur de la Vergne et de Marie de Vabre).

III. Pierre, sieur de la Prade, épouse de Catherine de Pailloux, eut pour descendant : Jean-François, né le 5 mars 1710.

IV. Jean-François, sieur de Talibert, né en 1710, est mort le
1ᵉʳ novembre 1757.

Il épouse, en septembre 1730, Toinette de R, fille de Jacques,
sieur de Cortalade et de Toinette de Robert, de la paroisse de
Saint-Maurice (diocèse d'Albi).

Ils eurent pour descendants :

a) Marie-Catherine, née le 25 janvier 1735, morte le 21 juillet 1753;

b) Thérèse-Elisabeth, née le 16 novembre 1740, morte le
7 février 1751;

c) Pierre-Hippolite, né le 4 juillet 1736;

d) Toinette, née le 5 novembre 1739;

e) Autre Toinette, née le 30 septembre 1742;

f) Jacques, né le 13 mars 1733, mort le 13 avril 1740;

g) Joseph-Jacques, né le 11 mars 1747.

Branche des de Robert-Fourtou (Fraïsse).

Cette branche originaire de Fourtou (diocèse de Narbonne)
vint s'installer aux Verreries de Moussans vers 1720. C'est une
famille qui rayonna dans tout le pays.

I. Jean de Robert, sieur du Fraïsse, époux de Geneviève de Sarre,
mourut aux Verreries, le 17 avril 1726. Il était né en 1681.

Ils eurent pour descendants :

1° Joseph de Robert de Terme, époux de Marie de Grenier;

2° Jean-François, sieur du Bosc, né en 1714;

3° Anne, qui épousa Jean-Baptiste de Grenier de Larpens,
le 26 octobre 1734;

4° François, sieur de Cantalauze, né en 1735, mort le
7 juin 1784.

II. Jean-François de Robert du Bosc, né en 1714, mort le 9 juillet 1774, épousa, le 28 octobre 1745, Jeanne-Pierrette de
Robert de la Vergne; ils eurent pour descendants (Pierrette, née le 31 août 1727, fille de Jean-Jacques et d'Anne
de Michelet du Bouïs) :

1° Jean-Joseph, né le 11 janvier 1747, à la Verrerie de
Crouzet;

2° Marie-Françoise, née le 6 janvier 1759, épouse, le 29 octobre 1776, Etienne de Riols de Fonclare;

3° Elisabeth, née le 9 janvier 1763;

4° Thérèse, née le 29 janvier 1751, à la Verrerie de Crouzet, elle est morte, le 17 avril 1781;

5° Marie-Anne, née le 1er janvier 1749, épousa, le 29 octobre 1776, Pierre-Jacques-Etienne de Riols de Fonclare;

6° Jacques-Antoine, né le 20 janvier 1757, mort le 28 février 1828, à la Resse. Il épousa, le 13 février 1779, Marie de Riols de Fonclare, qui mourut le 12 septembre 1793. *Ce sont les auteurs de la Branche A6* que nous poursuivrons plus loin;

7° Anne-Dorothée, née le 9 février 1752, épouse Sébastien de Robert-Laroque;

8° Pierre-Jean, né le 4 juillet 1760, sieur de Lispart, épouse en premières noces, le 30 juin 1789, Jeanne de Riols dite « Jeanneton ». En secondes noces il épouse, le 30 juin 1814, Marie-Thérèse de Robert-Bousquet, fille de Louis et de Thérèse de Grenier.

(Voir ligne des de Robert-Bousquet.)

Ils eurent pour descendants :

a) Sébastien, né le 25 juin 1792;

b) Jean-Jacques, né le 18 avril 1817;

c) Marie-Rose, née le 22 mai 1790.

9° Jean-François de Robert du Fraïsse, épouse, le 12 octobre 1790, Rose de Riols de Fonclare.

De ce mariage est issue la branche B9.

10° Anne, épouse, le 25 octobre 1785, Sébastien de Robert de la Roque.

Branche A6.

Du mariage de Jacques-Antoine de Robert du Bosc et de Marie de Riols de Fonclare sont nés :

a) Louise-Henriette, née le 10 juin 1791, épousa, le 24 septembre 1826, Joseph-Jean Robert, né aux Verreries, en 1830. (Il était de père inconnu et de Marie Robert.)

Ils eurent pour descendants :

1° Joseph-Benjamin Robert, né en 1819. (Voir acte du 24 août 1846. Goutines, notaire, Saint-Pons.) Il se maria avec Rose de Riols de Fonclare (dite Caroline), le 24 août 1846 : commune de Rieussec;

2° Jan-Joseph-Théodore Robert, né en 1828. Il fut instituteur à Prémian. Le 20 août 1854 il se maria avec Marie-Rose de Riols de Fonclare (dite Vexie). Ils ne laissèrent pas de postérité.

b) Le second descendant issu de la branche A 6 est : Jeanne;

c) Rose-Louise;

d) François-Jean, né le 17 août 1785;

e) Julie;

f) Jacques-Antoine-François, né le 4 juin 1779, habitant la Resse.

Il eut, d'un mariage avec Marie de Riols de Fonclare :

Jean-François de Robert-Bosc, dit *Terme*, qui fut fabricant de verre. Il vivait séparé de sa femme, Jeanne de Fonclare (¹), depuis 1815. Il avait des économies, faites pendant plusieurs campagnes, chez M. de Fonclare de Moussans, son beau-frère.

Il eut de son mariage :

1) Victorine-Marie, née le 10 mars 1816, épouse Jean-François Merlac, (de Saint-Marcel);

2) Prosper-Jacques-Antoine, né le 14 juin 1818; se marie le 7 août 1851;

3) Théodore;

4) Adèle;

5) Auguste-Sébastien, né à la Resse, 2 août 1830.

Prospert de Robert-Bosc, dit Terme, de son mariage avec Claire de Robert de Laroque, eut pour descendants : Zénaïde, Hermance, Victorine, Ferdinand et Hermann. Ce dernier, de son mariage avec Mme Aline N... eut : Marcelle, Rose, Claire, habitant actuellement Béziers.

Claire de Robert de Laroque, fille de Jacques et de Françoise-Thérèse Bonnefous, était née à Béziers, le 17 novembre 1831.

(1) Jeanne DE RIOLS DE FONCLARE, née le 10 mars 1789, de Jacques-Etienne et de Marie de Robert-Bosc.

3) Théodore épouse Rose Cauquil; ils eurent pour descendants :

Rosine, épouse Fraïsse;
Eugénie, épouse Troy, d'où Rose, épouse Bazerques;
Albanie, épouse Vieu, d'où Aimé et Elise.

5) Auguste de Robert-Bosc se maria avec Rosalie-Clothilde Galinier, née le 15 juillet 1842; c'était la fille de Martin Galinier et d'Alexandrine de Robert-Bosc (parents 2ᵉ degré). Ils eurent pour descendants :

Wilhelmine;
Victorine;
François.

Signalons un jugement rectificatif de nom, rendu par le Tribunal civil de Saint-Pons, du 14 janvier 1885, décidant que « de Robert-Bosc » s'appelera « Robert de Terme », et que Clara-Elisa Robert s'appelera « Robert de la Roque ».

La famille de Robert de Terme n'a aucun lien de parenté avec la famille de Paul de Robert, sieur del Terme, de la Fon de l'Estat, frère de Jean-François de Robert de Talibert (descendants de Paul de Robert, originaire de *Fourtou*). Il y eut certainement des alliances entre ces deux branches, originaires d'un même auteur lointain.

Branche B9

II. Jean-François de Robert du Fraïsse épousa, le 12 octobre 1790, Rose de Riols de Fonclare.

Ils eurent pour descendants :

1° Philippe de Robert du Fraïsse;
2° Marie-Rose, née le 6 février 1791;
3° Pierre de Robert du Fraïsse (dit Virgile);
4° Sébastien.

III. Pierre de Robert du Fraïsse, né en 1799, épousa en 1847 Jeanne Guiraud, de Marthomis, qui était domiciliée à Value (Verreries de Moussans).

Ils eurent pour descendants :

a) Pierre, dit Frayssou, qui suit;
b) Siméon.

IV. Pierre épousa Emilie de Robert (fille de Louis-Jérôme et
    d'Elisabeth Cauquil).

Ils eurent deux fils : Sylvain et Julien.

Branche de Robert-Cantalauze.

La terre de Cantalauze était située, selon les anciens compoix.
entre la ferme actuelle du Lina et la Resse, au lieu dit Plan
Vernet.

Il y eut une famille de Robert-Cantalauze, issue de la famille
de Robert, venue de Fourton. Voici les renseignements que nous
avons pu nous procurer :

I. Nathanaël de Robert, sieur de Cantalauze, épousa Cécile
    de Ricard; devenu veuf, il se remaria avec Jeanne de
    Riols, de la Verrerie-Basse de Moussans. C'était la fille
    de Jean de Riols, sieur del Causse (acte Palasi, Labastide,
    1660).

Il appartenait, comme la plupart des gentilshommes verriers
de cette époque, à la religion protestante.

Ils eurent pour descendants :

   1) Samuel de Robert, sieur de La Garrigue, qui eut un fils,
      Marc, qui épousa Catherine de Citou (de la Verrerie-
      Basse). Samuel est mort en 1689;
   2) Jean, sieur de La Vergne; forme la descendance A2;
   3) Suzanne, qui épousa Henri de Robert, sieur de Maussac.
      (Acte Pagès, Saint-Pons, 7 septembre 1687). Henri était
      le fils de Charles de La Roque et de Marguerite de Citou.
      Ils eurent une fille, Jeanne, qui épousa, en 1718, Pierre
      de Robert, sieur de Lastour;
   4) Pierre, sieur de Montant, qui donne la descendance B4.

Descendance A2.

II. Jean, sieur de La Vergne, mort le 2 décembre 1717. Il épousa
    Marie de Vabre, originaire de Rouquines de la Tribale,
    terre de Lacaune. Ils s'étaient établis à La fon de l'Estat.

Ils eurent pour descendants :

1) Antoine, né le 3 février 1698, mort en bas âge;
2) Autre Antoine, né le 31 juillet 1705, mort peu après;
3) Marie-Thérèse, née le 1ᵉʳ avril 1701;
4) Pierre, né le 4 mars 1696, mort le 19 avril 1705;
5) Marie, née le 11 avril 1707;
6) Suzanne, née le 6 septembre 1709, morte le 22 février 1710;
7) Cécile, née le 18 juin 1692, mariée le 3 août 1715 à Jacques de Robert;
8) Anne, née le 1ᵉʳ mars 1699; elle épouse Sébastien de Robert, sieur de La Caunette, le 27 mai 1721;

III. 9) Jean-Jacques, né le 7 mars 1694. D'un mariage avec N..., il eut une fille, Jeanne-Pierrette, née le 31 août 1727.

Cette branche n'a laissé aucun descendant mâle.

Descendance B4.

II. Pierre de Robert, sieur de Montaut, de son mariage avec Anne Alquié, eut les descendants suivants :

1) Thomas-David, né le 3 mars 1723;
2) Louis, né le 2 mars 1714;
3) Jean-David-Hilaire, né le 11 janvier 1717, mort en bas âge;
4) Catherine, née le 1ᵉʳ juillet 1727;
5) Pierre, né le 22 décembre 1720;
6) Pauline, née le 30 janvier 1725;
7) Anne, née le 18 janvier 1718.

III. Elle épousa, le 17 octobre 1741, Jean de Robert, sieur de La Salle, de la verrerie de Selve, paroisse de Gaja (diocèse de Mirepoix). Ils s'installèrent aux Verreries-Basses, et ils eurent :

1) Anne-Jeanne, née le 4 octobre 1745;
2) Jean-Martin, né le 11 novembre 1746;
3) Thomas, né le 16 mars 1749.

Branche de Robert-Lautié.

I. Jacques de Robert, sieur de Lautié, habitait la verrerie de
  Peyremoutou, mais ses biens ayant été saisis, parce qu'il
  s'était porté caution de 500 livres, dues au fermier général, il vint dans la région de Moussans.

  De son mariage avec Marie de Rayssal, il eut :

  a) Anne;
  b) Pierre Barthe, sieur de La Serre;
  c) Pierre de Robert, sieur de La Prade; vivait en 1760;
  d) Jean-Jacques;
  e) Jacques, sieur de Lautié, qui suit.

II. Jacques, sieur de Lautié, épouse, le 3 août 1715, Cécile
  de Robert, morte à 34 ans, le 18 avril 1720. Ils eurent
  pour descendants :

  a) Anne-Madeleine, née le 17 septembre 1714, morte le
    15 mai 1734;
  b) Cécile, née le 16 mai 1716, morte le 16 octobre 1716;
  c) Anne-Cécile, qui suit;
  d) Marie, née le 3 octobre 1717; elle épouse, en juillet 1740,
    Pierre-François de Grenier, sieur de Lapierre. Leur
    fille, Brigitte, épousa J. Soult, notaire à Saint-Amans;
  e) Marie-Florence, née le 17 octobre 1724.

III. Anne-Cécile épouse, en 1742, Marc de Robert, sieur de Lagarde, du lieu d'Albine.

III. Marie-Anne de Robert de Lagarde de Terme épouse, le 26
  octobre 1778, Jean-Louis Calvet; ils eurent pour descendant :

IV. M. Joseph Calvet, de Saint-Amans.

  Signalons une branche, dont la parenté avec la précédente ne
fait aucun doute :

  A) Joseph de Robert, sieur de Lautié, épouse Anne de Ro-
    bert de Lavergne, d'où Jacques-Joseph, qui suit;

B) Jacques-Joseph de Robert, sieur de Lautié, né le 7 septembre 1732, épouse, le 24 juillet 1776, Marguerite de Robert de Termes, morte le 28 mars 1778. Ils eurent pour fils : Jacques-Etienne;

c) Jacques-Etienne de Robert, sieur de Lautié, est né le 1ᵉʳ mai 1777.

Constatons que le nom « de Terme » ou « del Terme » se rencontre dans plusieurs branches fort éloignées, et difficiles à rattacher les unes aux autres :

a) Celle issue des Robert-Bosc, venant de la région de Fourtou;

b) Celle provenant de la descendance de Paul, sieur de Termes, issu du mariage de Pierre de Robert et de Marguerite de Riols (5 mars 1633);

c) Celle issue de Jacques de Robert, sieur de Lautié.

Citons encore :

I. Jacques de Lautié, qui, le 21 avril 1728, épouse à La Caune Marie-Anne de Viguier de Fontcèdes. Ils habitèrent d'abord la Borde-Crémado, puis les Verreries-Basses.

Marie-Anne de Viguier est morte en 1758.

Jacques de Robert, sieur de Lautié, est certainement le même que Jean-Jacques de Robert (fils de Jacques, sieur de Lautié et de Marie de Rayssal).

II. Ils eurent pour descendants :

a) Etienne, né le 17 février 1729;

b) Etienne-François, né le 30 août 1735;

c) Marie, née en novembre 1729;

d) Pierre-Jean, né le 2 mai 1742. *Branche A2;*

e) Jacques-Joseph, né le 10 janvier 1733, mort le 9 octobre 1734;

f) Jeanne, née le 16 février 1731, morte le 8 juin 1734;

g) Louis, né le 11 janvier 1745. *Branche B2.*

Branche A2.

II. Pierre-Jean, né le 2 mai 1742, épouse, en mai 1769, Rose
de Grenier, fille de Gabriel de Robert. Pierre-Jean est
mort le 12 septembre 1789.

Ils eurent : Fulgence-Rose, née le 2 septembre 1773.

Branche B2.

II. Louis, né le 11 janvier 1745, aux Verreries-Basses; il épouse
Thérèse de Grenier de Larpens, morte le 4 messidor, an 11.
Le mariage eut lieu le 7 mai 1765.

Ils eurent pour descendants :
   a) Marie-Thérèse, née le 15 août 1767;
   b) Jean-Marie-Joseph, né le 29 décembre 1772 (Voir bran-
      che C);
   c) Jean-Louis, né le 1ᵣ février 1770, qui suit;
   d) Deux jumeaux : Jean-Pierre et Marie, nés le 12 avril
      1765;
   e) Marie-Elisabeth, née le 21 août 1776.

III. Jean-Louis de Robert épousa Marie Sénégas.

Ils eurent :
   a)   dit Monner, qui eut deux fils : Jules et Timolée;
   b) Louis-Jérôme, né aux Verreries, le 23 avril 1806, qui
      suit :

IV. Louis-Jérôme de Robert, né en 1806, se marie le 2 octobre
1834 avec Elisabeth Cauquil.

Ils eurent pour descendants :
   a) Louis-Sylvain, né le 5 avril 1847;
   b) Louis, né le 6 mai 1852, qui suit;
   c) Victorine; épousa Louis Galinier;
   d) Adélaïde; épousa Gustave de Riols de Fonclare, Che-
      valier;
   e) Une religieuse;

f) Emilie; épousa de Robert-Fraysse : dont deux fils;

g) Antoinette; épousa Angély de Robert;

h) Séraphin; épousa Victorine Galinier;

i) Octavie; épousa Louis Cauquil.

V. Louis de Robert, né en 1852, épousa Anna Imart, dont deux
fils :

a) Adrien-Angel-Louis, né à Toulouse le 25 août 1879;

b) Henri-Camille, né le 28 mai 1883, à Toulouse.

Plusieurs membres de cette famille font suivre leur nom de celui de « Bousquet »; selon nous, ce n'est qu'une différenciation pour permettre de les distinguer des autres branches portant le même nom de famille.

Leur maison était celle dite « le Terrier », près la fon dal Rey; elle appartint aux de Robert de Laroque jusqu'en 1680.

Il y eut un jugement de rectification de nom, rendu par le Tribunal civil de Saint-Pons, le 27 juillet 1910. (Gonzalès, avoué, Saint-Pons).

Branche C.

III. Jean-Marie-Joseph de Robert-Lautié est né le 29 décembre
1772. Il était fils de Louis, né le 11 janvier 1745 aux
Verreries-Basses, et de Thérèse de Grenier de Larpens
(voir Branche B2), de la Branche de Robert-Lautié. Ils
remontent à Jacques de Lautié, qui, le 21 avril 1728,
épousa Marie-Anne de Viguier de Fontcèdes.

IV. Jean-Marie-Joseph de Robert-Lautié épousa Jeanne Molinier; ils eurent pour descendants :

a) Elie, qui eut pour fils Angély, et celui-ci, de son mariage
avec Antoinette de Robert-Bousquet, eut Elie de Robert,
instituteur à Hourtin;

b) Joachim, qui eut pour fils Urbain de Robert. Celui-ci se
maria avec Irma de Riols de Fonclare. Les descendants
sont fixés à Vénissieux;

c) Joseph de Robert, qui fut officier;

d) Rosalie de Robert;

e) Jeanne de Robert, qui se maria à Rieussec, le 7 novembre 1824, avec Jean-Joseph de Riols de Fonclare. (Celui-
ci était le fils de Jean Isaac, habitant Balagou, et de
Anne Molinier).

Autre Branche des de Robert (région d'Albine).

I. Jean de Robert épouse Isabeau Escaraguel, et ils eurent pour
descendants (¹) :

   1) Pierre de Robert, capitaine du lieu d'Arfons; il teste le
   12 juin 1585; il épouse dame Imbert. Ils eurent trois
   filles : Suzanne, Esther, Marie;
   2) Catherine;
   3) François;
   4) Abel, qui suit :

II. Abel de Robert, sieur de La Roquette, noble verrier; il
épouse, le 15 décembre 1613, Marguerite de Roland, dont
il eut : Jacques, qui suit. Il fit l'inventaire de ses biens,
le 9 avril 1655, à Gourgne.

III. Jacques de Robert, sieur de La Roquette. Il « travaille son
art de science aux Verreries de Saint-Amans ». Il habite
quelque temps à la métairie de Lugan (²). Il épouse, le
9 avril 1660, Anne de Rouanet, fille de Rouanet de Peyremoutou et de Jeanne de Jordy. Jacques teste le 27 juillet
1690.

   Ils eurent les descendants ci-dessous :
   1) Eléonore;
   2) Alexandre, né en 1665;
   3) Jacques de Robert, sieur du Terme, qui suit;
   4) Marquis, sieur de la Sagne, né en 1673.

IV. Jacques de Robert, sieur du Terme, né en 1664, s'est établi
dans la région d'Albine, où il avait une verrerie.

   En 1699 (9 janvier), il reçoit une charge de « salicor » (³).

   Le 3 mars 1736, il meurt, après avoir abjuré la religion
calviniste. (Obituaire d'Albine, selon Saint-Quirin).

---

(1) Ce Jean est sans doute celui cité par M. de Robert-Garils (deuxième
génération. V. page 43). Il y a toujours un lien de parenté bien rapproché.
(2) Près Lacaune.
(3) SAINT-QUIRIN, *op. cit.*, page 319.

Il se maria en premières noces avec Marie de Robert, puis avec Marie du Laur de la Caussade (d'Albine).

Ils eurent un fils, Marc, qui suit :

V. Marc de Robert, sieur de La Lagade, veuf de Marie de Robert (des Verreries); il épouse en secondes noces Anne-Cécile de Robert, le 10 octobre 1742.

Branche de Robert de la Teillette.

Cette branche, issue du même auteur que les autres branches de la famille de Robert, n'est venue aux Verreries de Moussans qu'en 1744.

Voici les quelques renseignements obtenus sur elle :

I. En 1724, Jean-François de Robert, sieur de La Teillette, épouse Marie Rodel, de la paroisse d'Arquel. Ils eurent un fils : Louis, qui suit :

II. Louis de Robert, sieur de Lastour, épouse, le 14 mai 1754, Maillie de Grenier, fille de Robert de Larpens.

Ils eurent comme descendants :

a) Marie-Thérèse, née le 5 janvier 1755;
b) Jean-Joseph, né le 15 septembre 1760;
c) Marie-Françoise, née le 9 septembre 1763;
d) Marie-Marguerite, née le 2 août 1767.

Actes divers concernant la famille de Robert.

23 septembre 1682. (Acte Pagès, Saint-Pons).

Mariage de noble Paul de La Roque, sieur du Mazel, fils de feu noble Antoine et de demoiselle Madeleine de La Roque, des Verreries-Basses de Moussans, avec Isabeau de Robert, fille de Samuel de Robert, sieur de La Grenade et de Jeanne de Riols, du même lieu.

Témoins : les frères du marié : noble Pierre de La Roque, sieur du Claux; Sébastien de La Roque, sieur du Bousquet; Etienne de Bertin, cousin germain du marié; Paul de Robert, sieur del Terme; François de Robert, sieur de Talibert.

14 juillet 1686. (Pagès, Saint-Pons).

Paul de Robert, sieur del Terme, de la Fon de l'Estat, terroir de Saint-Pons, institue pour héritier universel son frère, Jean-François de Robert, sieur de Talibert.

18 juillet 1686. (Pagès, Saint-Pons).

Noble Paul de Robert, sieur del Terme, de la Fon de l'Estat; noble J.-F. de Robert, sieur de Talibert, partagent la succession de leur père, Pierre de Robert.

Paul prendra « la somme de 400 livres, due à leur père par Paul de Robert de Fourtou, pour droit paternel de leur père ».

Jean-François prendra la maison de la Fon de l'Estat.

7 septembre 1687. (Pagès, Saint-Pons).

Vente par noble Nathanaël de Robert, sieur de Cantalauze, à Pierre-Francis de la Resse, d'une maison et d'un jardin.

Présents : noble Jacques de Robert, sieur de Fraissinet; noble Paul de Robert, sieur de Balagou.

5 septembre 1691. (Pagès, Saint-Pons).

Testaments de noble François de Robert, sieur de Talibert, et de sa femme Jeanne de La Roque.

François de Robert désire être enterré dans l'église paroissiale de Saint-Thomas, de la Fon de l'Estat. Il institue comme héritier son frère, Paul de Robert, sieur del Terme (était père de Pierre-Sébastien-Jacques et Françoise).

15 novembre 1692. (Pagès, notaire, Saint-Pons).

Testament de noble Pierre de Robert, sieur del Terme, de la Fon de l'Estat. Il teste pour les quatre enfants de François.

27 juin 1721. (Maurel, notaire, Saint-Pons).

Cession de rente par Catherine de Pailloux, épouse de Pierre de Robert, sieur de la Prade, Anne de Pailloux, épouse de Sébastien de Robert, sieur de la Caunette, Marthe de Pailloux, épouse Jean-Baptiste Grenier, sieur de Larpens.

17 décembre 1724 (Alauze, notaire. Saint-Pons).

Mariage de Sébastien de Robert, sieur de la Caunette, de la Fon de l'Estat, avec Anne de Robert, fille de Jean de Robert, sieur de la Vergne, et de Marie de Vabre.

Le frère de la future est Jean-Jacques de Robert. On donne à l'épouse 300 livres, une robe et jupe de valeur de 50 livres, six brebis et deux chèvres.

La famille de Grenier ou de Granier

Certains attribuent à cette famille les armoiries suivantes : « d'azur à la souche de sable armée de sable passant et une bande d'azur brochant sur le tout chargé de trois étoiles d'or » ([1]).

Selon M. de La Roque le blason est : « d'azur à la bande d'argent chargée de trois étoiles de gueule accompagnées d'une souche de vigne de sable chargée d'un fruit de sa couleur en chef et d'un levrier de sable en pointe » ([2]).

Ci-dessous la généalogie de cette famille qui ne résida aux Verreries-Basses de Moussans qu'aux environs de 1653.

I. Pierre de Grenier obtint divers privilèges et il épousa, le 6 mars 1562, Mirgue de Vaux dont il eut : Antoine.

II. Antoine de Grenier, épousa, le 11 février 1583, Catherine Colomb dont il eut autre Antoine.

III. Antoine de Grenier épousa Marie Clavières dont il eut : Jean qui suit.

IV. Jean de Grenier, sieur du Raisin, des Verrières-Basses de Moussans, il épousa, le 11 février 1652, Isabeau de Robert.

Le 1er novembre 1668, noble Jean de Grenier, sieur du Raisin, des Verrières-Basses de Moussans, diocèse de Saint-Pons, a eu ses titres de noblesse confirmés par jugement souverain. M. Bornier, rapporteur ([3]).

---

(1) Archives Hérault. C. 1828. — M. de Robert DES GARILS, *op. cit.*, page 155. — DE CAUX, *op. cit.*, page 81.
(2) DE LAROQUE. *Armorial de la noblesse de Languedoc*, t. Ier, page 249.
(3) Henri DE CAUX, *op. cit.*, page 81 (diocèse de Saint-Pons).

Mentionnons un acte du 9 septembre 1653 (Pagès, Saint-Pons) ayant trait à l'émancipation de Jean de Grenier, sieur de Raisins, né à Saint-Julien, fils d'Anthoine de Grenier, sieur de Raisins, âgé de 25 ans.

Un acte du 21 août 1683 (Pagès, Saint-Pons) constate le mariage de :

Sébastien de Granier, sieur du Raizin, fils de Jean de Grenier. sieur du Raizin et d'Isabeau de Robert, de la Fon de l'Estat, avec :

Thoinette de Laroque, fille de nobles seigneurs Anthoine de La Roque et de damoiselle Magdeleine de La Roque, de la Verrerie-Basse,

Oncles du futur :

Paul de Robert, sieur del Terme.

François de Robert, sieur de Talibert.

Claude de Bertin, sieur del Peyrous, beau-frère du futur Jacques de La Roque, sieur del Bosc. Par cet acte la future apportait 360 livres. Les témoins étaient : Samuel de Riols, sieur du Plos et Pierre de Riols, sieur de Fonclare, des Verreries.

En 1724, Anthoine de Grenier, sieur de la Seigne ou de la Vergne, était syndic des verriers du Vivarais (¹).

Le 18 mai 1770 naissance de Marie-Anne Granier, présentée à la porte de l'église par la sage-femme « qui a dit que l'enfant appartenait à Marie de Granier, non mariée »; le parrain a été Jean-Baptiste de Robert, et la marraine, Thérèse de Granier, sa tante.

Voici selon les renseignements recueillis comment s'établit la descendance provenant du mariage de noble Jean de Grenier, sieur de Raizin et d'Isabeau de Robert : ils eurent pour fils Sébastien qui suit :

V. Sébastien de Grenier de Raizin épouse Anthoinette de La Roque, de la Verrerie-Basse, il eut Pierre qui suit :

VI. Pierre de Grenier épouse, le 22 octobre 1709, Suzanne de Robert (sa parente du 3ᵉ ou 4ᵉ degré). Celle-ci est morte, le 2 décembre 1735, à 50 ans.

Suzanne de Robert était la fille de Jacques de Robert, sieur de

(1) Archives Hérault. C. 2760.

la Fabrègue et de Suzanne de Lariès, des Verreries. Cette dernière est morte, le 14 mai 1735, à l'âge de 46 ans.

De ce mariage naquirent :

- *a*) Jeanne, née le 17 juin 1717;
- *b*) Françoise, née le 10 mai 1723;
- *c*) Pierre, né le 19 juin 1724;
- *d*) Sébastien, né le 7 novembre 1727;
- *e*) Jean de Raizin qui suit;
- *f*) Suzanne, née le 29 octobre 1726;
- *g*) Marie, née le 18 septembre 1710;
- *h*) Catherine, née le 18 février 1722;
- *i*) Claire, née le 25 janvier 1713;
- *j*) Pierre, né le 15 octobre 1728;
- *k*) Joseph, né le 20 juillet 1720, mort le 13 août 1730;
- *l*) Anne, épouse, le 19 juin 1743, Paul de Robert de La Roque, de la Verrerie de Sauveterre.

VII. Jean de Raizin, épouse le 16 mai 1740, Toinette Granier, fille de Raizin de Larpens de Pailloux. Jean de Raizin est mort, le 26 décembre 1755, en laissant comme descendants :

- *a*) Anne-Françoise, née le 9 mars 1741;
- *b*) Joseph, né le 30 décembre 1745, mort le 6 mars 1746;
- *c*) Jean-Etienne, né le 14 janvier 1742, mort le 16 janvier 1742;
- *d*) Jean-Baptiste, né le 25 avril 1743.

Signalons la généalogie d'une autre branche de la famille de Grenier ou de Granier, qui habitait les Verreries de Moussans : (*branche de Larpens*):

I. Jacques de Granier épouse Anne Granier de Fabas (diocèse de Couzerans). Ils eurent pour fils, Jean-Baptiste qui suit:

II. Jean-Baptiste, sieur de Larpens, né en 1683, épouse, le 23 novembre 1712, Marthe Pailhoux qui mourut, âgée de 44 ans, le 14 juin 1744; Jean-Baptiste est mort le 30 avril 1743.

Ils eurent pour descendants :

- *1*) Pierre-Joseph, né le 10 février 1723;

2) Jean-Hippolyte, né le 9 février 1725;

3) Marie-Anne, née le 17 septembre 1726, morte un mois après;

A 4) Pierre-François, sieur de la Pierre, qui suit : (*ligne A*);

5) Marie-Toinette, née le 8 février 1721, épouse, le 16 mai 1740, Jean de Grenier (v. généalogie de la branche précédente).

6) Pierre-Etienne, né le 2 février 1717, sieur de Monner, mort le 18 décembre 1733;

7) Sébastien, né le 24 février 1719;

8) Jean-Benoît, né le 9 juillet 1728, mort le 28 novembre 1739;

9) Pierre-Joseph, né le 20 juin 1714 (filleul de Pierre de Grenier, sieur de la Brone).

B 10) Jean-Baptiste qui, le 6 octobre 1734, épouse Anne de Robert, fille de Jean-Louis de Fraissinet et de Marie-Geneviève de Barre (originaires de Fourtou). Ces derniers habitaient les Verreries depuis 1720.

Jean-Baptiste est mort, le 24 juillet 1748.
La descendance sera étudiée dans la ligne B.

III. Ligne A.

Pierre-François, sieur de la Pierre, né le 14 mars 1715, épouse le 26 juillet 1740, Marie de Robert, fille de de Robert-Lautié et Cécile de Robert (Etude Soult, Saint-Amans).

Ils eurent comme descendants :

1) Jacques, né le 27 juillet 1747;

2) Sébastien, mort en bas âge, le 3 octobre 1756;

3) Etienne, né à la Verrerie de Crouzet, le 15 janvier 1747, et mort le 21 juin 1754;

4) Sébastien (2°), né le 18 février 1752;

5) Marie-Brigitte, née le 16 avril 1743;

6) Marie-Anne, née le 3 septembre 1749 et morte le 10 novembre 1749;

7) Pierre-Jean-Benjamin, né le 6 mai 1757;

8) Marthe qui vivait en 1747;

9) Marie-Thérèse, née le 3 octobre 1752;

10) Joseph de Lispart de Lapierre qui épouse Elisabeth de Riols de Fonclare (fille de Sébastien de Riols) : le 24 février 1749.

Ils eurent pour descendants :

IV. *1)* Pierre-Jean de Grenier, né le 11 avril 1754;
2) Marie, née le 24 mai 1767;
3) Sébastien, né le 22 avril 1791 (jugement rectificatif du 17 février 1834, Saint-Pons). Après de brillantes études au lycée de Toulouse il fut lieutenant d'artillerie à l'Armée d'Espagne, sous Napoléon I") et il prit sa retraite comme capitaine.

V. Sébastien de Grenier, de son mariage avec Henriette-Julie de Robert, il eut :

1) Pierre-Sébastien-Calixte, né, aux Verreries, le 29 décembre 1824, mort le 1er janvier 1825;
2) Marie-Zélia, née le 20 septembre 1828;
3) Marie-Julie-Delphine, née le 5 mai 1823;
4) Marie-Julie-Hélène, née le 27 avril 1827;
5) Marie-Eugénie, née le 17 mars 1831.

III. Ligne B.

Jean-Baptiste de Grenier qui, de son mariage (6 octobre 1734) avec Anne de Robert de Fraissinet, eut pour descendants :

1) Marie-Marthe-Françoise, née le 8 septembre 1735. Elle épousa, le 14 mai 1754, Louis de Robert, sieur de la Tour. Peut-être M. le docteur de Grenier de Latour, habitant Saussan (Hérault), en est un descendant;
2) Marie, morte, le 6 mars 1740, en bas âge;
3) Thérèse, mariée, le 7 mai 1765, à Louis de Robert;
4) Marie-Françoise, née le 20 avril 1741; elle épouse, le 4 juin 1760, Jacques de Robert; ·
5) Jean-Joseph, né le 30 mars 1743;
6) Marie-Marguerite, née le 25 mars 1744;
7) Autre Jacques, né vers 1745.

Signalons une quittance du 25 mars 1823 (Vianet, notaire à

Paris) par laquelle Pierre de Grenier, qui signe La Pierre, donne quittance au Maréchal Soult d'une somme de 300 livres, qui lui a été léguée par Jean-François Soult, ancien préfet, frère du Maréchal.

Voici, à titre documentaire, comment s'est établi la filiation avec la famille du maréchal Soult.

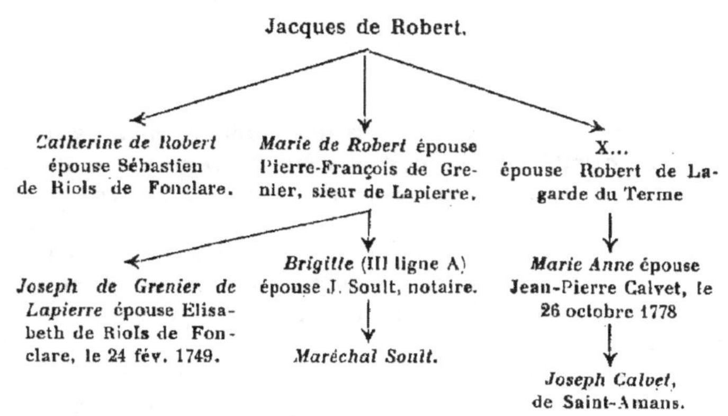

CHAPITRE III

La famille de Riols

Nomenclature des pièces ou ouvrages prouvant
l'authenticité des recherches sur la famille de Riols,
principalement de la branche de Fonclare

La famille de Riols ou de Riolz est originaire du Languedoc
et c'est l'une des plus anciennes de cette province. Sa noblesse
est d'ancienne extraction, car elle remonte à des temps fort éloi-
gnés sans trace d'anoblissement.

L'auteur le plus reculé, auquel il est possible de remonter
avec documents authentiques à l'appui est noble Bernard de
Riols, écuyer, seigneur de Bourgues (diocèse de Saint-Fons),
il vivait en 1480, et il testa le 28 janvier 1498.

1° Le 6 juillet 1540, Grégoire de Roquefort, seigneur de la
Bastide, maistre des Eaux et forêtz, concède à Nicolas de
Riols la faculté de construire un moulin et une scierie,
moyennant une nouvelle inféodation, et à charge de payer
une censive annuelle de cinq sols (¹).

2° Acte de partage intervenu entre noble Pierre de Riolz et
Martyane Emouy, retenu par François Marchous, le 24 février 1553, expédié et collationné par Banos, notaire (²).

3° Lettres patentes du Roi Charles IX, données à Toulouse,
le 14 mars 1565, en faveur de « son bien-aimé Pierre de
Riols, escuyer verrier de la verrerie haulte de Moussans ... »
dont la maison avait été brûlée avec ses papiers, titres et
documents.

(1) Voir à la suite copie de l'Inventaire de production pour noble Samuel
de Riols, sieur de Moussans.
(2) V. copie, *in extenso* : Inventaire des titres et documents partagés entre
nobles seigneurs de la Crosse et de Riolz frères, 22 mai 1612.

Ordonnance, du 18 septembre 1565, du Sénéchal de Carcassonne, portant maintenue en la possession de la dite verrerie de Moussans, en faveur du sieur de Riols (¹).

4° Contrat de mariage entre noble Isaac de Riols, fils de Jean de Riols, domicilié à la Combe-Julhe et damoiselle Isabeau de Cabrol, fille de feu Jacques de Cabrol, sieur del Martinet, dressé par Jean Randomy, notaire de Ferals des Montaignes, le 8 avril 1590.

5° Le 16 octobre 1609 (dressé par Amblard, notaire à Saint-Pons). Vente par noble David de Riolz, habitant les Trémoulèdes (paroisse de Montclard en Auvergne), agissant tant pour lui que pour sa sœur damoiselle Jeanne de Riolz, des biens meubles et immeubles, des droits et actions provenant de l'hérédité de leur père, à Samuel et Isaac de Riols frères, acheteurs de tous droits et actions aux Verrières de Moussans, terroir de Ferrals, la Bastide, Minerve, Séran et Saint-Pons de Thomières (²).

Samuel et Isaac de Riols étaient des Verreries Hautes de Moussans.

6° Vente cession et subrogation pour noble David de Riolz, seigneur de Trémollèdes consentie à son profit par noble Jacques de Riolz, son frère. Acte fait et passé à la Vernelle (paroisse de Saint-Deydier) par Pierre Charrier. notaire, le 8 novembre 1624.

Dans cet acte, il est mentionné que les immeubles « sont francs et *alodiaux* de toutes charges et présentations annuelles, néanmoins tous les dits biens vendus tenus en fief du Roy notre sire accause de son château de Minerve ... » (³).

7° Ordonnance du 12 novembre 1599 par Pierre de Blancon, conseiller du Roy et maître des Eaux et forêts, qui maintient Pierre de Riols et ses successeurs en la possession de la verrerie. N° 5.

(1) V. copie des dits actes : Archives Parlement Toulouse. F. 17 (Maîtrise des eaux et forêts de Saint-Pons).

(2) Archives Haute-Garonne. B. Eaux et forêts. F. 17; voir plus loin copie *in extenso*.

(3) Voir copie *in extenso* à la suite.

Ordonnance du 23 juin 1610 par Roch de Paule, écuyer, conseiller du Roy, qui maintient nobles David et Samuel de Riols frères, sieurs des Verreries Haultes de Moussans et de la Crosse, fils de feu Pierre de Riolz, quand vivait, escuyer, « possèdant *de toute ancienneté* une verrière située en la juridiction et le Consulat de Rieussec, lieu communément appelé la Verrière de Moussans.

Ces actes relèvent de la Sénéchaussée de Carcassonne (¹).

8° Dans la forêt de Campaurel, au lieu dit « Le Pla de Crouzet » prez la source de l'eau les frères Bernard et Jean de Noguès avaient obtenu par une ordonnance rendue le 6 septembre 1628 de bâtir une verrerie à six ouvreaux et de prendre le bois nécessaire au chauffage de la dite verrerie moyennant la somme de quatre livres de rente annuelle et perpétuelle (payables au trésorier de la Sénéchaussée de Carcassonne moitié à l'Ascension, moitié à la Toussaint).

Les frères de Noguès s'étant démis de cette faculté, Jean de Riolz, gentilhomme verrier, demeurant à la Borde Cremade, offrit de se substituer à eux moyennant une rente annuelle de trois livres. A la suite de cette proposition une lettre d'état fut dressée au trésorier de la Sénéchaussée de Carcassonne. Une expédition fut délivrée à Jean de Riols, sieur del Causse, pour lui servir de titre valable. Signé de Catel, lieutenant général, le 20 février 1638 (²).

9° Dénombrement du 25 mai 1639, fait par noble David de Riols, sieur de Moussans, devant Monsieur le Sénéchal de Carcassonne.

Dans le dit dénombrement en parlant de ses terres il dit « ... le tout noble de toute ansienneté, souls l'aubergue de sept sols six deniers, paiables au clavaire de pour le Roy en Minervois ..... » (³).

10° Inventaire des pièces produites devant la Maitrise des Eaux et forêts de Toulouse, par damoiselle Anne de Cristol, veuve

(1) Archives Haute-Garonne. Section notariale et judiciaire. B. Eaux et forêts. Maîtrise de Saint-Pons. F. 17.
(2) Maîtrise de Saint-Pons. F. 17.
(3) Maîtrise de Saint-Pons. F. 17.

de Pierre de Riols, de son vivant conseiller du Roy au Sénéchal de Béziers, à la demande des héritiers de Isaac et Pierre de Riols. 18 juin 1671 (¹).

11° Arrêt du Parlement de Toulouse du 30 avril 1663, portant maintenue de la verrerie de Moussans, en faveur de Samuel de Riols, sieur de la Boissonnade (²).

Ce jugement fut rendu à la suite du procès intervenu entre noble Isaac de Robert sieur de la Plane défendeur et Samuel de Riols, sieur de la Boissonade, pour des dégradations commises dans la forêt de Minerve.

Les inféodations faites par les officiers de la Table de Marbre de Toulouse le 23 juillet 1630 et le 1ᵉʳ février 1651, en faveur de Jean de Riols et de Isaac de Robert, au sujet de la verrière de la Borde Cremade, sont cassées par l'arrêt du Parlement de Toulouse. Il est ordonné que les fours à verre de la dite verrière seront détruits avec défense de les reconstruire.

12° La branche des Riols, seigneurs des Verreries de Moussans, paroisse de Notre-Dame-de-Sorières, diocèse de Saint-Pons fut maintenue dans sa noblesse le 5 janvier 1671 (M. Bornier, rapporteur) et ses titres ont été confirmés par jugement souverain rendu par l'Intendant de Languedoc Bazin de Bezons.

Dans l'Inventaire sommaire de la série C des archives de l'Hérault (pp. 324-325, article C, 1827) existe la liste complète de ce qu'a survécu de maintenues de noblesse, dans le fonds de l'Intendance. Le reste a été brûlé à l'époque révolutionnaire. La famille de Riols, ne figure pas parmi les maintenues rescapées.

Heureusement que nous trouvons un remarquable ouvrage fait par le marquis d'Aubaïs et Ménard en 1759, qui nous donne la liste complète de ces jugements de maintenue.

Tome II, page 249, n° 459, on lit (³) :

« Pierre de Riols, seigneur des Verreries de Moussans, teste le 21 août 1592. Il épouse, le 21 août 1558, Anne Molete. Nicolas Riols, épousa, le 17 avril 1526, Catherine Ennon.

(1) Maîtrise de Saint-Pons. F. 19.
(2) Maîtrise de Saint-Pons. Eaux et forêts. F. 17. Nous en publions les dispositions principales.
(3) *Catalogue général des Gentilhommes de la province de Languedoc*, Jean Chaubert et Claude Hérissant, éditeurs.

On y lit aussi que Samuel de Riols, seigneur de la Boissonade fut maintenu noble le 5 janvier 1671. De même dans l'ouvrage du sieur Henri de Caux (¹), page 81, diocèse de Saint-Pons, nous lisons : Noble Samuel de Riols, seigneur de Moussans, diocèse de Saint-Pons, eut ses titres de noblesse confirmés par jugement souverain (Bornier, rapporteur). Henri de Caux était présent aux jugements de maintenue.

Des auteurs plus récents mentionnent aussi ces jugements de maintenue.

Signalons : Louis de Laroque, dans son « Armorial de Languedoc (²), et Alphonse Brémond dans son « Nobiliaire Toulousain (³). Dans ce dernier ouvrage il est signalé que Sébastien de Riols, seigneur de Fonclare et Pierre-Jacques-Etienne de Riols, son fils, habitants des Verrières de Moussans, diocèse de Saint-Pons, furent confirmés dans leur noblesse, en vertu d'un précédent jugement de maintenue, rendu par M. de Villevieille, gouverneur de la viguerie de Sommières, par arrêt rendu, le 13 octobre 1753, à Sommières, par le vicomte de Narbonne-Pelet.

13° Dans l' « Indicateur du Grand Armorial de France » dressé par Charles d'Hozier (⁴), on lit :

> Riol (des), Auv. 182.
> Riols, Toul. Mont. 576.
> De Riols, Monpt. Mont, 1271, n° 64.

C'est ce dernier qui nous intéresse :

Page 270, n° 64, Béziers, reg. 2ᵉ, il est mentionné Pierre de Riolz, sieur de Lespinassier :

D'azur à deux étoiles d'or en chef et un soleil de même en pointe.

1ᵉʳ juillet 1701.

Pour se voir attribuer des armes, il fallait être majeur, c'est pourquoi une foule de gentilshommes n'ont pas été inscrits dans l'Armorial de 1696, car ce fut une mesure purement fiscale. La

---

(1) *Pièces fugitives pour servir à l'histoire de France*, Paris, 1759. Hugues Martel, imprimeur ordinaire du Roy et des Etats Généraux de la province de Languedoc. M.DC.LXXVI.
(2) *Généralité de Montpellier*, t. Iᵉʳ, édition Paris, 1860, n° 459, page 425.
(3) Bonnal et Gibrac, éditeurs, Toulouse 1863, page 336.
(4) *Librairie nobiliaire de Bachelin-Deflorence*, 14, rue des Prêtres, 1865, t. II, page 202.

noblesse est bien mieux attestée par les preuves faites que par l'inscription à l'Armorial.

Ci-dessous nous donnons *in extenso* tout ce qui a été trouvé à la Bibliothèque Nationale sur la maison de Riols.

Ces documents sont relatifs à :

1° Preuves de noblesse de demoiselle Gabrielle de Riols pour être admise au nombre des Filles de la Maison de Saint-Louis, fondée par le Roy dans le Parc de Vers. 1714.

Français 32.127. Tome X, preuve 28.

2° Preuves de Louis de Riols, pour être admis au nombre des gentilshommes que Sa Majesté fait élever dans les Ecoles Royales Militaires.

Fr. 32.099. Ecoles Militaires. Tome 40. Preuve 43 et nouv. d'Hozier 282. 24 septembre 1788.

3° L'abbé de Riols assista à l'Assemblée provinciale tenue à Clermont au mois d'août 1787.

Ces derniers documents sont relatifs à la branche de Riols, seigneurs de Trémolèdes (branche aînée), ils donnent la filiation jusqu'à Bernard de Riols, écuyer, seigneur de Bourgues. Cette branche fut confirmée dans sa noblesse par l'Ordonnance rendue à Riom, le 20 avril 1668 par M. de Fortin, maître des Requestes et Intendant en Auvergne.

Français 32. 127

Preuves de Saint-Cyr Tome X preuve 28
d'azur à deux étoiles d'or posées en chef et un croissant aussi
disposé en pointe.

Auvergne 1724.

Preuves de la Noblesse de D^{elle} Gabrielle de Riols agréée pour être admise au nombre des Filles demoiselles de la Maison de Saint-Louis Fondée par le Roy à Saint-Cir dans le Parc de Vers.

Gabrielle de Riols
1714

Extra... du Registre des batêmes de la Paroisse de Marenghol-Lembron au diocèse de Clermont portant que Gabrielle fille de David de Riols écuyer et de D^elle Antoinette de la Chassagnole sa femme naquit et fut batisée le 29 du mois de juillet de l'an 1714. Cet extrait délivré le 25 de février de la présente année 1724 signé Lavernhe cure de l'Eglise Marenghol et legalise.

Premier Degré

Père et Mère
David de Riols Antoinette de la Chassaigne sa femme
1702

Contrat de mariage de David de Riols, écuyer fils de François de Riols vivant écuyer et de D^elle Anne de la Rochette sa femme accorde le 28 du mois de novembre de l'an 1702 avec D^elle Antoinette de la Chassagne fille de François de la Chassagne, écuyer, sieur de la Chassaigne et de D^elle Marie Valet ou de Valez (note de d'Hozier). Ce contrat passé devant Roulhon notaire au lieu d'Antoin Ressort de Vodable en Auvergne) note de d'Hozier.

Testament de Gilbert de Riols écuyer sieur de Servoles, fait le 1er jour du mois de mars de l'an 1703 par lequel il institue ses héritiers David de Riols son frère écuyer et D^elles Antoinette et Caterine de Riols ses sœurs. Cet acte reçu par Riffart, notaire au lieu de Marenghol-Lembron.

Deuxième Degré

François de Riols écuyer Anne de la Rochette sa femme
1672

Contrat de mariage de François de Riols écuyer fils de Gilbert de Riols vivant écuyer sieur des Tremolèdes et de D^elle Louise

Mirial sa femme accordé le 25 du mois de février de l'an 1672 avec D^{elle} Anne de la Rochette fille de Jacques de la Rochette écuyer sieur de la Jart et de D^{elle} Jeanne de Lerete (ou Lerrette) note de d'Hozier). Ce contrat passe devant Gautier notaire au lieu de Marenghol.

Ordonnance rendue à Riom le 20 du mois d'avril en l'an 1668 par M. de Fortia M^e des Requestes et Intendant en Auvergne par laquelle il donne acte à David de Riols écuyer sieur des Tremole-des de la representation qu'il avait fait tant pour lui que pour François de Riols son frere des titres justificatifs de sa Noblesse depuis l'an 1492.

Cette ordonnance signée de Fortia.

TROISIÈME DEGRÉ

Gilbert de Riols écuyer Louise Mirial sa femme
1630

Contrat de mariage de Noble Gilbert de Riols écuyer sieur des Tremoledes fils de Noble David de Riols et de D^{elle} Antoinette de Maigne sa femme accordé avec D^{elle} Louise Mirial le 29 du mois d'avril de l'an 1630. Ce contrat passe devant de Torrene notaire au lieu de Vissac.

Obligation passee le 11e du mois de septembre de l'an 1633 par Noble Gilbert de Riols écuyer sieur des Tremoledes au profit de D^e Louise de Polignac Dame de Muratet de Saint-Martin. Cet acte reçu par de Belmont notaire au lieu de la Voute Election de Brioude.

QUATRIÈME DEGRÉ

David de Riols écuyer Antoinette de Maigne sa femme
1604

Contrat de mariage de Noble David de Riols écuyer fils de Noble Bernard de Riols vivant écuyer sieur des *Verrières basses de Moussans* et de D^{elle} Cecile Galtier sa femme accorde sous seings privés le 1ᵉʳ du mois de mars 1604 avec Dᵉˡˡᵉ Antoinette de Maigne veuve de Noble Antoine de Boissieu.

Echanges d'héritages assis aux terres, des Haics près Saint-Pons de Tomières fait le 28 du mois de janvier de l'an 1482 entre Pierre Colas marchand à Saint-Pons et Bernard de Riols. Cet acte reçu par Amblard notaire à Saint-Pons.

Nous Charles d'Hozier écuyer conseiller du Roy genealogiste de sa Majeste juge d'armes et garde de l'Armorial de France et Chevalier de la Religion et des Ordres Nobles et Militaires de Saint-Maurice et Saint-Lazare de Sardaigne de Savoie.

Certifions au Roy que Dᵉˡˡᵉ Gabrielle de Riols a la Noblesse necessaire pour être admises au nombre des Filles demoiselles que Sa Majesté fait élever dans la Maison Royale de Saint-Louis fondée a Saint-Cir dans le parc de Versailles comme il est justifié par les actes qui sont enonces dans cette Preuve laquelle Nous avons verifiée et dressée a Paris le mercredi 15ᵉ jour du mois de novembre de la presente année mil sept cent vingt quatre.

D'HOZIER.

Fr. 32099

Preuves pour les Ecoles Militaires Tome 40 preuve 43
et nouv d'Hoz 282

De Riols

Auvergne 1783

d'azur a une étoile d'or posée en chef et un croissant aussi d'or posé en pointe

Procès-verbal des Preuves de la Noblesse de Louis de Riols agrée par le Roy pour être admis au nombre des Gentilshommes que Sa Majesté fait élever dans les Ecoles Royales Militaires.

PREMIER DEGRÉ

Produisant Louis de Riols
1780

Extrait des Registres des batemes de l'Eglise paroissialle de Saint-Victor Ecouronne de Marenghol Lembron Diocèse de Clermont-Ferrand en Auvergne portant que Louis de Riols fils légitime de Mre Jean Batiste de Riols écuyer chevalier de l'Ordre Royal et Militaire de Saint-Louis et de Noble Dame Marie Radegonde de la Rochette sa femme naquit le 6 septembre mil sept cens quatre vingt fut ondoyé à la maison le même jour à cause du danger de mort recut le supplément des ceremonies du bateme le surlendemain et eut pour parrain Mre Louis de la Rochette écuyer son oncle du coté maternel.

Cet extrait signe.

Bayle cure de la paroisse et légalisé.

Deuxième Degré

Père Jean Batiste de Riols
Marie Radegonde de la Rochette sa femme
1765

Contrat de mariage de Mre Jean Batiste de Riolz écuyer officier de Dragons au Régiment de la Reine chevalier de l'Ordre Royal et Militaire de Saint-Louis fils de deffunt Messire David de Riols écuyer et de deffunte Dame Antoinette de la Chassignole demeurant en la paroisse de Marenghol Lembron accorde le 7 de février mil sept cens soixante cinq avec Demoiselle Marie Radegonde de la Rochette fille mineure de deffunt Messire Joseph de la Rochette chevalier seigneur de la Bastide, Lugeac Chadenière la Rodde et autre ses places.

Ce contrat fut passé à Blesle devant Bé notaire Royal.

Déclaration donnée le 5 d'avril mil sept cens soixante dix neuf par Jean Reynaud Mouricaud laboureur habitant du lieu et paroisse de Marenghol. Jean Sauvat, Antoine Jurie et Antoine Savignat, laboureurs habitant de la même paroisse de Marenghol portant qu'ils ont connu Mre David de Riols et que de son mariage avec Antoinette de la Chassignole est issu en l'année 1715 Mre Jean Batiste de Riols ancien officier de Dragons au Régiment de la Reine chevalier de Saint-Louis habitant aud lieu et paroisse de Marenghol lequel a été tant par sa famille que par les habitans de lad p^sse de Marenghol ou des environs reputé fils légitime desd sieur et dame de Riols et de la Chassignole. Cet acte fait pour suppléer à l'acte batistère dud. sieur Jean Batiste de Riols qui ne

se trouve point dans les registres de lad paroisse de Marenghol
fut passe aud Marenghol devant Ganties et Jourde qui l'expédia,
notaires Royaux.

Troisième Degré

Aycul, David de Riols, Antoinette de la Chassignole, sa femme.
1702

Contrat de mariage de David de Riols écuyer fils de feu François de Riols écuyer et de défunte D^{elle} Anne de la Rochette
accorde le 28 novembre mil sept cent deux avec D^{elle} Antoinette
de la Chassignole fille de François de la Chassignole écuyer sieur
de la Chassaigne et de D^{elle} Marie Vallet son épouse. Ce contrat
passe devant Roulhion notaire fut expedie à Mre Jean Batiste de
Riols fils dud David par Chadaussagne notaire comme acquéreur
des Minutes dud Roulhion.

Testament fait le 8 de février l'an mil six cent quatre vingt
quatorze par François de Riols écuyer sieur dud lieu par lequel
il ordonne qu'il soit célébré des Messes tant pour lui que pour
deffunte D^{elle} Anne de la Rochette sa femme et institue son heri-
tier universel David de Riols écuyer son fils aîné. Ce testament
fut reçu par Saby notaire Ducal.

Quatrième Degré

Bisayeul, François de Riols, Anne de la Rochette, sa femme
1672

Contrat de mariage de François de Riols écuyer sieur dud lieu
fils de feu Gilbert de Riols écuyer et de D^{elle} Louise Mirial
accorde le 25 de février l'an mil six cent soixante douze avec
D^{elle} Anne de la Rochette fille de Jacques de la Rochette écuyer
sieur de Jart et de feue D^{elle} Jeanne de Lorette. Ce contrat fut
reçu par Gautier notaire Royal Jugement rendu le 20 avril mil
six cent soixante huit par Mre de Fortia Intendant d'Auvergne
par lequel vu les titres représentés par David de Riols écuyer
sieur de Lestremolcdes fils aîné de feu Gilbert de Riols écuyer

sieur de Lestremoledes tant pour lui que pour François de Riols son frere il ordonne que lesd David et François de Riols seraient employés dans le Catalogue des Nobles de la Province d'Auvergne. Ce Jugement signe de Fortia.

Nous Antoine Marie d'Hozier de Scrigny Chevalier Juge d'Armes de la Noblesse de France Commissaire du Roy pour certifier à Sa Majesté la Noblesse des Eleves des Ecoles Royales Militaires Chevalier Grand Croix honoraire de l'Ordre Royal des sieurs Maurice et Lazare de Sardaigne. Certifions au Roy que Louis de Riols a la Noblesse requise pour etre admis au nombre des Gentilshommes que Sa Majesté fait élever dans les Ecoles Royales Militaires ainsi qu'il est justifié par les actes énoncés et visés dans ce procès verbal que nous avons dressé et signé à Paris le vingt-quatriesme jour du mois de septembre de l'an mil sept cens quatre vingt huit.

D'HOZIER DE SÉRIGNY.

14° Dans l'Inventaire des biens délaissés par Samuel de Riols, sieur de Moussans et de la Bouissonade; dressé le 3 janvier 1696, par Jacques Pagès, notaire à Saint-Pons, nous voyons la disposition suivante :

« dans la chambre joignant la verrière... avons trouvé un grand coffre de noguier ou ont esté trouvés les titres et papiers suivans :

premièrement un extrait en parchemin des pactes de mariage de Noble David de Riols du 16 janvier 1594 ci cotté n° I.

Plus un extrait des lettres du Roi Charles IX portant maintenue en faveur de noble Pierre de Riols en la verrière haute de Moussans ci cotté n° II.

Plus un extrait d'arrest du Parlement de Thoulouse qui maintient led. sieur de la Bouissonade à lad. verrerie et à la faculté de prendre du bois de la forest de Moussans ci cotté n° 111.

Plus l'expédié en parchemin de l'ordonnance de Monsieur de Bazin, intendant en Languedoc, qui maintient led sieur de la Bouissonnade en la qualité de noble en date du cinquième Janvier MVI° soixante onze ci cotté n° IIII. »

Nous le donnons *in extenso*, il ne fait que confirmer les preuves que nous avions déjà données.

a) Il nous faut signaler le jugement de rectification de noms, obtenu par Emile-Gustave de Riols de Fonclare fils de Pierre-Sébastien de Riols de Fonclare). Tribunal civil de Saint-Pons 11 décembre 1855.

Emile-Gustave était né le 27 mars 1826 ;

b) Jugement de rectification de nom, rendu par le Tribunal civil de Saint-Pons, rendu le 27 juin 1892.

Enregistré à Saint-Pons le 22 juillet 1892, f° 67, c° 2 (M° Louis Guiraud, avoué. Président du Tribunal M. Izac).

Ce jugement rectifiait les noms de :

Jean-François de Riols de Fonclare, né le 20 décembre 1834 ; de son frère Albin Gustave né le 15 novembre 1839 (Commune de Rieussec), et des fils de ce dernier :

Adrien, Albin, François, né le 29 juin 1862.

François Camille, né le 3 janvier 1867.

Jean-François et Albin-Gustave de Riols de Fonclare sont les fils d'autre Jean-François, né le 2 mars 1783 (fils légitime de Noble Pierre-Jacques-Etienne de Riols de Fonclare et de demoiselle Marie de Robert du Bosc).

Recueil des principaux actes intéressant la Maison de Riols

Ci-dessous nous donnons la liste chronologique des principaux actes notariés passés par les divers membres de la famille de Riols, en indiquant les études notariales et en fournissant une analyse succincte de ceux qui nous ont parus les plus intéressants.

Plus loin nous donnerons la copie *in extenso* de quelques actes plus importants.

Le 3 février 1532. Vente par Jeanne et Guilhelmine Armoynes sœurs (filles de Guillaume Armoynes, la première épouse de noble Jean Robert et la seconde de noble Claude Robert de la Brugantière diocèse de Cahors) à Nicolas de Riols, noble verrier de la verrerie Basse de Moussans, juridiction de Riols, de tous les droits qu'elles avaient sur la verrerie haute indivisément avec Antoine Armoynes.

L'acte est passé en latin : « aquid infra capellam novam sine oratorium boriæ Petri Molineri utam a la launada prope villam Sancti Pontii. »

(Amblardy, notaire, Saint-Pons).

Le 17 septembre 1576 (Amblardy, notaire, Saint-Pons). Achat par noble Pierre de Riols verrier à la verrerie haute, d'immeubles au mas de la Crosse terre d'Anglès, paroisse de Labastide.

Vente par Bernard, autre Bernard et Jean Cros frères, fils de Barthelemy Cros du masage « del boldi Sisse de la Crosse, terre d'Anglès, paroisse de Labastide-Rouairoux, diocèse de Saint-Pons en leur nom et au nom de Georges Cros, vendeur à Noble Pierre de Riols habitant des Verreries hautes de Moussans « terre de Minerve, diocèse de Saint-Pons : maison, jardin, aires, prés, champs, pour 50 livres Tournois.

Le 13 avril 1577 autre achat par noble Pierre de Riols des Verreries de Moussans (Amblardy, notaire, Saint-Pons).

Le 23 août 1579 arrentement du droit d'équivalent des Verreries Basses par François de La Roque, à Noble Germain Riols des Verreries Basses.

(Amblardy, notaire, Saint-Pons).

Le 28 janvier 1590 « Bernard de Riols » écuyer habitant les Verreries Basses de Moussans donne à Calas des terres à la métairie de Haye et reçoit des préds al loc d'Usclats.

Le 2 mars 1592 Noble Pierre de Riols des Verreries Hautes de Moussans et Jean Ricard, de Plan Vernet font une cession de terres pour un chemin allant de la Fon de l'Estat à la Verrerie Basse.

(Jean Amblard, notaire, Saint-Pons.)

Le 16 janvier 1594 contrat de mariage d'Anne de La Roque avec David de Riols.

Noble David de Riols, fils de Noble Pierre de Riols habitant les Verreries Hautes de Moussans, Anne de Laroque fille de Jacques de La Roque licencié en droit, juge aux ordinaires de Saint-Pons, et de Jacquette de Niassal.

Donation à la future de 660 écus 40 sols de 60 sols, qui sont 1.500 livres « quatre robes nubtiaux, les deux de desu et deux cotillons de drap ou en étoffe que lesd. futurs mariés vouldront, plus ung piéce de coffre de bahut. Pierre de Riols donne à son fils « la mayzon des Verreries Hautes où il faict sa résidence et la verrerie avec ses meubles, champs, jardins, bois et autres possessions qu'il possède au dit Moussans. Le père reconnait la dot sur les métairies de la Bouissonade et la Fulhade qu'il possède aux terroirs de Minerve et de Labastide.

(Jean AMBLARD, notaire, Saint-Pons.)

Le 13 avril 1594 Pierre de Riols des Verreries Hautes vend à noble Vidal de Riols de la Fon de l'Estat un pré, à Plan Vernet, juridiction de Saint-Pons, il paye avec 50 écus qu'il a reçu le 12 avril.

(Jean AMBLARD, notaire, Saint-Pons.)

Le 12 avril 1594 Pierre de Riols des Verreries Hautes de Moussans reconnait devoir à Antoinette de Mouy, veuve de Jacques Cabrol, sieur de Martinel de Labastide Rouayroux la somme de 400 écus. Il a remboursé en à compte la somme de 200 livres à Vidal de Riols et Isaac de Riols, des Verreries Basses de Moussans, le premier était l'époux de Rachel Cabrol et le second d'Ysabeau Cabrol.

(Jean AMBLARD, Saint-Pons).

20 août 1598. Testament de noble Pierre de Riols des Verreries Hautes de Moussans, gentilhomme verrier. Il demande à être enterré à l'église de Sérières, au tombeau de ses prédécesseurs « suivant la forme de la R. P. R., de laquelle il fait profession ». Il a donné la verrerie et la maison à son fils David dans son contrat de mariage avec Anne de La Roque. Il lui donne maintenant le moulin a bled qu'il a à Moussans, près de sa maison.

Pierre de Riols mourut le 2 mai 1602.

Signalons en passant « ... Veult et ordonne que tout le cabal qui se trouvera au jour de son décès dans lesdites verreries seront ouvrés et mis en verre au commun profit desd. David, Samuel et Paul de Riols sed. fils et néantmoings que les molles des verres qui seront, au temps de son décès auxd. verrières seront partis d'entre lesd. David, Paul, Samuel qui font l'estal de verrier ... ».

Jean AMBLARD, notaire, Saint-Pons).

Le 14 février 1599 David de Riols de la Verrerie Basse de Moussans frère de Isaac, Jacques, Judith et Jeanne tous fils de Bernard de Riols, des Verreries Basses, arrentent la verrière à Samuel de Riols, leur cousin « avec faculté de pouvoir faire le verre ». David est neveu de Germain de Riols.

Le 23 mai 1599, Pierre de Riols de la Verrerie Haute de Moussans achète la métairie de Combesinières.

(AMBLARD, notaire, Saint-Pons.)

Le 19 février 1599 arrentement de la Verrerie Basse de Moussans par David de Riols.

Noble David de Riols de la Verrerie Basse de Moussans agissant en son nom et au nom de ses frères et sœurs : Isaac, Jacques, Judith et Jeanne, fils de noble Bernard de Riols, quand vivait des Verreries Basses, afferme à noble Samuel de Riols, son cousin des Verreries Hautes de Moussans la verrerie basse de Moussans avec la maison d'habitation et dépendances avec la faculté de pouvoir faire le verre et de se servir de l'usage d'icelle pendant 3 ans au prix de 8 écus d'or de 60 sols par an.

Samuel de Riols devra user de la verrerie en bon père de famille et s'il est nécessaire de faire des réparations aux maisonages ou à la verrerie, il pourra les faire en appelant Germain de Riols oncle dud. David. Si pendant les trois ans David de Riols voulait travailler pour lui, Samuel devra se retirer s'il est averti deux mois à l'avance. Dans le bail sont compris les outils de la verrerie, mais pas les cabas « le tout quitte de taille et noble comme luy et ses devantiers l'ont jouy ».

En marge de cet acte, à la date du 3 août suivant, avant l'expiration des trois ans, il est mentionné que Samuel remet la verrerie à David, avec la réserve qu'avant l'expiration du terme de trois ans contenu audit instrument ne pourra permettre qu'aulcuns ranties de lad. verrerie puisse fere travailler en icelle aulcung *quy ne soit de l'estat légitime suivant les privilèges qu'ils ont pour l'art et science de la verrerie* et ou il le feroit et s'y aulcuns y travailleroit quy ne feust de la qualité requise sera permis aud. Samuel de Riols sans forme ni figure de procès reprendre ledit arrantement et continuer la jouissance durant son lustre et ont juré à Dieu levant leur main droite au ciel.

(Jean AMBLARD, Saint-Pons).

8

Nous retrouvons ici une trace des règlements édictés par l'Assemblée de Sommières, défendant aux verriers d'employer un personnel qui ne soit déjà noble : une fois encore est infirmée la théorie populaire disant que c'était le métier de verrier qui conférait la noblesse.

23 mai 1599. Quittance par Anthoinette Amouy à noble Pierre de Riols de la Verrerie Haute de Moussans, de la somme de 100 écus sol pour prix de vente de Combesinières à la suite d'un acte reçu par X..., notaire à la Cabarède.

Dans cet acte pas de signature de Riols.

(Jean AMBLARD, notaire, Saint-Pons.)

23 mai 1599. Achat par Pierre de Riols.

Jeanne Cabrol fille de feu Jacques de Cabrol quand vivait sieur du Martinel et de demoiselle Anthoinette de Mouy (ou Amouy), quand vivaient de Labastide Rouayroux, héritière pour un quart des biens de ladite feue de Mouy.

Vend à noble Pierre de Riols des Verreries Hautes de Moussans, la quatrième partie d'un champ ténement de la *Fabrègue*, du terroir de la Bastide indivis, avec Rachel, Isabeau et Gabriel de Cabrol ses frères et sœurs.

(AMBLARD, notaire, Saint-Pons.)

17 octobre 1609. Aux Verreries Hautes de Moussans terroir de Minerve.

Nobles Samuel de Riols, sieur de la Crosse et Isaac de Riols frères, vendent à noble David de Riols sieur de la Bouissonade la moitié d'un pré situé au mas pontet de Galinié par eux acquis des héritiers de noble David de Riols, leur cousin. Un champ près du moulin de l'acheteur.

(Jean AMBLARD, notaire, Saint-Pons.)

16 octobre 1609. Vente des Verreries Hautes de Moussans (sa portion) par noble David de Riols fils et cohéritier de feu noble Bernard de Riols, à noble Samuel et Isaac de Riols frères.

(Jean AMBLARD, Saint-Pons).

Nous donnons la copie *in extenso* de cet acte à la fin du présent livre, car cet acte donne le détail de la fortune immobilière de la famille de Riols, et de plus il présente de l'intérêt pour les anciens ténements.

Le 31 juin 1609. (Amblard.) Il y avait procès entre Bérenger lieutenant de La Livinière et noble David de Riols sieur de la Bouissonade, des Verreries Hautes de Moussans au sujet du paiement d'une indemnité due aux habitants de Vieulac. Ils mettent fin au procès.

1ᵉʳ mars 1612. Amblard, Saint-Pons. Noble Germain de Riols des Verreries de Moussans pour plaider au Parlement de Toulouse avec Jean Pradié et Jean Durand d'Ambialet pour raison de certains biens terres et possession que led. constituait au nom et pour feue damoiselle Marguerite de Riolz fille et héritière quand vivait de feu noble Barthelemy de Riols, du masage de la Valette au terroir de Valence en Albigeois.

22 mai 1612. (Donnet, notaire.) Inventaire des titres et documents partagés entre les sieurs de la Crosse et de Riolz frères, publié *in extenso* dans le présent livre.

En 1629 Abraham de Riols de Paulin, représenté par Antoine Bardet [marchand] verrier de Graulhet était en désaccord avec un autre marchand du dit Graulhet, appelé Raimond Roquelaure, à qui il réclamait le paiement d'une fourniture de verres (Registre du notaire Clepen, de Graulhet d'après une communication de M. l'abbé Thomas curé de Montdragon. Ce renseignement nous a été donné par Monsieur l'Archiviste du département du Tarn, M. Portal que nous remercions de son obligeance).

9 mai 1633. Mariage de Pierre de Robert, sieur de Terme, fils de feu noble Jacques de Robert avec damoiselle Marguerite de Riols.

11 avril 1643. (Pagès, notaire, Saint-Pons). — Transaction entre les deux frères nobles David de Riols des Verreries d'Arrifat et son cadet Jean de Riols des Verreries de Moussans, pour le règlement de la succession de leur mère Rachel de Cabrol. Ils transigent sur ce procès et David cède à Jean ses droits moyennant le prix de 90 livres tournois, payables dans dix-huit mois. Les deux frères étant illetrés apposent leurs signes respectifs.

23 septembre 1675 (Pagès, notaire, Saint-Pons). Testament de noble Jean de Riols, sieur del Causse « habitant à la verrière

de Crouzet, terroir de Rieussec de Minerve ». Il était de religion protestante.

Il avait fait donation à sa fille damoiselle Jeanne de Riols, mariée avec noble Nathaniel de Robert sieur de Cantalauze.

Il donne « à tous ses autres parens et amis cinq solz moyennant quoi les tire hors de ses biens. Il reconnait comme héritiers universels et généraux nobles Samuel et Pierre de Riols ses fils légitimes et sa femme Magdelaine de Robert.

Etaient présents nobles Jean François de Robert sieur de Talibert, Pierre Pailhoux, Jacques Albert, Jacques Lanet; noble Jacques de La Roque, sieur del Bosc; noble Etienne de Bertin et Etienne Rouanet habitants de la Fon de l'Estat.

Le 23 septembre 1675 (acte Clovis Palasi, notaire royal de Labastide, le 3 juillet 1660).

A la Verrière Basse de Moussans, dans la maison de noble Nathaniel de Robert sieur de Cantalauze, celui ci donne quittance à Jean de Riols, sieur del Causse, son beau-père, de la somme de 600 livres, montant de la constitution dotale faite à Jeanne de Riols, fille du sieur del Causse dans son acte de mariage reçu par Palasi (1660).

23 juin 1676 (Pagès, notaire, Saint-Pons). Cession par Izaac Galibert à Samuel de Riols, sieur du Plos, son beau fils (époux de Suzanne Galibert) de la somme de 250 livres, que lui a cédée Jean de Riols, sieur del Causse, par acte du même jour, même notaire.

La cession est faite en a compte sur la constitution dotale faite par Galibert à sa fille, dans son contrat de mariage (pas de date, ni de nom de notaire).

L'acte fut passé à Crouzet « dans la maison du sieur del Causse ».

Autre acte 23 juin 1676. (Pagès, notaire, Saint-Pons). Cession par noble Jean de Riols, sieur del Causse habitant aud. Crouzet à Izaac Galibert, bourgeois d'Aiguefonde, d'une somme de 257 livres 10 sols à lui due par « noble Philémon de Robert de la Verrerie Basse » pour vente de biens qu'il lui avait consentie.

Témoins : noble Sébastien de Bertin, sieur de Pouget; Paul de Robert, sieur del Terme.

15 janvier 1677. (Pagès, notaire, Saint-Pons). Emancipation de Samuel de Riols, sieur du Plos, fils de noble Jean de Riols, sieur del Causse, habitant Crouzet.

11 septembre 1682. (Pagès, Saint-Pons). Pierre de Riols (fils de feu, autre Pierre de Riols, conseiller au Sénéchal de Béziers, époux de Anne de Cristol) donne quittance à Jean d'Oulanne, payant par son fils (époux de demoiselle Galibert), de la somme de 282 livres, 5 sols, solde du prix de vente de la verrerie Basse et de la métairie de la Resse, vendue par acte Pagès-Francés, notaire, du 17 septembre 1650. Acte Oulès du 30 mars 1656.

25 septembre 1682. (Pagès, Saint-Pons). Partage des biens dépendant de la succession de feu noble Samuel de Riols, sieur de La Fabrègue, des Verreries Basses de Moussans, entre Jacques de Robert, sieur de La Fabrègue, des Verreries Basses de Moussans, et Isabeau de Robert, sieur de La Granade. La maison aux Verreries Basses est avec toute la tour ou cel construit en degred de pierre.

4 juillet 1685. (Acte Pagès, Saint-Pons). Cession de la Verrerie Basse de Moussans à Samuels de Riols, de la Verrerie du Crouzet, par Marie de Salvetat, veuve de Philémon de Robert, de la Verrerie Basse de Moussans.

Etait présent : Paul de Robert, de la Fon de l'Estat.

26 septembre 1689. Mariage de Guilhaume Aymard et de Magdeleine de Riols de Roquebel. Celle-ci était la fille de Jean de Riols de Roquebel et de Suzanne Albert.

14 avril 1695. (Pagès, notaire, Saint-Pons). Testament de noble Samuel de Riols, sieur de Moussans.

« Premièrement il a invoqué le nom de Dieu, suppliant sa divine bonté de lui fère miséricorde de ses péchés et colloquer son âme dans le paradis.

« Voulant son corps estre enterré au cimentière des pauvres et lègue led testateur aux pauvres un cestier bled qui sera distribué en pain devant la porte de son château.

« Il lègue à damoiselles Catherine et Suzanne de Riols, ses filles, et à Marguerite de Rotolph, sa femme, la somme de mille livres à chacune, payable lorsqu'elles viendront à se marier ou qu'elles auront atteint l'âge de vingt-cinq ans, et ce pour tout droit de légitime et portions héréditaires qu'elles pourraient prétendre.

« Il lègue à noble Antoine de Riols, son fils, la somme de mille livres, payable quand il aura accompli l'âge de vingt-cinq ans, et pour tout droit de légitime et portion héréditaire. De plus, la somme de 2.000 livres donnée à Antoine par feue Catherine de Riols, sœur de Samuel, lui sera aussi payée. Il jouira aussi du revenu de vingt moutons et quarante brebis après la mort du testateur, et du capital après avoir atteint l'âge de vingt-cinq ans.

« Si Catherine et Suzanne de Riols décèdent en pupillarité, le testateur leur substitue nobles Pierre et Anthoine de Riols, ses fils, par égale portion. Si elles venaient à décéder après l'âge de douze ans et sans enfants de légitime mariage, il leur substitue Pierre et Anthoine, pour tout ce qu'il leur donne au delà de leur légitime.

« Il donne et lègue à tous ses autres parents pouvant prétendre sur ces biens, cinq solz à partager entre eux.

« Pour tous ses autres biens, meubles et immeubles, noms, voie, droits et actions que le testateur a ou pourra avoir; il crée, institue de sa propre bouche, fait, crée et institue son héritier universel et général le dit Pierre de Riols, son fils, voulant aussi que la demoiselle de Roussolp, sa femme, soit jouissante de son enthière hérédité.

Si Pierre de Riols décède sans enfant issu de légitime mariage, le testateur lui substitue Anthoine de Riols, son autre fils. »

Cet acte fut dressé au château, en présence de :

Noble Paul de Robert, sieur de Lairal;

Noble Anthoine de La Roque, sieur de la Roquette;

Noble Pierre de Riols, sieur de la Prade;

Noble Sébastien de Robert, sieur de Caunete!

Noble Estienne de La Roque;

Estienne Pagès, régent des escolles;

Claude Bourdel, des Verreries Basses.

Le 14 avril 1695. (Pagès, notaire, Saint-Pons). Damoiselle Marguerite de Rotolp, épouse de noble Samuel de Riols, sieur de Moussans, en présence des mêmes témoins, prit des dispositions analogues.

En 1698 Louis de Riols, sieur de Vergnas, reconnaît tenir des Chartreux de Castres, des biens situés dans la banlieue de cette ville (¹).

11 juillet 1723. (Manuel, notaire, Saint-Pons). Pierre de Riols, seigneur de Moussans, reconnaît une obligation de 350 livres à Jean Bousquet, marchand de Saint-Pons.

---

(1) Archives du Tarn. H. 216.

Le 21 octobre 1728. (Alauze, notaire à Saint-Pons). Donation par Pierre-François de Riols, sieur de L'Espinassié, ci-devant, citoyen de Béziers, résidant à la Fon de l'Estat, à Olivier-Nazaire Bos de Cesso, d'immeubles à la Fon de l'Estat.

Commune de Rieussec, 13 février 1783. Naissance de Julie-Henriette de Riols, fille de Pierre-Jacques-Etienne et de Marie Robert, domiciliés à Moussans.

Témoin : Sébastien de Riols, âge de 60 ans, fabricant de verre à Moussans.

Commune de Rieussec, 3 prairial, an IV. Mariage de Jacques-Antoine Robert, fabricant de verre, âgé de 40 ans (né 22 janvier 1757), fils de feu François Robert et de feue Jeanne-Pierrette Robert, avec Rose-Catherine Riols, âgée de 38 ans, fille de Sébastien Riols et de Catherine Robert, née le 13 septembre 1760. Tous domiciliés aux Verreries.

Commune de Rieussec, 3 brumaire, an XII. Mariage de Sébastien-Thomas Riols Fonclare Camredon, fabricant de verre, âgé de 44 ans, né aux Verreries le 19 décembre 1757, fils de Sébastien et de Catherine Robert, aux Verreries, avec Marie-Thérèse Robert, âgée de 35 ans, née le 18 janvier 1768, fille d'Etienne Robert et d'Elisabeth Coulong, des Verreries.

Commune de Rieussec, 9 janvier 1814. Publication de mariage de Sébastien-Thomas Riols Fonclare, fabricant de verre, âgé de 52 ans, fils de Sébastien et de dame Catherine Robert, avec Elisabeth Robert, âgée de 30 ans, fille de Jean-Louis Robert et de Marie-Thérèse Grenier, des Verreries.

Le 3 mai 1806. (Escalon, notaire, Labastide Rouairoux). Obligation par Pierre Riols Fonclare fils aîné, aux Verreries de Moussans, et Pierre-Joseph Fraïssé, propriétaire à La Mourrélarié, commune de Rieussec, et Philippe Cormouls, propriétaire, moyennant deux mille six cent soixante-quinze francs, par prêt remboursable.

Commune de Rieussec. 11 février 1814. Mariage de Thomas Riols Fonclare, fabricant de verre, veuf de Marie-Thérèse Robert (morte aux Verreries le 2 mai 1805), né le 19 décembre 1757, fils de feu Sébastien Fonclare et de Catherine-Marie Robert, des Verreries. (Thomas, signé : Canredon Riols Fonclare), avec Marie-Elisabeth Robert Bousquet, née le 20 avril 1776, fille de Louis Robert Bousquet, autrefois fabricant de verre, et de feue Théréze Granier, des Verreries.

En marge de cet acte : « Par jugement du Tribunal civil, en date du 22 août 1866, l'acte ci contre a été rectifié en ce sens que le nom des époux « de Riols de Fonclare » et « de Robert-Bousquet » sont substitués à ceux de « Riols Fonclare » et « Robert Bousquet » donnés par erreur. »

Commune des Verreries de Moussans, 8 août 1815. Mariage de Jean-François Robert-Bosc, fabricant de verre, né le 17 août 1785, fils de Jacques Robert-Bosc et de dame Marie Riols Fonclare, des Verreries (morte il y a 23 ans), avec Jeanne Riols Fonclare, née le 17 mars 1789, fille de Jacques-Etienne Riols Fonclare et de dame Marie Robert-Bosc, de Moussans.

Témoins : Pierre-Sébastien R. F., fabricant de verre à Moussans, âgé de 32 ans, frère de l'épouse; Jacques-Antoine de R. F., des Pradels, âgée de 35 ans, frère de l'épouse, des Verreries; Denis de R. F., fabricant de verre, 27 ans, aux Verreries, cousin germain de l'épouse ; Jean-Pierre-Robert Lichard, oncle, aux Verreries, 55 ans.

Le 18 juin 1820. (Acte Escalon, Labastide). Vente par Suzanne Vidal, épouse de Etienne Riols-Fonclare, fabricant de verre, domiciliés à la Fon de l'Estat, à Jean-Etienne Riols Fonclare, son fils, instituteur à Ferrals, d'une vigne située à La Livinière. Prix : 300 francs, délégués au receveur de l'Enregistrement à Saint-Pons.

Commune de Rieussec, 31 décembre 1821. Mariage de Sébastien de Grenier, officier d'artillerie, né aux Verreries le 22 avril 1791, fils de Joseph de Grenier, propriétaire foncier, et de Elisabeth de Riols, décédée le 20 mars 1808, avec Henriette-Julie, née au château de Moussans le 2 février 1793, fille de Pierre de Riols de Fonclare, décédé dans la commune de Labastide, le 12 septembre 1808, et de Marie de Robert, domiciliée au château de Moussans, belle-sœur de Jacques-Etienne de Robert.

Commune de Rieussec, 7 novembre 1824. Mariage de Jean-Joseph de Riols de Fonclare, né et (domicilié) à Balagou, le 8 avril 1800, fabricant de verre, fils de Jean Isaac et de Anne Molinier, avec Jeanne Robert, née aux Verreries le 8 thermidor, an XI, fille de Joseph Robert, marchand de verre, et de Jeanne Molinier, des Verreries.

Témoins : Jean-François de Riols de Fonclare, fabricant de verre à Moussans, cousin des époux.

Il signe : « Chevalier FONCLARE ».

Le 6 janvier 1825. (Escalon, notaire, Labastide). Quittance par Sébastien Riols Fonclare, propriétaire en résidence à Moussans, à Jean-Baptiste Hortola, cultivateur à La Borie Cremade, d'une somme de cent douze francs, montant d'une dette incombant à Jean Molinier son beau-frère, faiseur de bagues, aux termes d'un acte d'obligation (Escalon, notaire, du 20 novembre 1817).

Commune de Rieussec, 25 juin 1825. Mariage de Antoine Despujols, âgé de 20 ans, à Laure, arrondissement de Carcassonne, le 30 pluviose, an XIII, agriculteur, avec Marie-Angélique de Riols, née à Balagou le 15 messidor, an VI, âgée de 27 ans, fille de Jean Isaac et de Anne Molinier.

Le 9 juillet 1826. (Escalon, notaire, Labastide). Acte entre Jean-François Riols Fonclare, fabricant de verre, domicilié à Moussans, et demoiselle Marie Molinié, faiseuse de bagues, domiciliée à La Borie Cremade. Régime dotal. Donation entre les fiancés de l'usufruit de tous leurs biens au jour de leur décès.

Commune de Rieussec, 13 juillet 1826. Mariage de Jean-François Riols de Fonclare, fabricant de verre âgé de 43 ans, né à Moussans le 3 mars 1783, y domicilié, fils de feu Pierre-Jacques-Etienne Riols de Fonclare, décédé à La Bastide, et de feue dame Marie de Robert, décédée à......, commune de Rouairoux, le 22 août 1822, avec Marie Molinier, âgée de 33 ans, née à la Borie-Cremado le 17 août 1792, fille de Jean Molinier, marchand de verre, et de Rose Julien, de la Borie-Cremado.

Présents : Pierre Cabard; Mouly; François Azéma; Etienne Seignouret.

Commune de Rieussec, 28 juillet 1828. Mariage de Gabriel Guilhaumon, teinturier à Labastide, né à Aigne, canton d'Olonzac, le 8 brumaire, an XII, âgé de 28 ans, avec Anne-Charlotte de Riols Fonclare, âgée de 26 ans, née à Balagou le 4 février 1802, fille de Jean Isaac de Riols Fonclare, décédé aux Verreries le 20 décembre 1827, et de Anne Molinier, domiciliée à Balagou.

Acte du 27 mai 1825. (Etude Sahuc). Vente par le père Thomassin à Jean-François Riols Fonclare, verrier à Moussans, d'une maison et d'un jardin ayant appartenu à Guibbert, prêtrecuré des Verreries.

Il signe : « Cheuvalière FONCLARE ».

Acte du 24 juin 1834. (Escalon, Labastide). Portant vente par Pierre-Sébastien Riols Fonclare, fabricant de verre, résidant à

Moussans (commune de Rieussec), à M. Joachim Robert, fabricant de verre, domicilié aux Verreries, d'un champ situé à Costeraste, moyennant vingt francs.

19 février 1835. (Escalon, notaire, Labastide). Quittance par Mlles Claire Riols Fonclare et Alexandrine Riols Fonclare, demeurant ensemble aux Verreries, agissant comme légataires de Marie-Henriette Riols Fonclare, veuve de François Maurel, aux termes du testament de cette dernière, retenu par Me Pompayrac, notaire à Saint-Pons, le 7 septembre 1833, à Joachim Gontines, maçon, de Labastide, de 677 fr. 90, montant d'un bordereau de collation.

3 juillet 1836. (Escalon, Labastide). Quittance par Pierre-Jean-Joseph Riols Fonclare, fabricant de verre, demeurant à Lautier, agissant comme cessionnaire de Jeanne Oustry, marchande de verre, épouse de Joseph Daïdou fils aîné, demeurant aux Verreries, à Joseph Fraïssé, cultivateur à la Borie-Crémado, moyennant 255 francs.

Le 15 février 1837. Jean Isaac de Riols de Fonclare, dit Angély, domicilié à Béziers, fabricant de verre, cède à son frère aîné, Pierre-Sébastien, domicilié à Moussans, ses droits dans la succession de leur sœur Alexandrine, décédée vers 1819, et ceux de leur mère, Marie Robert-Bosc, décédée à Moussans vers 1823.

26 décembre 1839. (Escalon, Labastide). Vente à réméré par Pierre-Jean Malric, marchand de verres, et Elisabeth Castagné, son épouse, domiciliés aux Verreries, à Pierre-Jean-Joseph Riols Fonclare, dit Causse, fabricant de verres à Lautier, d'un champ situé aux Verreries, au lieu dit La Roucaude, moyennant deux cents francs.

29 mai 1842. (Escalon, Labastide). Cession par dame Marie-Jeanne Riols Fonclare, épouse Jean Gros, demeurants à Labastide, à Pierre-Jean-Joseph Riols Fonclare, dit Causse, son frère, fabricant de verres à Lautié, de tous ses droits successifs paternels et maternels.

23 février 1840. (Escalon, Labastide). Mariage de Jean Gros, demeurant à Labastide, et de dame Marie-Jeanne Riols Fonclare, marchande de verres, veuve de Pierre Gros, du même lieu. Régime dotal pur et simple.

3 juin 1847. Testament de Pierre-Sébastien Riols de Fonclare, propriétaire et fabricant de verres à Moussans; il donne le 1/4 par préciput à ses deux fils Alphonse et Gustave-Emile.

Le 31 mai 1849 il y eut un codicille attribuant 1/16ᵉ de ses biens par préciput à son fils Léon-Henry-Thomas.

3 juin 1849. (Acte Verdier, Labastide). Quittance par Mᵐᵉ Jeanne Riols Fonclare, veuve de Jean Gros, agissant comme tutrice de Marie Gros, sa fille, à Pierre-Jean-Joseph Riols Fonclare, dit Causse, verrier, son frère, demeurant au Bousquet d'Orb, d'une somme de 363 francs, provenant de la succession de Jean Gros (inventaire d'avril 1848).

Du 14 septembre 1850. (Verdier, Labastide). Vente par Melchior de Michelet, propriétaire à Minerve, à Eléonore de Michelet, épouse de Sébastien Riols Fonclare, propriétaire à Moussans, commune de Rieussec, d'une terre en vigne dite de « Maltrousson », d'une superficie de 120 ares, et d'une autre terre en olivette, dite La Vignotte, d'une superficie de 20 ares, moyennant le prix de 700 francs, converti en une rente viagère de soixante kilos de porc gras et sept cent cinquante kilos de vin rouge de bonne qualité, du terroir de Minerve, et livrable, le porc gras en janvier ou février, et le vin au mois d'octobre, la vie durant du vendeur.

Le 25 septembre 1849, dans le domaine de Moussans, mariage de Jean-Paul-Baptiste-Augustin Cabrol, notaire, avec Marie-Emma Riols de Fonclare, fille de Pierre-Sébastien et de Marie-Julie-Eléonore de Michelet. (Acte Sompeyre).

Le 18 mars 1853 est intervenu un partage anticipé des biens entre Pierre-Sébastien de Riols, Marie-Julie-Eléonore de Michelet et leurs enfants. Le partage portait : sur la métairie de Moussans, le château, la verrerie et ses magasins, la forêt acquise du gouvernement, avec les bois de Costeraste, de Crouzet et le grand bois de Moussans. Le tout estimé 123.704 francs.

Le 14 août 1860. (Verdier, Labastide). Partage des biens entre Mᵐ Rose Molinier, veuve de Jean-François de Riols de Fonclare (décédé en 1851), et leurs enfants :

a) Jean-François, fils aîné, verrier;

b) Rose, épouse Benjamin Robert (dite Caroline);

c) Marie-Rose, épouse Théodore Robert (dite Vexie);

d) Autre Marie-Rose, épouse Oscar Chalu, verrier;

e) Gustave-Albin, encore mineur de quelques mois.

Commune de Rieussec, 24 août 1846. Mariage de Joseph-Benjamin Robert, âgé de 27 ans, reconnu pour enfant légitime par

Jean-Joseph Robert, par acte du 24 août 1846, devant Goutines, notaire à Saint-Pons, avec Rose de Riols de Fonclare, âgée de 19 ans, fille de Jean-François et de Marie-Rose Molinier.

Commune de Rieussec, 20 août 1854. Mariage de Jean-Joseph-Théodore Robert, âgé de 26 ans, instituteur à Prémian, fils de Jean-Joseph et de Louise-Henriette Robert de Bosc, avec demoiselle Marie-Rose de Riols de Fonclare, fille de feu Jean-François et de Marie-Rose Molinier. Marie-Rose est âgée de 22 ans.

Commune de Rieussec, 21 avril 1858. Mariage de César Chalu, verrier, né à Poüyblanc, commune de Canens, canton de Labret (Landes), le 10 février 1828, avec Rose-Marie de Riols de Fonclare, fille de feu Jean-François, fabricant de verres et de Rose Molinier. Marie-Rose est née le 18 février 1832.

Commune de Rieussec, 24 septembre 1861. Mariage d'Albain-Gustave de Riols de Fonclare, âgé de 21 ans, fils de feu Jean-François et de Rose Molinier, avec demoiselle Marie-Adélaïde Robert, fille de Jérôme et de Elisabeth Cauquil.

Contrat de mariage passé devant Verdier, notaire à Labastide-Rouairoux.

Généalogie de la famille de Riols

Bernard de Riols, écuyer, sieur de Bourgues (diocèse de Saint-Pons), vivait en 1480; il épousa Catherine Ennon. Il fit son testament le 28 février 1496.

Il eut trois fils :

1° Jean, le puiné, auteur des Riols de Thaurines et des Riols de Fonclare;
2° Pierre, l'aîné, auteur de la branche de Riols de Trémoulèdes;
3° Autre Pierre, le troisième, auteur de la branche de Riols d'Espinassié, puis de Rieusséquel.

BRANCHE AÎNÉE DE RIOLS DE TRÉMOULÈDES (Auvergne).

II. Pierre de Riols, sieur de Moussans, époux de Martyane de Mouy, est mort un peu avant 1568, laissant un fils, Bernard.

III. Bernard de Riols, sieur des Verreries de Moussans, épousa
Cécile Galtier. Son contrat de mariage est du 3 mars 1568,
passé à Siran, diocèse de Saint-Pons-de-Thomières, sénéchaussée de Carcassonne. Cécile Galtier est fille de Sire
Raimond Galtier, de la ville de Siran, et de Catherine
de Barthe.

Etaient présents : Jean Germain et Antoine de Riols.
De ce mariage il y eut :

a) Samuel, sieur de La Crosse, habite les Verreries hautes;
b) Isaac, habite les Verreries hautes;
c) David, qui a continué la descendance;
d) Jeanne, habite Trémoulèdes avec son frère;
e) Judith;
f) Jacques, enseigne, en 1640, au régiment de Noailles; il
épouse, le 13 janvier 1619, Anne Brun.

IV. David de Riols, écuyer, seigneur des Trémoulèdes, demeurant audit lieu, paroisse de Montelar, évêché de Saint-
Flour, s'est marié, par contrat sous seing privé, le 1ᵉʳ
mars 1604, avec damoiselle Antoinette de Maigne, veuve
de noble Antoine de Boissieux, demeurant aux Trémoulèdes.

Furent présents au contrat : Noble Gilbert d'Aurouse,
seigneur de Saint-Quentin, et baron de Cusset; noble
Antoine de Boissieux et honorable homme Jacques Puis-
sac, bourgeois de la ville de la Voulte.
David de Riols eut deux enfants :

1° Gilbert, qui suit;
2° Gabrielle, qui fut mariée, le 4 mai 1631, à noble Pierre
de La Rode, écuyer, seigneur de Plantas, diocèse de
Mende, et eut en dot la somme de 1.000 livres, moyennant quelle somme elle dut renoncer à la constitution
de dot que son père lui avait faite par le contrat de
noble Gilbert de Riols, son fils, avec damoiselle Louise
Mirial, en date du 21 avril 1630. Par ce contrat, il fut
aussi stipulé que ledit futur acquitterait ce qu'il devait
à Maître Jacques de Langlade, son oncle, docteur es-
droits et juge des terres du comté d'Apchier, demeurant en la ville de Saigne.

Ce contrat fut passé à Riom, en présence de Messires Jacques Goussaud, prêtre-curé de Montclar; de puissants seigneurs Annet de la Roue, baron d'Usson et de Brangerie; François de Benavez; barons de Mels et de Savignon; nobles Claude de Bart, seigneur de Tots; Guillaume de La Roque, seigneur de Champet.

V. Gilbert de Riols, écuyer, seigneur de Trémoulèdes, a épousé, le 29 avril 1630, assisté de sa sœur damoiselle Louise Mirial, fille de noble homme François Mirial, du lieu de la Voulte, et de Madeleine de Brezons.

Le contrat fut passé au lieu de la Voulte, en présence de noble François de La Roque, seigneur d'Azemant; de Guillaume de La Roque, seigneur du Champet; de Jacques d'Outre et d'honorable homme Gabriel Jouvenciel, docteur en médecine, demeurant en la ville de Brioude.

De cette alliance sont nés deux enfants, savoir :

a) François, qui suit;
b) David de Riols, qui fut maintenu dans sa noblesse, avec son frère et son fils François, le 14 avril 1668. Il a épousé en 1656 Claudine de La Rochette, et on ignore la postérité de son fils.

VI. François de Riols, écuyer, seigneur de Trémolèdes, a épousé, par contrat accordé le 25 février 1672, assisté de David de Riols, son frère aîné, écuyer, seigneur de Trémolèdes, et de Claude Auzeran, son oncle, écuyer, seigneur de Beaupré, damoiselle Anne de La Rochette, fille de Jacques de La Rochette, écuyer, seigneur de Lugeau, demeurant audit lieu de Marenghéol-Lambron, et de feue Jeanne de Lerette.

François de Riols, testa, demeurant audit lieu de Marenghéol, le 8 février 1694, et institua son héritier universel David de Riols, à condition de payer la somme de 1.500 livres à chacun de ses autres enfants : Gilbert, Antoinette et Catherine de Riols.

Ses enfants furent :

a) David, qui suit;

b) Gilbert de Riols, écuyer, seigneur de Servoles, vivant l'an 1694, qui testa le 1ᵉʳ mars 1703 et dont on ignore la destinée;

c) Antoinette de Riols;

d) Catherine de Riols, mariée, par contrat du 30 janvier 1711, avec François Riffard, fils de feu Jacques Riffard et de Marie Triozon, du lieu de Marenghéol.

VII. David de Riols, écuyer, demeurant à Marenghéol-Lembron, s'est marié, par contrat accordé le 28 novembre 1702, avec damoiselle Antoinette de La Chassagnole, fille de François, écuyer, seigneur de la Chassaigne, et de damoiselle Marie Valet.

Ce contrat fut passé en présence de Gilbert de Riols, écuyer, seigneur d'Escourbe; François d'Auzoles, écuyer, seigneur de L'Herne; maître Philibert Triozon, prêtre et communaliste d'Autoin; maître Anthoine Gautier, châtelain et lieutenant général de Vodable, et François Marille.

David de Riols a laissé deux fils et une fille :

a) N..... de Riols, qui a continué la descendance, et dont la postérité a continué de résider jusqu'à nos jours au lieu de Marenghéol, dont Jean-Louis de Riols était maire en 1850;

b) Gabrielle de Riols, née et baptisée le 29 juillet 1714, en paroisse de Marenghéol-Lembron, diocèse de Clermont. En septembre 1724, Gabrielle de Riols a été admise, sur les preuves de sa noblesse, fournies devant le Juge d'Armes de France, au nombre des demoiselles de Saint-Cyr;

c) N.....

DEUXIÈME BRANCHE DE RIOLS DE FONCLARE.

II. Jean de Riols, deuxième fils de Bernard de Riols, de Rouergne, habitait le lieu de Combe-Julhe, qu'on croit être celui appelé aujourd'hui « la Juliane », au diocèse de Saint-Pons; il fut marié, le 8 janvier 1523, à Florentine N..., dont il eut :

Isaac.

III. Isaac de Riols, seigneur du Causse, qui épousa, le 8 avril 1590, Isabeau de Cabrol; il assista, en 1609, à la vente des biens des Verreries-Basses de Moussans et autres, consentie par David de Riols, de Trémolèdes et Jeanne, sa sœur, en faveur de Samuel et Isaac de Riols frères, des Verreries-Hautes de Moussans.

Il laissa Jean de Riols.

IV. Jean de Riols, seigneur du Causse, qui acquit, en 1650, de Jeanne de Malbois, veuve d'Isaac, frère de Samuel de Riols, une portion des biens vendus en 1609 à ceux-ci par ledit sieur de Trémolèdes.

Il épousa, le 2 mai 1634, Madeleine de Robert, et eut deux fils : Samuel et Pierre de Riols, qui furent eux-mêmes les auteurs de deux rameaux connus sous le nom de :

Samuel de Riols de Thaurines, *en Rouergue;*
Pierre de Riols de Fonclare, *en Languedoc.*

Jean de Riols testa en 1675.

Il eut aussi Jeanne, qui épousa Nathanaël de Robert de Cantelauze, le 3 juillet 1660.

V. Samuel de Riols, l'aîné, seigneur du Plos, épousa, le 15 septembre 1660, Suzanne de Galibert.

Il habite la Verrerie de Crouzet.
Quittance de dot. (Pagès), notaire, Saint-Pons, 1676).
Il fut émancipé le 15 juin 1677, à l'âge de 35 ans. Il eut pour fils : Jean de Riols, seigneur du Crouzet.

VI. Jean de Riols, seigneur du Crouzet, qui fut maintenu dans sa noblesse le 7 août 1690, et fut marié le 5 juillet 1712 à Jeanne de Robert.

Il eut pour fils :

a) Paul, seigneur du Plos;
b) Etienne, seigneur du Crouzet;
c) Jean de Riols, de *Thaurines,* en *Rouergue,* marié le 21 mai 1748 à autre Jeanne de Robert, qui fut aussi maintenu dans sa noblesse, le 13 octobre 1753, conjointe-

ment avec ses deux fils, Jean et Antoine de Riols, ainsi qu'avec Sébastien et Pierre-Jacques-Etienne de Riols de Fonclare, père et fils, leurs cousins, habitants les Verreries de Moussans.

Nous ignorons la postérité de Jean et Antoine de Riols, fils dudit Jean;

d) Marie-Catherine de Riols, née le 13 juillet 1718, morte le 17 septembre 1726;

e) Jean de Riols; il épouse R. de La Roque, dont il a trois fils :

a') Etienne;

b') Elisabeth, née le 3 décembre 1736;   } Jumeaux.
c') Marie-Jean, né le 3 décembre 1736.   {

Signalons en terminant que Jean de Riols, seigneur du Causse, époux de Jeanne de Malbois, avait eu, en plus de Samuel et de Pierre, deux autres fils :

A) Autre Jean, qui eut pour descendant Jean, né le 18 avril 1686;

B) Autre Pierre, qui eut pour fille Magdeleine, née le 21 juillet 1688.

Branche de Fonclare.

V. Pierre de Riols, fils de Jean de Riols du Causse, époux de Jeanne de Malbois, fut seigneur de Fonclare, au diocèse de Saint-Pons, et épousa, le 8 juin 1685, autre Jeanne de Robert de La Roque; il eut pour descendant Pierre de Riols, qui suit :

VI. Pierre de Riols de Fonclare épouse, le 5 juillet 1719, Marie de Robert, née le 6 mai 1696, et décédée à 53 ans, le 30 mars 1748; il eut pour fils Sébastien, qui suit, et un autre Jean, mort le 9 septembre 1726, en bas âge.

VII. Sébastien de Riols, seigneur de Fonclare, né le 30 octobre 1725; il épouse, le 3 juin 1747, Catherine de Robert de Lauthier, sœur de damoiselle Brigitte de Robert de Lauthier, grand-mère du maréchal Soult, duc de Dalmatie. Sébastien de Riols fut maintenu dans sa noblesse, en 1753, avec son fils aîné et ses cousins, les Riols de Thaurines, en Rouergue.

Il était devenu, par succession ou par achat, du 3 mars 1766, propriétaire de *tous* les biens des Verreries-Basses de Moussans et autres, vendus en 1609 par David de Riols de Trémolèdes, ou plus tard, en 1650, par Jeanne de Malbois, veuve de noble Isaac de Riols, frère de Samuel, et dont il sera question plus loin.

Il eut de son union dix-neuf enfants : 1° neuf filles; 2° dix fils.

A) *Les filles :*

a) Marie-Rose-Catherine, née le 15 septembre 1760; elle épousa, le 3 prairial, an VI, de Robert de Fraysse. Elle mourut le 11 janvier 1829, aux Verreries;

b) Anne-Marie, née le 3 juillet 1767;

c) Henriette-Marie, née le 14 septembre 1761, elle épousa Maurel, instituteur;

d) Magdeleine, elle épousa de Robert de Lagarrigue.
   (Branche Robert de Lagarrigue) ·

e) Marie-Elisabeth, elle épousa, le 24 février 1789, Joseph de Granier de Lissart.
   (Branche de Granier de Lissart);

f) Marie, née le 21 mai 1753. Elle épousa, le 13 février 1792, Jacques-Antoine de Robert;

g) Jeanne (dite Lichardote). Elle épousa de Robert de Bosc-Lichard, fabricant de verre.
   (Branche de Robert de Bosc);

h) Charlotte, née le 1ᵉʳ juin 1756 (ou 1760).
   C'est sans doute en 1756;

i) Marie-Jeanne, née le 25 septembre 1759;

j) Anne-Catherine, née le 20 avril 1760.

B) *Les garçons :*

1°) Pierre-Jacques-Etienne de Riols, seigneur du Crouzet;

2°) Sébastien-Thomas, sieur de Campredon;

3°) Jean-Isaac, sieur du Causse;

4°) François-Joseph, sieur des Plos;

5°) Pierre, né le 18 février 1748, mort le 5 mai 1748;

6°) Pierre-Jacques-Etienne, qui suit :

7°) François-Guillaume, né le 21 septembre 1770, on ignore la descendance;

8°) Pierre-Etienne, né le 25 juillet 1775, il épousa N. de Robert de Bosc, le 19 octobre 1776;

9°) Marie-Etienne.

VIII. *Descendance de Pierre-Jacques-Etienne de Riols, seigneur du Crouzet.*

Les terres dépendaient de la forêt de Moussans, qu'il passe, en 1822, sur la tête de son fils Jean. Il épousa, en 1784, Suzanne Vidal, de Labastide. Il était fabricant de verre en 1822. Sa femme meurt, en 1826, aux Verreries. Il teste le 25 avril 1828.

Il eut pour descendants :

a) Isabeau-Marie, née le 24 juin 1789, mariée à Espéron. (Branche Espéron);

b) Martine-Alexandrine;

c) Rosalie, épouse Laurent Bruniquel. (Branche Bruniquel);

d) Claire, qui épousa Crosse, à Saint-Pons. (Branche Crosse.)

IX. *e)* Jean-Etienne « dit Riolou », instituteur à Ferrals, il naquit, le 16 avril 1786, il épousa Julie Bousquet, de Ferrals. Il laissa 3 enfants :

X.   Emile, Léonie, Clémentine, mariée à Pierre Scylla.

Descendance de Sébastien-Thomas de Riols, sieur de Campredon.

VIII. Il naquit le 19 décembre 1757. Il épouse, en premières noces, Marie-Thérèse de Robert de la Plane. Il se maria le 3 brumaire an XII. Il se maria en deuxièmes noces à Isabeau de Robert du Bousquet, le 16 février 1814.

(Voir jugement rectificatif, Saint-Pons, 22 octobre 1866.)

Il eut de ce dernier lit : un fils

Sébastien-Thomas, né en 1814. Il fut adjoint au maire de Rieussec.

IX. Sébastien-Thomas de Riols de Fonclare, dit Campredon, il épousa Albanie Bouys et il eut :

a) Georges qui suit :
b) Elisabeth, épouse Lemoine, dont un fils Alexis, né en 1905.

X. Georges de Riols de Fonclare épouse Clothilde Bérard-Blay, dont il eut :

a) Geneviève, en 1895, épouse Risler (Vivarais) ;
b) Simone, en 1897, épouse Gauthier (Lyon) ;
c) Anne, en 1898 ;
d) Jean, en 1900 ;
e) Marie, en 1902 ;
f) Françoise, en 1904 ;
g) Antoine, en 1906 ;
h) Philippe, en 1910.

*Descendance de Jean-Isaac de Riols de Fonclare,
seigneur du Causse.*

VIII. Il naquit le 16 juin 1768. Il épouse Anne Molinier de Rouairoux, veuve de Cabrol de Balagou (verrier).

Anne décéda aux Verreries, le 20 décembre 1827.
Ils eurent pour descendants :

a) Anne-Charlotte, née le 18 février 1802, épousa Guy Chaumoy, à Cessenon. Dont un fils Charles ;
b) Isaac Joachim, né le 18 mars 1806 ;
c) Marie-Jeanne, dite Jeanneton, née le 18 juin 1807, elle épousa Pierre Cros, en premières noces, et Jean Gros, en deuxièmes noces ;
d) Charlotte, née à Balagou, épousa, le 28 juillet 1828, Gabriel Guilhaumon, de Labastide ;
e) Marie-Angélique, née à Balagou, le 15 messidor an IV ; elle épousa, le 25 juin 1825, Pierre Despujols, de Laure (Aude).
f) Pierre Isaac, né le 9 juin 1811 ;
g) Jean-Joseph qui suit.

IX. Jean-Joseph de Riols de Fonclare, sieur de la Plane, naquit
à Balagou le 8 avril 1800; il épousa, le 7 novembre 1824,
Jeanne de Robert. Ils eurent pour fils : 1 fille et 7 fils.
à Balagou, ie 8 avril 1800.

a) Elvire, épouse Marchop;
b) Scylla, sieur du Causse. Se marie trois fois, il eut sept
enfants, dont il reste Marc, né en 1884;
c) Octave;
d) Justin;
c) Emile;
f) Alexandre, épouse Pauline Montagnol, dont une fille
Pauline;
g) Héliodore, épouse Justine Montagnol;
c) Eugène Isaac, né le 6 décembre 1824.

X. Eugène-Isaac de Riols de Fonclare, épouse Rosine Mazel,
dont il eut :

a) Irma, épouse Urbain de Robert;
b) Achille, époux de Elisa N...

XI. Achille de Riols de Fonclare, eut pour descendants :

Elise, Octavie, René, Sylvain.
Ils habitent actuellement Vénissieux (Rhône).

VIII.   *Descendance de François-Joseph, sieur du Plos.*

Il naquit le 10 août 1756, il épousa, en 1789, Magdelaine de
Rouanet de Lugon, fille du marquis de Rouanet, seigneur de Lugon qui, lui-même, était fils et petit-fils
d'autre marquis de Lugon, seigneur d'Albran, de Marc
et de Lacaune, au diocèse de Castres, en Languedoc.

Il eut de ce mariage :

IX. Jean-Marc de Riols de Fonclare du Plos, prêtre, chanoine
et curé doyen de Saint-Chinian, au diocèse de Montpellier.

VIII. *Descendance de Pierre-Jacques-Etienne de Riols
de Fonclare.*

Né le 10 avril 1749. Il fut maintenu dans sa noblesse avec
son père et ses cousins de Rouergue, le 29 octobre 1753.

Il épousa, en 1776, Marie de Robert du Bosc et il acheta,
en 1789, au sieur de Riols, de Moussans, tous les biens
des Verreries Hautes.

Il mourut à Labastide, le 22 septembre 1808 et sa femme
décéda le 22 août 1822.

Il eut onze descendants :

a) Marie-Jeanne, née le 17 mars 1789, elle épousa le
1ᵉʳ août 1815 Jean-François de Robert du Bosc, verrier;

b) Marie-Rose, née le 2 décembre 1784;

c) Marie, née le 14 octobre 1781;

d) Alexandrine, elle mourut le 28 octobre 1818, à l'âge de
22 ans;

e) Julie-Henriette, née le 23 février 1793, à Moussans. Elle
épouse, le 31 décembre 1821, Sébastien de Grenier,
officier d'artillerie;

f) Antoine-Pierre-Jacques de Riols de Fonclare, sieur des
Pradels, fabricant de verre en 1824. Né le 21 juillet 1779. Il se marie avec demoiselle Alexandrine,
vicomtesse de Castéras. Il est décédé sans postérité.

IX. *g)* Angély de Riols qui épousa, en 1809, Anne Farct, de
Béziers.

Pierre-Jean-Isaac Angély était né le 2 janvier 1781. Il eut
un fils et une fille : Angéli et Adèle.

X. A) Angéli épouse Claire Chodruc de Crazannes, en 1855.
C'était la fille du baron de Crazannes, ancien maître des
Requêtes au Conseil d'Etat, membre de l'Institut.

Ils eurent pour descendants :

1°) Angéli, époux de Méry de Guitterie, qui devint
général de division.

Ils eurent : Jacques, René, Simone.

2°) Antoinette, épouse Philipp. de Martelle (près Astaf-
fort);

3°) Magdeleine, épouse Etienne Catrix (Cette, 1883).

в) Adèle, fille d'Angély, épousa M. Hérail.

Ils eurent pour descendants :

1) Angéli, adopté par son grand oncle, le curé de Saint-Chinian. Il épousa Joséphine Fourniols et ils eurent pour descendants :
   a') Madeleine;
   b') Marc, épouse Cécile Boyer, 21 mars 1913, dont deux filles : Marie et Germaine;
   c') Angèle.

2) Justin;
3) Anna;
4) Joseph, professeur à la Faculté de médecine et de pharmacie, à Alger.

h) Jean, dit Jeanton autre fils de Pierre-Jacques-Etienne et de Marie de Robert du Bosc). Il se marie et eut six enfants :

Victorine, Toutou, Denis dit Dourou, Adèle, Auguste, Victorine à nouveau.

IX. i) Pierre-Sébastien de Riols de Fonclare, fils aîné de Pierre-Jacques-Etienne. (Il signe « Fonclare aîné.)

Il est né le 5 avril 1778, il épouse, en 1820, Julie-Marie-Eléonore de Michelet, descendante des anciens seigneurs de Lacaunette, en Languedoc, et de la famille du Laur de Durenque, dont un sieur du Laur était gouverneur de Montpellier, en 1380. Il achète, en 1824, les droits successifs de ses frères et sœurs. Il teste le 3 juin 1847. Il fit un partage anticipé de ses biens le 18 mars 1853. Il meurt, à Moussans, le 14 mai 1854.

Le 16 avril 1822, il achète à l'Etat, une partie du bois de Moussans.

Ils eurent pour descendants treize enfants, dont six filles :

a') Octavie-Reine-Félicité, née le 13 septembre 1833;
b') Marie-Octavie, née le 7 février 1821, décédée le 4 juillet 1827;
c') Marie-Emma, née le 16 octobre 1822. Elle épouse, le 25 septembre 1849, Auguste Cabrol, notaire à la Salvetat.

(Branche Cabrol.)

d') Jeanne-Eléonore, née le 30 novembre 1824, épouse
Béziat, propriétaire à Saint-Amans-Soult, en mars
1844.

(Branche Béziat.)

e') Louise-Albine-Adélaïde, née le 18 mars 1833,
épouse le docteur Ouradou, de Brassac, le 16 janvier 1854. Ils eurent pour descendants :

1) Albert (Lodève);
2) Noëmie épouse Gayraud (Saint-Gervais : dont deux
filles :

a") Marthe épouse Ravoire;
b") Louisa épouse Condamines.

3) Eudoxie;
4) Marie-Thérèse et 5) Jeanne.

f') Jules;

g') Charlotte-Zénaïde, née le 22 août 1827;

h') Maurice-Héliodore, né le 13 juin 1823;

i') Gustave-Emile, né le 27 mars 1826, il épouse, le
28 janvier 1866, Caroline de Robert de La Garrigue.
Il fut officier d'Infanterie au 4ᵉ.

(Jugement rectificatif de nom. Saint-Pons, 11 décembre 1855.)

j') Léon;

k') Pierre-Sébastien-Marie-Jules, né le 17 novembre
1814;

l') Henry-Léon-Thomas, né le 13 septembre 1833;

m') Alphonse, fabricant de verre au Bousquet-d'Orb, il
épousa Lazarine Anduze, le 30 septembre 1850. Ils
eurent :

1) Gabrielle;
2) Adrienne;
3) Louise, sœur, à Oulias;
4) Eudoxie, épouse Vercherin (Lyon);
5) Léon;
6) Paul;
7) Henry.

IX. *j*) Jean-François de Riols de Fonclare-Chevalier, est né à Moussans, le 3 mars 1783. Il se maria, le 13 juillet 1826, avec Rose Molinier, née le 17 août 1792 à la Bordo-Cremado.

Jean-François était fabricant de verre. Il achète, le 27 mai 1825, aux Verreries-Basses, la maison de Guibert, prêtre desservant.

Ils eurent pour descendants :

1″) Rose, dite Caroline, née le 4 juillet 1827, épouse Benjamin Robert, le 24 août 1846. Ils eurent :

    A) Mathilde, épouse Pistre ;

    B) Benjamin ;

    C) Aspasie ;

    D) Marius, épouse Hélène Duval ;

    E) Julie, épousa M. Roset ;

    F) Léopold, épousa Noémie ;

    G) Lucie, épousa M. Martin.

2″) Marie-Rose, née le 18 février 1832, épousa, le 21 avril 1858, César Chalu, verrier. Ils eurent pour descendants : Victor et Elisa.

3″) Marie-Rose, épouse, à l'âge de 22 ans, le 20 août 1854, Jean-Joseph-Théodore Robert, instituteur à Prémian.

X.   4″) Gustave-Albin, né le 15 novembre 1839, fabricant de verre, épouse, le 24 septembre 1861, Marie-Adélaïde de Robert, fille de Jérôme. Ils eurent deux fils :

    A) Adrien-Albin-François, né le 29 juin 1862 ;

XI.   B) François-Camille, né le 3 janvier 1867, épousa, en octobre 1892, Jeanne de Riols de Fonclare.

5″ Jean-François, fabricant de verre, né le 20 décembre 1834, épouse Marie Salettes (de Tournefeuille), acte Mailhe, Toulouse, 22 mai 1862. Il est décédé, le 30 décembre 1918. Il laisse pour descendants :

    a) Marie, née le 8 juin 1863, épouse Henri Calas ;

    b) Jeanne, née le 16 août 1868, épouse François Camille de Riols de Fonclare. De ce mariage est né :

XII.   Francis, le 24 août 1893.

Signalons que Jean-François et Gustave-Albin de Riols de Fonclare-Chevalier, après avoir travaillé aux Verreries de Moussans, créèrent, en 1859, les verreries de Toulouse.

Celles-ci furent d'abord installées route de Lombez, puis route de Bayonne à Toulouse. Jusqu'en 1890, Gustave-Albin fit fabriquer aussi pendant une campagne, aux Verreries de Moussans.

Troisième Branche.

Issue du troisième fils de Bernard.

II. Pierre de Riols, seigneur d'Espinassier, vivait en 1500, il acheta une terre à Campredon et fut marié à N..., dont il eut :

a) Jean-Germain;

b) Antoine;

c) Nicolas.

III. Nicolas de Riols épousa, en 1526, Catherine d'Almouy (ou Almoy). Il acheta, en 1533, le titre d'Almouy. Il acheta à deux autres demoiselles d'Almouy les biens leur appartenant au lieu de Moussans.

Le château de Moussans fut incendié, en 1534, avec tous les titres et documents qu'il renfermait, les droits concernant la verrerie, dûment prouvés par la possession immémoriale furent rétablis, par une Ordonnance du Roi Charles IX, en 1565.

Nicolas de Riols eut, pour fils, Pierre qui suit.

IV. Pierre de Riols, seigneur de Moussans, épousa, le 21 août 1558, Marguerite de Morèle. Il teste en 1588. Il eut quatre fils et deux filles :

a) Catherine qui épousa Olivier, de Castres;

b) Paul, dont on ignore la destinée;

c) Marie, épouse Jean Péganès, de Castres;

d) Samuel de Riols, seigneur de la Crosse.

Il achète, en 1609, avec Isaac, les Verreries Basses;

e) Isaac de Riols, seigneur du Crouzet : descendance B;

f) David, fils aîné de Pierre : descendance A.

V.   A. — *Descendance de David de Riols.*

C'est le fils aîné de Pierre, et il est seigneur de Moussans et de la Boissonade (terre de Minerve). Il se maria le 16 janvier 1594 avec Anne de La Roque (acte Amblard, Saint-Pons), puis, le 8 février 1605, avec Anne Imbert.

Il eut pour descendants :

a) Jean-Philippe, né en 1622;

b) Marguerite-Antoinette; épouse, le 5 mars 1633, Pierre de Robert;

c) Catherine;

d) Anne-Marie; épouse, le 29 janvier 1631, Paul de Robert;

e) Samuel, qui suit :

VI. Samuel de Riols, seigneur de Moussans et de la Boissonnade, épouse, le 31 mars 1664, Marguerite de Rozel (ou Rosolps, ou Rozoul). C'était la fille de Samuel de Rosolp, habitant Saint-Amans, de religion protestante, et conseiller à la Chambre de l'Edit, à Castres.

Il fut maintenu dans sa noblesse par jugement souverain du 5 janvier 1671.

Il laissa deux fils :

a) Jean-Jacques, qui vendit Moussans à Pierre-Jacques-Etienne de Riols de Fonclare;

b) N...

David de Riols assista, en 1609, à la vente faite à Samuel et à Isaac de Riols (ses frères) par David et Jeanne de Riols de Trémoulèdes, ses cousins.

Le fils de David de Riols, seigneur de Moussans, que nous désignons par N... (est sans doute Pierre). La famille se fixe à Rieusséquel, près Saint-Amans. Nous n'avons que peu de renseignements sur cette branche. Voici la descendance probable :

VII. Autre Pierre de Riols, seigneur de Moussans, épousa Marguerite de Rotolp de Ladevèze (¹).

Ils eurent un fils : Paul-Antoine.

---

(1) Ouvrage du capitaine Rey-Lescure, publié par M. Gaston TOURNIER, *op. cit.*, page 302, en note.

VIII. Paul-Antoine épousa, en 1741, Madeleine de Bouffard-Madiane, dont Jean-Jacques et César.

IX. Jean-Jacques de Riols épousa à Saint-Amans, le 30 novembre 1782, Marie Fabre, fille d'Isaac, bourgeois de Saint-Amans, et de Marguerite Bardon.

IX. César de Riols, de son mariage avec Marie de Caudaval, eut un fils, Jean-Jacques, qui suit :

X. Jean-Jacques de Riols de Rieusséquel épouse à Aussillon, le 22 juin 1814, Elisabeth-Lucie Le Brun.

Elisabeth Le Brun était fille d'Etienne, bourgeois d'Aussillon, et de Rose Lanthois. Ils eurent trois filles :

a) Zélie; épouse Auguste Courtois, de Toulouse;
b) Amélie; épouse Félix Barrau, de Réalmont;
c) Aspasie; épouse Léon Faure de Larivière, de Pierreségade.

Nous remercions ici M. Gaston Tournier, de Mazamet, qui a eu l'obligeance de nous donner ces derniers renseignements.

V. B. — *Descendance d'Isaac de Riols, seigneur de Crouzet.*

Fils de Pierre de Riols, seigneur de Moussans, et de Marguerite de Moréle.

Il épousa, en 1611, Jeanne de Malbois, en faveur de laquelle il testa, en 1643. Il avait acheté, en 1609, les Verreries-Basses. En 1650, la veuve d'Izaac vendit ces biens à nobles Jean de Riols, seigneur du Causse, et à Samuel, Abraham et Nathanaël de Robert, qui ont figuré dans l'acte de 1609.
Il eut pour descendants :

a) Jean-François, qui suit;
b) Pierre; épousa Anne de Cristol. Il fut conseiller du Sénéchal de Béziers. Il vendit, en 1650, la métairie de la Resse et la métairie basse à Jean de Riols, sieur du Causse, père de Samuel. On ignore sa descendance.

VI. Jean-François de Riols, seigneur de Trouilhas et d'Epinassié; il habita Béziers puis la Fon de l'Estat.

Il épousa en premières noces Catherine de Pagne, et en secondes noces Anne de Mercoran. Ils eurent pour descendants :

a) Pierre;

b) Marie-Dorothée, qui épousa, le 21 novembre 1717, Etienne de Bertin, de Belvèze.

Voici terminée la généalogie des diverses branches de la famille de Riols. Le lecteur a pu s'apercevoir de la multiplicité de ses ramifications, et si par mégarde une erreur s'y est glissée, il voudra bien nous en excuser. A partir de 1789, tous les biens, soit des Verreries-Hautes, soit des Verreries-Basses de Moussans appartiennent à Pierre-Jacques-Etienne de Riols, seigneur de Fonclare, avec tous les droits et titres qui y sont attachés.

Pierre de Riols, deuxième fils de Jean de Riols du Causse, prit le premier le nom de Fonclare.

D'où vient ce nom ? Il y a plusieurs endroits dans le diocèse de Saint-Pons qui portent ce nom : d'abord un hameau, du côté du Soulié, près la rivière de Larn, comprenant cinq maisons; ensuite deux fermes situées sur le chemin de grande communication de Lodève à Castres, auprès du Jaur et du ruisseau de Fonclare. Le hameau de Soulié n'a rien à voir avec la famille de Riols, bien qu'il y ait eu des verreries également. Quant aux deux fermes, avoisinant Riols, elles ont toujours appartenu à la famille de Gartoule (1571), et nous n'avons trouvé aucun acte attestant qu'elles avaient fait partie des biens de la famille de Riols.

Il faut rechercher plutôt l'origine du nom « Fonclare » dans un ténement de la Fon de l'Estat.

Pierre de Riols, seigneur de Fonclare, eut pour femme Jeanne de Robert de La Roque, qui habitait le lieu dit Le Terrié, près duquel était la Fon dal Rey. C'est peut-être cette fontaine qui donna le nom distinctif de notre branche : ce nom n'apparaît qu'en 1650 sur les registres de la paroisse.

Armes

Selon de Laroque [1] et d'Hozier [2], voici quelles sont les armes.

I. — *Branche aînée.*

Relative aux Riols, seigneurs de Trémolèdes, issus de Pierre, fils aîné de Bernard de Riols, écuyer, seigneur de Bourgue :

« D'azur à deux étoiles d'or posées en chef et à un soleil aussi d'or, alias d'un croissant d'or posé en pointe. »

Ces armoiries étaient gravées sur le manteau d'une grande cheminée en marbre noir, qui était dans la grande salle du château de Moussans.

Elles se trouvent aussi sur plusieurs pierres limitant la forêt royale de Moussans, des bois appartenant à la famille de Riols : sur une face sont gravés en chef deux étoiles, et en pointe un soleil. Nous avons découvert une de ces pierres dans la châtaigneraie s'étendant derrière le Suquet.

Dans le cimetière des Verreries de Moussans, la pierre tombale de Sébastien de Riols de Fonclare portait aussi ces armoiries (1854).

II. — *Branche de Languedoc.*

Du deuxième fils, Jean, issu de Bernard de Riols, sont sortis deux rameaux :

a) Les de Riols de Thaurines (en Rouergue);
b) Les de Riols de Fonclare (en Languedoc).

Les armoiries des de Riols de Fonclare sont :

« D'argent à un arbre de sinople, au chef d'azur chargé d'un croissant d'argent accosté de deux étoiles d'or. »

Ces armoiries sont gravées sur la pierre tombale de la veuve de Sébastien de Riols de Fonclare, à Oulias, Tarn (1883).

Il nous faut signaler l'analogie des armes des de Fonclare, avec une branche des de Robert.

(1) *Armorial du Languedoc*, t. II.
(2) Voir les preuves fournies pour Saint-Cyr et pour les Ecoles militaires.

Selon le nobiliaire, de Brémond : les de Robert-Boscapel et les de Robert-Laroque portent :

« D'azur au chevron d'argent accompagné de trois glands de chêne branchés et feuillés d'or, posés 2 et 1, la tige en haut; au chef de gueules chargé d'un croissant d'argent, accosté de deux étoiles d'or. »

Les de Robert-Campredon (¹) et les de Robert-Biros ont le chef de leurs armoiries semblable à celui des de Riols de Fonclare : le croissant d'argent et les deux étoiles d'or.

Il y a de grands rapports entre le blason des de Fonclare et ceux de Charles de Robert, ancien capitoul (²) (P. 155), et de Jean-François de Robert, conseiller du Roy et son lieutenant principal en la judicature de Comenge, siège d'Aurignac.

Il y eut un grand nombre d'alliances entre les familles de Robert et la famille de Riols; pour s'en convaincre, il suffit de parcourir la généalogie que nous donnons.

Signalons en outre le mariage de Guillaume de Robert-Campaurel avec Françoise de Riols; Guillaume fit son testament à Albine, le 30 juillet 1690. Il était le fils de Louis de Robert et de Marie de Robert. (28 août 1594. Roberty, notaire, Revel).

Le château de Moussans avait son toit surmonté d'une grosse fleur de lys en marbre blanc, portant la date 1576.

Ce château datait du xvi⁰ siècle; il n'offre rien d'intéressant au point de vue architectural. Il fut construit à la fin du xvi⁰ siècle, sur les ruines d'un château plus ancien, appartenant à la famille de Riols, et qui fut détruit par un incendie en 1534.

C'est à la suite de cet incendie que le roi Charles IX confirma à nouveau les privilèges et les titres de Pierre de Riols, escuyer verrier, seigneur des Verreries haultes de Moussans. (14 mars 1565).

Aujourd'hui, la cheminée de marbre et la fleur de lys ont disparu de Moussans. Ce serait M. Courtois, habitant Toulouse, qui les aurait achetées au propriétaire du domaine.

M. Courtois est sans doute celui qui a épousé Mˡˡᵉ Zélie de Riols (branche de Rieuséquel).

(1) De Robert-Garils, *op. cit.*, page 150.
(2) De Robert-Garils, page 18.

ANNEXE

Actes anciens rangés chronologiquement

28 mars 1487. (1488 N. S.).

L'an de l'incarnation Notre Seigneur mil quatre cens huictante sept et le vingt huitième du mois de mars regnant très chrestien prince Charles par la grace de Dieu roy de France affin que la mémoire des choses notables quy se font et passent et........ ne se perde et soit ensevelie par la longueur du tamps, mais demeure à jamais estable et les actes faictz et passés entre lesd. parties reçeus par les notaires se perdet mes quelles se truvet quand ilz an auront besoin por s'an servir où il faudra et affin que le contenu au present insturment soit nothoire aux presans tesmoingtz et a tous ceux qui la liront à l'avenir, pour ce est il qu'an la presance de moy notaire royal et des tesmoings cy après nomez, costitué en personne en la forestz du Roy nostre sire de Campaurielh et tout près du four verrier du lieu de Mousans, noble Jean de Vernon seigneur de Rouyairous lieutenant du metre des Eaux et Forestz requis par noble Sycart Almoy verrier du four verrier de Mousans filz de Bernard Almoy jadis verrier dud. four de Moussan, lequel en tout qu'il peut et le conserve soulz le bon plaisir du Roy nostre sire, baille à nouveau fief et à nouvele capte son profit les casals apelés les casalz del four viel assis situés dans lad. forest royalle apelé de Campaurcilh près du ruisseau apelé tel vulguerement de Nostre Dame, juridiction de Menerbe ou souloit estre encie-

nement le four des verriers, lequel four souloit faire et paier
tous les ans de sansive au Roy nostre sire ou à son clavere au
lieu de Menerbe quinze soulz tournois, lequel droit led. Sicart
Almoy souloit paier tous les ans au Roy nostre sire ou bien à
son clavere dud. lieu de Menerbe pour led. four ses dépandances
qui seront cy apres especifiés, lequel toutefois acorde et convient et transige avec led. clavère de Menerbe sur les arairages
d'eux paier lad. sansive aud. Clavere led. lieutenant et comis
dud. mestre des eaux et forestz cestant informe de lad. sansive
some annuelle de quinse soulz tournois avec sage et discrest
Jean Bens clavere pour le Roy aud. Menerbe, lequel estant presant a dit que les sancives de quinse soulz t. est inceré et prinse
dans le compois de sa recette de Minerbe au lieu et place dud.
four verrier quy souloit estre dans lad. forest et lieu prédit et
se seroit samblablement informé du four ancien avec les te-
moins comprins et s'y après nommés en se presant insturment
a led. lieutenant ou led. comis gratuitement et de sa certaine
siance et pouvoir au nom du Roy nostre sire et mestre ou bien
au nom dud. mestre des eaux et forestz et la langue ocitane
faisant et voulant ferre comme a dit le profit et utillité du Roy
nostre Seigneur et mestre pour sa comodité a vaillé et delivré
et comme donné à nouvelle capte anphiteote perpetuel present
à ce et consantant la susd. nommé Jean Bens clavere pour le
Roy nostre sire, metre aud. lieu appelé de Minerbe et sustitués
de monsieur le procureur du Roy en la seneschaucée car comme
a dit savoir au desus nommé noble Sicard Almoy presant pour
soy et ses heritiez, successeurz universelz estipulant solanpnele-
ment et reservant savoir led. casal susd. apelé vulguerement le
four viel ou souloit estre ancienement le four verrier avec les
depandances, asis dans lad. forestz royalle de Campaurel pres
du ruisseau apelé Nostre Dame, juridiction dud. Menerbe, pour
y fere construire et ediffier un autre four verrier, aussy une
maison pour y fere verres et autres ediffices que luy sera necessaire suivant les limytations que seront sy après désignez par
le forestier du Roy de lad. forestz de Mousans ou bien par celuy
quy y sera commis, appelé avec luy le baile du Roy dud. Menerbe suivant les bornes quy y seront mises, confrontant
d'aultan avec lad. forestz de Campaureil, de cers (Ouest) avec
le ruisseau de Nostre Dame de Seriez, de mydhy avec le premier rade ou bien avec le premier que del rec de Nostre Dame

et avec le chemin public venant du four verrier de Mousan;
d'aquilon avec le fleuve de Thoret. Ce nouveau acopte ou balh
a faict et faict led. lieutenant ou comissaire au nom que dessus,
stipulant et acceptant à la sansive annuelle susdite de quinze
soulz payables tous les ans au Roy nostre sire ou à son clavère
de Menerbe a la feste de la Pentecouste et lesd. arrèrages que
luy sont deues à cause de lad. censive ou bien et comme il ac-
cordera et conviendra avec led. clavere pour lesd. arrèrages,
ce que led. Almoy a prins et offert faire sa prinse est il que
d'aujourd'huy et auparavant led. lieutenant ou bien le commis-
sere au nom que dessus par la teneur et vertu du presant bail,
que led. Alemois noveau amphitéotte jouisse les susd. casal avec
toutes les depandances suivant les susd. confrontations avec les
ediffices qu'il fera faire construire et disposer et en fassa à sa
volonté ensemble les siens et la puisse aliéner et vandre ou bien
engager toutz ceux qu'il voudra, en tout ou bien en partie, desd.
casaux et des dependances sauf à ceux que leur est daffandu
par le droit et led. pouvoir avoir sauf le droit du Roy nostre
mestre es rigueur duquel les susd. possessions ensemble les
depandances dépandent; lequel maintenant il le tiendra en em-
phiteotte et los et vante à la sansive susd. de quinze soulz t.
luy promettant luy porter en vision et garantie au nom qu'il
procede, tous ceux quy le voudroit troubler ou empecher en la
possession et jouissance dud. casal et dépandant d'iceux tant
en jugement que dehors soulz l'obligation et ypothèque des
biens du Roy nostre sire avec toutes renonciation de droit et
de faict sur ce nesaissaire et ainsy l'a promis tenir, garder et
observer et n'y contrevenir en rien que se soit sur sa bonne foy
et juré sur les saints esvangiles quy a touchés avec sa main
d'estre sauf en tout le droit du Roy et celuy d'autruy. Et le
noble Sicart Almoys declare et confesse tenir les pocessions tant
pour soy que pour ses successeurs presans et advenir à nouveau
fief et nouvelle capte aux condition sy dessus spécifiées movantes du Roy nostre sire absent mai moy notaire royal public sy
après nommé comme personne publique pro dido rege nostro
(sic) et pour nostré Roy et mestre et pour ses successeurs, ensamble avec led. clavere de Minerbe substitués du procureur
du Roy et estipulant et acceptant savoir est les susd. casals avec
leurs dependances cy dessus espéciffiées. à lad. sansive de
quinze soulz t. laquelle sansive led. Almoy a promis de balher

et payer au Roy ou à son clavère de Menerbe tous les ans à la faite de la Pantecoute soulz l'obligation et Ipotèque desd. pocessions et de tous et chacuns ces biens tant mubles que immubles presans et futeurs avec la renonciation des droitz et de fait sure et requisse nécessaire, ensamble de toute cautele et ainsy tout ce desus a promis et juré de garder et observer et n'y contrevenir en rien que soit sur sa bonne foy par aucun moyen que ce soit ou puisse estre, soit il publiquement ou à cachetes et secrètement; et néanmoins et l'a ainsy juré sur les Sainctz Evangilles nostre Seigneur, qu'il a touchés de sa main dextre. Et de tout se dessus led. Almoy a demandé et requis à moy notaire royal luy en retenir acte et instrument public, ce que j'ai faict. Et tout ce desus a esté faict et contracté en lad. forestz de Campaureilh en la présance et tesmoignage de Pierre Faga habitant du lieu de La Bastide Rouvairouse, Barthélémy Crousat de Saint-Pons de Toumières, Bernard Vaissette du lieu d'Angles, Sicard Galinié, habitant de Portel, juridiction de Menerbe, Durant Brunet, forestié et commis de nouveau à la garde de lad. forestz de Mousan, tesmoingtz à tout ce dessus appelez et de plusieurs autres quy estant pour lhors presanté et de moy Mathieu de Lassière, notaire royal de Carcassonne quy suis intervenu en tout ce dessus et y suis esté presantz et requis d'en retenir instrument, ce que j'ay faict, lequel j'ay signé de mon propre et acoutumé Mathieu de Lassière, notaire ainsy signé.

Extrait tiré de sur le grosoge dud. instrument à nous nothaire royal subsigné exybé par noble Izac de Riols escuyer à prézant lesd. verrières et par luy retiré deuement collationné; nous sommes signés à La Bastide Rouvairoux ce XVIII janvier mil six cens treize. Jean Mas notaire.

Au dos :

28 mars 1487 (1488 n. s)

Acte de nouvel fief pour damoiselle Anne de Cristol, veuve de feu le sieur de Riols.

Extrait des privilèges des Verrières Basses de Mousans.

Archives de la Haute-Garonne.

B. Eaux et Forêts.   1ᵉʳ mai 1514.
F. 17.

Aiso lou denombremen que jeu noble Guillem Esmoy baili
de las terres et poussesieus nobles que jeu et mous devanciers
aven jouit et possedat de tout temps que n'es memorio dal contrari et que jeu jouissi incaro al loc de Moussans, à vous haut
et puissant seigneur Monseigneur lou senechal de Carⁿᵉ et vous
pregui de me pregui de me mentené en mous droicts comme
mous devancies en jouit.

En primier loc jeu poussedi dins la terre de Minerbe, consou-
lat de Rieuseq aud. loc de Moussans, comme les meus en pous-
sedat un houstal ambe d'autres bastimens sur lou servissi de
mond. houstal amai cent septante cestairades de terre cultes et
incultes, bosques et prats que se tenon ambe las terres dal Rey
nostre sire despei le pad escur, Lescure, bois de legion face, et
la serre, toutes aigues verdens ambe la saigue del rec que va de
Nostre Dame de Scricros et de la à fime de Costerastro dreit la
resso vieillot; et mai incaro poussedi aud. loc de Moussans une
Verreiro *ambe la facultat de prene de toute sorte de bosques de
las fourestes dal Rey de Moussans,* Coste rasto, Campaureil et
Malran per lou servissi de lad. verriero et de mound. houstal;
et per aquo fau d'albergue al Rey sept sols sicis denies que son
obligat de pagua al clavary de Minerbe toutis lous ans.

Jeu proumeti à vous monsieur, de fa lous servissis ourdinaris
per lous bes coutenguts dins lou presen denombremen et vous
pregui me fa joui desd. bes denombrats comme mous devancies
et jeu aven jouit noblemen sen so que jamai agé estat encadas-
tras ni mai compesat, vous assuren que lou presen denombremen conten vertat et vous en presti segromen entre vostres mas
sur lous sants evangelis et l'ai escrit et signat de ma ma. Fait
lou premié jour de may qui se conte mille cinq cens quatorze,
Guillen Esmouy, signé et au dessoubs : « Aiso es mon dénom-
bremens ». — Extrait tiré de l'original dud. dénombremant
escript led. denombrement, en un demi fuillet papier cotté
nᵒ LXXXXIII au fardeau des dénombremans du diocèse de
Saint-Pons de Thomières estant dans la chambre des archifs
du domaine du roy de la sénéchaucée de Carⁿᵉ et Béziers, deue-

mant collationné par moy Jean Soulaiges notaire des gardes desd. archifs soulz signé. Faict à la Citté de Carcassonne, dans la chambre desd. archifs le quatrième jour du mois de juin mil six cens quarante huit.

Soulaiges ainsin signé.

---

14 mars 1565.

Charles par la grace de Dieu Roy de France, au senechal de Carcassonne ou son lieutenant, salut. Nostre bien aime Pierre de Riols escuyer verrier de la verrerie haulte de Moussans, terroir de Minerve assize près la forest dudit Moussans, nous a faict remarquer que de tout temps et autrement qu'il n'est memoire du contraire avec bon et juste titre led. suppliant et ses predecesseurs ont tousjours jouy de lad. verrerie haulte pour laquelle nous ont payé chacun ou à nostre receveur ordinaire sept sols six deniers t. ainsi qu'apert par les quitances de nostred receveur cy attachées souls le contrescel de notre chancelerie; toutefois pour ce que puis naguières par cas fortuit la maison dudit suppliant aurait este bruslée, ensemble tous ses papiers, titres et documens, mesmes ceux concernant led. suppliant, doulte que a l'avenir on luy voulsidt donner quelque empechement à la jouissance d'icelle et de ses appartenances, à faute de faire apparoir desd. lettres, nous requerant très humblement sur ce luy pourvoir de remede convenable.

Nous, à ces causes, desirons subvenir et pourvoir à nos sujets selon l'exigence des cas, nous mandons et pour ce que lad. verrerie est assize en lad. sénéchaussée ressort et juridiction, commetans par ces présentes que appelé nostre procureur, s'il vous appert que led. suppliant soit seigneur de ladite verrerie dont luy et ses predecesseurs ayent par cy devant jouy, et de l'inconveniant de feu advenu en sad maison, en ce cas vous le faictes souffrir et laissés jouir et uzer ensemble ses héritiers et ayant cause d'icelle verrerie appartenances et déppendances d'icelles, tout ainsi qu'ils ont cy devant duement et justement jouy et uzé, jouissent et uzent encor de présent, à la charche de nous paier les sept sols six deniers par chacun an à nostred recepte ordinaire ainsy qu'ils ont faict cy devant sans que pour lad. jouissance il leur soit par cy après besoing de apparoir de tiltre ni instrument pour la jouissence d'icelle verrerie d'où attendre ledit inconveniant de feu, nous les avons relevés et relevons par ces presentes car tel est nostre plaisir, nonobstant quelconques ordonnances, mandemens, restrictions, deffences et lettres à ce contraires. Donne à Toulouze le quatorziesme jour de mars mil cinq cens soixante cinq et de nostre règne le cinquiesme. Par le Roy en son conseil. Flotte, signe selle.

Collationné à son original en parchemin par moy greffier en la commission la refformation generale des Eaux et forestz au departement de la maistrise de *Thle.* Ce fait led. original a esté delivré au Sr de la Boissonade a Thle le quatorziesme mai mil VIe septante.

Prioux.

Au dos : 14 mars 1565. *Confirmation en la jouissance de la verrerie haulte par le Roy Charles, en faveur de Pierre de Riols.*

Philippe de Levis, marechal de la foy, chevalier de l'ordre du Roy, seigneur et baron de Mirepoix Lagarde. Preisan, Arzens, et Allaviat, conseiller dud. sieur senechal de Carcassonne et Beziers, commissaire royal en ceste partie, député. A tous ceux qui ces présentes verront, salut. Scavoir faisons et attestons que huy, dalte des presentes, en l'audience de nostre cour, appelée l'instance introduite en icelle au moyen des lettres royaux obtenues et presentées par Pierre de Riolz, escuyer verrier, apoincté et ordonné a esté sur la déclaration du procureur du Roy establi au siège de nostre senechaucée, et attendu l'information faite sur la verité des faits portés par lesd. lettres royaux que led. de Riols jouira du fruit et contenu d'icelles suivant lesquelles il est maintenu en la possession et plaine jouissance de la verrière haute de Mossans, terroir de Minerbe, apartenances et dependances d'icelle à plein designée esd. lettres royaux, à la charge de payer au Roy ou au recepveur ordinaire pour luy la censive annuelle de sept sols six deniers tournois, comme et tout ainsy qu'il faisait auparavant et comme s'il avait ses titres et documents en main, attendu de l'inconvenient du feu resultant de lad. information, le tout suivant la teneur desd. lettres royaux et autrement, comme a plein au registre des actes de nostred court est contenu. En foy de quoy avons fait faire signer et sceller ces présentes à Carcassonne le dix huitiesme jour du mois de septembre l'an mil cinq cens soixante cinq.

Signés, Astorgu, lieutenant, P. Moret, procureur du Roy. En apport. Fabri, signé. Et scellées d'un sceau de cire rouge.

Collationné à son original en parchemin par moy greffier en la commission la refformation generalle des Eaux et forêts du département de la maistrise de *Thle*. Ce fait led. original a este delivrée au sieur de la Boissonnade à Thle, le quatorziesme may mil six cens septante.

PRIOUX.

Au dos : 18 septembre 1565. Ordonnance du sénéchal de Carcassonne portant que le sieur de Riols jouira du fruit du contenu aux lettres royaux suivant lesquelles il est maintenu en lad. jouissance de la verrerie haulte.

8 avril 1590.

Contrat de mariage de noble Isaac de Riols et Isabeau de Cabrol

Au nom de Dieu sachent que l'an de grâce mil cinq cent nonante et le huitième jour du mois d'avril, règnant Henry par la grâce de Dieu roy de France et de Navarre a la verrerie haute de Moussans, hors de (illisible) diocèse de saint Pons de Thomières, sénéchaussée de Carcassonne par devant moi, notaire et temoin de tous écrits. Les actes de mariage sont été faits et accordés entre les parties ci-après nommées et s'accomplira si à Dieu plaît. Entre noble Isaac de Riols, fils à feu noble Jean de Riols, du village de Camboujulhe dit la Borie Crémade, moyen terroir d'une part, et damoiselle Isabeau de Cabrol, fille à feu Jacques de Cabrol sieur del Martinet et de damoiselle Anthoinette Dalmouy mariés del loc de la Bastide Rouairoux d'autre part alz pactes et conditions signées. C'est que ledit noble Isaac de Riols a promis de prendre pour sa femme et loyale épouse la dite Isabeau de Cabrol ici présente, en la présence et assistance de ses parents et amis sous signats et paraïlloments ladite Isabeau de Cabrol de l'advis de Gabriel Cabrol son fraire, Jacques Cabrol son oncle, du sieur Paux et autres ses parents et amics bas nommés a promis de prendre pour son mary et legitime espoux le susdit noble Isaac de Riols icy présent et pour le suport et contemplation dudit mariage ladite Isabeau de Cabrol se constitue tous et chacuns ses biens présents et avenir tant droits paternels que maternels que fraternels où qu'ils soient et puissent être et à elle appartenant, à faire venir par sondit mary, lesquels droits ledit noble Isaac de Riols récépiant le tout ou partis diceux fera tout le recognoissance lors de la réception d'iceux sur tous et chacunx ses biens présens et a venir afin que si quelque restitution estait que Dieu ne veuille soit repris par ladite de Cabrol ou les siens a ladvenir. Et ainsi sont promis toutes parties comme à chacun touchant aux présentes parties ne venir à l'encontre de point en point le contenu en iceux sous l'obligation de tous et chacuns ses biens présents et à venir qu'ont soumis aux rigueurs des scels royaux ..... sde Car^{nc}, b. fils de Montpellier renonce à tous droits contre. Présents à tout ci-dessus noble Germain de Riols et noble Etienne de Robert de la Fon de l'estat, noble David de Riols s^r de la Boissonnade les dites verreries de Moussans et Daniel Falquières de la Bastide Rouairoux tous soubs signés avec ledit futur époux et moy Jean Randomy not. royal residant au lieu de Ferals des Montaignes   requis   soubsigné.

RANDOMY.

ARCHIVES DE LA HAUTE-GARONNE.

B. Eaux et Forêts.   16 octobre 1609.
F. 17.

L'an mil six cent neuf et le seitziesme jour du mois d'octobre dans les Verrières Hautes de Moussans, terroir de Minerve, diocèze de Saint-Pons de Thoumières, senéchaussée de Carcassonne, regnant très chrétien prince Henry par la grace de Dieu roy de France et de Navarre, par devant moy notaire royal soulzsigné, en présence les tesmoings bas nommés, a esté présenté et constitué en personne noble David de Riols, fils et cohéritier à feu noble Bernard de Riols, quand vivoict des Verrières basses dud. Moussans, à présent led. David habitant de la Tremoulèdes parroisse de Montclard en Auvergne, faisant tant pour luy que pour damoiselle Jeanne de Riolz sa sœur habitant aud. lieu comme cohéritier aussy pour un quatriesme des biens meubles et immeubles dud feu de Riolz à laquelle il promet fère rattifier

le contenu au présent instrument quand en sera requis, sur
peyne de tous despans, domacges et intherests, à quoy il se
soubsmet, lequel avec la teneur de cest instrument pour lui et
les siens, heoirs et successeurs à l'advenir, a vendeu purement
et perpetuellement par vente pure et irrevocable à nobles Jau-
mes et Isaac de Riolz, frères desd. verrières Hautes de Moussans,
illu présens et acceptans, la moitié de tous et chescuns les biens
immeubles, terres et pocessions que compette et appartient
ausd. David et Janne de Riolz, frère et sœur. sur l'héréditté de
leurd. feu père, et concistant en la moitié d'une méthérie assize
au Mas de Cantinious, terre de La Bastide appelée La Borie de
Bonnet, de la quelle est et despen un cazal de maison ruiné
entièrement, de contenance de vingt cannes suivant la désigna-
tion du compoix, lequel cazal se confronte de toutes parts avec
les terres et pactus deppandans de la dite méthérie un pred aud.
cantinious contenant deux cestérées terre confronte du levant
et aquilon avec pred et jardin d'Estienne de Landes, vieux bourgeois de Saint-Amans, de Midy avec la rivière de Besoing et terres de hoirs de Jean Moulières; un champ depandant aussy de
lad. méthérie contenant doutze cestérées terre ou environ confronte de levant avec chemin publique, de midy aus pred et
champ dud. Landes et couchant avec chemin publique et avec
la piérière; et d'acquilon avec pred du s' Rouairous; autre
champ assis à la Saiguhe de Bonnet, contenant huict cestérées
terres ou environ, confronte de levant avec champ depandant
de lad. méthérie et champ dud. Landes; de midy avec terre dud.
Landes et du couchant avec champ des Audouis et Lacave; et
finallement un pred depandant aussy de lad. méthérie de Bonnet
avec un champ joignant icelhuy, contenant en tout deux cestérées terre ou environ, confrontant ensemblemant de levant avec
champ de Sicard Rouayrene, de midy avec terre et champ dessus désigné et couchant avec champ dud. Landes, et d'acquilon
aussy, chemin au milieu. Plus la moitié d'un pred assis au mas
Potel ou Galinier au terroir de Minerbe, contenant une journée
d'homme à faucher en tout, confronte de levant led. entier pred
avec pred de Benoit Galinié dud. Mas, de couchant avec pred de
George Raimond, de midy avec la rivière d'Aymard, chemin au
milieu, et d'acquilon avec chemin allant dud. Mas de Galinier
au mas d'Aymar; la moitié d'autre pred assis aud. masage d'Aymard, terroir de Farralze contenant une journée et demy à fau-

cher, confronte de levant avec pred desd. achepteurs, de couchant avec pred de Jean Aymard, de midy avec la rivière d'Aymard, chemin au millieu et d'acquilon avec le chemin allant
dud. Galinier aud. Mas d'Aymard; la moitié d'autre champ assis
au mas d'Espinasse, terroir de Minerbe, contenant trois cestérées terre ou environ, confronte de levant et thouchant avec le
champ et terre desd. achepteurs, de midy avec le Reg dud. Mas
d'Espinasse, et d'aquillon avec le chemin allant dud. Espinasse
ausd. Verrières Hautes; autre moitié de champ au mesme terroir d'Espinasse contenant quatre cestérées terre ou environ,
confronte de levant et couchant avec champs et terres desd.
achepteurs, de midy, avec chemin allant dud. Mas aux Verrières
et d'aquillon avec la forest de Costerauste; autre moitié de
champ appelé de Cafort près d'un moulin à bled appartenant au
sieur de la Bouissonade frère ded. achepteurs dans le terroir
de Minerbe, contenant en tout trois cestérées de terre ou environ
confronte de levant avec la forest de Campaurel, chemin au milieu, de couchant avec le rec d'Espinasse, d'acquillon aussy et
de midy avec le rec de Labarre. Plus la moitié de la maison ou
lesd. vendeurs faisoint leur habitation, couverte de lauze, appelée la maison vielhe et celle autre maison qui y est joignante
appelée la Tourette, l'une maison et sur plancher et l'autre de
deux planchers, la murailhe de laquelle maison appelée de la
Tourette s'en va en ruine, assize aux Verrières Basses dud.
Moussans au terroir de Minerbe, estant de largeur de neuf cannes et demie et de trois cannes et demy le largeur, confronte
lesd. deux corps de maison de levant, couchant et midy avec
pactus dépandans de lad. Verrière et d'aquilon avec le chemin
publique. Autre moityé de maison appelée la maison neufve,
d'un seul plancher, ruinée et preste à tomber, contenant en son
fossez quatre cannes largeur et quatre cannes deux pans de longueur, confronte lad. maison de toutes parts avec le jardin,
patus et autre, maison et verrière desd. vandeurs; la moitié d'un
cazal appellé l'establé grand et pateu joignant icelluy contenant
en fossez de longueur six cannes et demy et trois cannes de largeur, confronte de levant avec chemin, de couchant, midy et
aquillon avec pactus deppandans desd. vandeurs. Plus autre
moitié de cazal appellée la Verrière où on faisoict les verres à
lad. Verrière basse, contenant cinq cannes de longueur et quatre cannes de largeur et les pactus joignant la porte d'icelle ver-

rière pour servir à descharger le bois pour le service et uzaige de lad. verrière, confronte de levant et midy avec chemin allant à la Verrière Haute, de couchant et aquillon avec patu et jardin et autres pièces deppandant d'icelle verrière. La moitié d'un pred y joignant appellé le Pradel contenant une journée et demy à faucher, confronte de couchant avec la rivière venant de la Verrière Haute et d'acquilon avec pred desd. achepteurs, de midy et levant avec patus et cazals desd. vandeurs. Plus la moitié d'un petit jardin joignant led. pred contenant une poumière terre, confronte de levant avec led. pred, de couchant et de midy avec lad. rivière et d'acquilon avec pred desd. achepteurs. La moitié d'un autre jardin appellé le jardin des pruniers contenant deux pounières terre, confronte de midy avec le chemin allant à lad. Verrière Haute, de levant avec la maison neufve et lad. verrière, et d'acquilon avec led. pradel, et de couchant avec la rivière. Autre moityé d'un autre jardin appellé le jardin de la fon, contenant une cestérée terre, confronte de levant et couchant avec champs desd. achepteurs, de midy avec champs desd. vendeurs et d'aquilon avec led. chemin allant à la Verrière haulte.

Plus la moitié d'autre champ au-dessus led. jardin contenant deux cestérées terre, confronte de levant et couchant avec champs desd. achepteurs, de midy avec la forest de Campaurel et d'aquilon avec led. jardin de la fon; autre moityé de champ dict de la Gineste contenant deux cestérées terre, confronte de levant et midy avec lad. forest de Campaurel, de couchant avec champ desd. achepteurs et d'acquilon avec la rivière de Thoret; la moityé d'une pièce terre appellée le camp del Suquet et pas escur et Canabayrial, tout joignant contenant huict cestérées terre ou environ, confronte de levant et midy avec lad. rivière venant de lad. Verrière Haute, chemin au milhieu, de couchant avec champ de noble David de Riolz sieur de la Bouissonnade leur frère, passacge de bestail au milhieu, et d'acquilon avec la forest de Moussans; autre moityé de champ appellé del goure de Bram contenant une esmine terre, confronte de levant avec champs desd. achepteurs, de midy et couchant avec lad. forest de Moussans et d'aquilon avec lad. rivière de Thoret; toutes lesquelles susd. pièces sont dans le terroir dud. Minerbe et de la directe Seigneurie du Roy nostred Sire aux charges portées par led. recognoissant, nobles et noblement tenues et possédées tant par led. feu Bernard de Riolz, père desd. vandeurs ses prédecesseurs que par lesd. vandeurs, aussy *sans avoir jamais esté alivrés en compoix*. Plus la moitié d'une garrigue de complants de jeunes chesnes assizes dans le terroir et juridiction de Saint-Pons contenant trois cestérées terre ou environ, confronte de levant avec champs et terres des noirs à feu noble Germain de Riolz, de midy avec la rivière Thoret, de couchant et acquilon avec terres hermes et vaccantz; plus la moityé d'un pred dans le terroir dud. Saint-Pons contenant trois journées d'homme à faucher ou environ, confronte de levant avec pred de Moïse Rouanet, de couchant avec pred de Vidal de Riolz, de midy avec lad. rivière de Thoret et d'acquilon avec champ desd. vandeurs, bezal dud. pred au milhieu; plus la moitié dud. champ dessus led. besal dans le terroir dud. Saint-Pons, contenant deux cestérées terre ou environ, confronte de levant avec champ dud. Rouanet, de couchant avec champ dud. Vidal de Riolz, de midy avec le besal dud. pred et d'acquilon avec le champ dud. Rouanet; plus la moitié d'une vigne assize au terroir et juridiction de Séran au lieu dict à Bolenague, contenant six journées d'homme à faucher à fassoyer, confronte de levant avec vinhe de Jean Fabre, de couchant et midy avec vigne de Jean Pascal, et d'acquilon avec le grand chemin publiq allant à Caunes et Pépieux relevant de la directe du Roy nostre Sire, aux charges portées par lesd. recognoissances que lesd. vandeurs ont dict ignorer, et avec toutes et chescunes les autres confrontations desd. pièces, entrées et issus, passages libertés et facultés estans et deppandans desd. pièces sans s'y rien réserver ny retenir; comme pareilhement aussy vend, cède remet et transporte à perpétuitté led. David de Riolz tant pour lui que sad. sœur ausd. Samuel et Izaac de Riolz sesd. cousins tout le droict qu'il a sur le masaige del Saulas, terroir de Ferrals et Minerbe, de certaine quantité de terre que led. feu Bernard de Riols père desd. vandeurs et led. feu Germain de Riolz avoient achapté par ensemblement et lesquelles pièces de lad. méthérie de Clausat led. David de Riols avoict vandues durant sa minoritté aud. Germain de Riols pour poursuivre quand bon lui semblera la cassation et nullité de lad. vante comme faicte avant sa majoritté et pour la moitié dud. droict que luy en compette tant pour luy que pour sad. sœur, le constituant quant à ce lesd. achepteurs ses procureurs spéciaux et généraux.

Pareilhement, vand. cède, remet et transporte à perpétuité led. vandeur ausd. achepteurs tout le droict que luy et sad. sœur ont sur quatre journées de vigne aud. lieu de Séran que feu Raimond Galtier dud. Séran donna à feu Cecilhe Galtière sa sœur et mère desd. vandeurs par son dernier testament pour ce que compète et appartient à luy et à sad. sœur pour une moitié tant seullement por les pouvoir jouir et prandre quand et comme bon leur semblera; et generallement led. David de Riols vand, cède et remet à perpétuité tant pour luy que sad. sœur ausd. Samuel et Isaac de Riols achepteurs, tous droicts et actions que leur compette et apartient de présent ausd. Verrières de Moussans, terroir de Ferrals, La Bastide, Minerbe, Séran et St-Pons de Thomières, sans rien rézerver, pour de tout en jouir eux et leurs successeurs à perpétuitté. Et la présante vante désusd. pièces dessus désignées, droicts et actions dessus espécifflés et pour la moitié du tout, a faicte et faict David de Riolz vandeur, tant pour luy que lad. Jeanne, sa sœur ausd. Samuel et Isaac de Riolz sesd. cousins pour et moyennant le prix et somme de mille livres tourn, suivant et conformément à l'estimation d'iceux qu'en a esté faicte, de voulloir et consantement des partyes par led. Sr de la Bouissonade, frères desd. achepteurs et Jean Galtier, marchand du lieu de Séran oncle maternel desd. vandeurs, l'ayant ainsin accordé par l'acte sur ce faicte, receue par moy notaire, le dixiesme du présent mois d'octobre comme lesd. sieurs de la Bouissonade, l'un desd. experts y present et refférant a dit l'avoir faict et estimé sellon Dieu et leurs consciences et moyennant serement presté par devant nousd. notaire. Duquel prix de mille livres tourn, led. David de Riolz a receu cy présantement reallement et de comptant desd. achepteurs la somme de quatre cens livres tourn, en cinquante sept pistolles d'or d'Espaigne, vallant chescune deux escus d'or et le surplus en quar d'escus et doutzaine jusques au parfaict de lad somme de quatre cens livres, receue, vérifiée et embourcée par led. vandeur à son contemptement, et les six cens livres tourn, restans lesd. achepteurs seront tenus comme l'ont promis payer aud. David de Riolz vandeur par tout le mois d'Aoust prochain ausd. Verrières Hautes de Moussans; et alhors led. David de Riolz vandeur sera tenu aporter acte de la ratiffication de la presente vante faicte par lad. Jeanne sad. sœur en bonne et deue forme et en saisir lesd. vandeurs; et laquelle moi-

tié des biens immeubles, droicts et actions dessus especiffiés le
meut de la directe et seigneurie du Roy nostre Sire, du Seigneur
et baron de Rieux et Ferralz, le seigneur everche dud. St-Pons
et le chappitre de l'église cathedralle dud. St-Pons pour ne
sachant toutes fois à quelque uzaige s'en rapportant aux recognoissances, si point en y a, a donné et donne led. vandeur au sd.
achepteurs tout decret de plus vallue desd. biens sy aucunes de
present ni à l'advenir y avoct par donnation pure et s'en est
desposédé et lesd. achepteurs en a investis, faicts mestres seigneurs et pocesseurs par la délivrance de la notte de cest ins-
trumant de ses mains en celles desd. achepteurs, faict, voullant
et consantant que des maintenant ilz jouissent desd. biens sus
vandus frangs, quittes de tous debtes, ypothèques, charges,
uzaiges et autres quelconques jusques à maintenant, promettant en oultre led. David de Riols vandeur ausd. Samuel et Isaac
de Riols ses cousins achepteurs luy fere bon valloir et tenir,
jouir et posséder les susd. biens dessus vandus et luy en
demeure de toute éviction et garantie envers et contre tous en
jugement et dehors; et lesd. achepteurs luy payer lad. somme
de six cens livres tourn, ausd. termes soulz l'obligation respec-
tive de tous et chescuns leurs biens qu'ont soubzmis aux forces
rigueurs des cours et suls mage de Carcassonne, Béziers, Mi-
nerbes, petit de Montpellier et autres du presant royaume de
France et renonciation aussy respectivement à tout droict par
lesquels ilz pourroint venir au contraire du present instrument,
comme l'ont juré, levant leurs mains droites au ciel. Faict et
récitté où que dessus après midy, présans noble Isaac de Riolz
s' del Causse, de la Borie Cremade, François Adujer, du lieu de
Logeastre, parroisse de St-Disdier en Auvergne, signés Michel
Pallious des Verreries Basses et Isaac Tarhouriech de lad.
Borie Cremade merques de Riolz, vandeur, Lacrosse achepteur,
de Riolz achepteurs La Bouissonnade expert, Adujer présent,
Jean de Riolz, signés à la notte, l'an mil six cens dix et le neufviesme de novembre, par devant nousd. notaire. C'est présanté
led. Izaac de Riolz lequel a dict avoir payé et satisfaict aud.
David de Riolz absant lad. somme de six cens livres tourn, de
laquelle il luy en faict quitance receu M' Jean Mas notaire de
La Bastide le premier jour d'Octobre dernier, de laquelle il m'a
saisy de la coppie sy attaché signé par led. Mas; et par le moyen
d'icelluy lad. debte de six cens livres t. contenue au presant

instrument est et demeure cancellée et le surplus en sa forme
et rigueur, presans noble Jacob Manode, Brugairous s^r de Cour-
tet et Jean Deviols sieur del Causse dud. St-Pons, signés avec
led. de Riolz, J. de Riolz, le Crouset, Delcausse et moy Jean
Ambard notaire dud. St-Pons qui requis de tout ce dessus en
ay retenu instrument en sa notte originalle de laquelle ce present extrait a esté tiré et deuement collationné par moyd.
notaire.

Anne de CRISTOL.

Collationné sur son expédition par moy not^{re} royal de Bésiers
soubzsigné, exhibé et à l'instant retiré par la partie requérante
aussy soubzsignée.

TRICOT, notaire.

Collationné sur son original par moy greffier de la Maistrise
establie à St-Pons, exibé par M. Jean Houlès et par lui retiré, le
present nous ayant esté remis à St-Amans a douziesme aoust
MVI° soixante onze.

BARTHOU, greffier.

Papiers personnels

Invantaire des titres et doquments advenus à la division et
partage fait entre les s^{rs} de La Crosse et de Riolz frères, et à la
part dud. s^r Riolz est advenu ce qui s'ensuyt.

Premierement ung instrument à nouveau fief fait à noble
Sicard Emony par le M^e des Eaux et Foretz estant en grossoye
retenu par Me Mathieu de Cassero notere de Carcassonne en
datte de l'an mil quatre cens huitante sept et le vingtiesme mars
avec la tache et confirmation de Mr Me Roc de Paule M^e des
eaulx et aforetz espedyé par Blanc greffier de la Maistrise le
25° jung 1610.

Plus autre instrument de divisions fait entre noble Pierre de
Riolz et Martyane Emony retenu par François Marchans en l'an
mil cinq cens cinquante trois et vingt quatriesme février, expé-
dyé et collationné par Banos notere estant en parchemin. —
600 liv.

Autre instrument d'achept en grossoye fait à noble Pierre de

Riolz par Jean Aymard d'Usclatz de la Jullyane et autres teres au terroir de Sainct-Pons pour le prix de vingt escus, dettenu par Amblard le dernier d'Octobre an VI° quatre vingtz huit. — 60 liv.

Autre instrument en grossoye fait aud. s^r par Jean et autre Jean Aymard d'Usclatz de deux cestairés teres assizes al plo de Bonne Mayon dit lou prat d'Aymard, pour le prix de 85 liv. retenu par le Breton de Feralz le honziesme Mars an V° septante trois. — 85 liv.

Autre instrument en grossoye portant quitance de plus value de lad. pièce pour le prix de 8 liv. retenu par Randomy notere de Feralz le neufviesme avril an V° nonante trois. — 8 liv.

Autre instrument en grossoye d'achapt fait aud. s^r par Michel Aymard d'Usclatz d'une cestairée terre al plo de Bonne Mayou pour le prix de VI liv. retenu par le Breton le dernier mars an V° septante deux. — 6 liv.

Autre instrument d'achept de grossoye fait aud. s^r par Catherine Hemarde femme de Bosquet de Saint-Pons d'une cantité de teres à la Croux d'Usclatz pour le prix de tretze escus dix soulz retenu par Amblard le dernier d'Octobre an V° huitante huit. — 39 liv. 10 s.

Autre instrument grossoyé d'achapt dud. s^r à luy fait par Jean et autre Jean et Barthelli Emard du pred de Bonne Mayon qu'ilz avoyent au roc de la Tene, pour le prix de 25 escus retenu par led. Breton le honziesme aoust an V° septante trois. — 75 liv.

Autre instrument grossoyé d'achap dud. s^r à lui fait par Michel Aymard et Jean Frances d'Usclatz d'une cantité de teres al Fleys et de la moityé de la metterye de la Croux d'Euxclatz, pour le prix de hunze escus quarante s. receu par Anblard notere de Saint-Pons le vingt neufviesme julhet mil cinq cens huitante huit. — 35 liv.

Autre grossoye portant quitance de plus value du pred de Bonne Mayon dit lou pred d'Aymard faite aud. s^r par Jean Aymard pour le prix de huit escus retenu par Randomy, le neufviesme d'avril mil V° quatre vingtz tretze. — 24 liv.

Autre achapt en grossoye fayt par Jean et Benoist-François

d'Usclatz de toutz les champs qu'ils avoyent au Fleys et seur la Croux d'Usclatz pour le prix de dix sept escus vingt soulz, retenu par Chabbert de Saint-Pons, le dernier d'Aoust an V^e huitante neuf. — 52 liv.

Autre grossoye d'achept de Michel-François Vieulx de toute sa part del plo de la Croux d'Usclatz pour le prix de XII escus retenu par Accarges le 27^e novembre an V^e nonante neuf. — 36 liv.

Autre grossoye d'achep fait aud. s^r par Vidal de Riolz d'un champ et garrigue al Rec de la Tene pour le prix de VII liv. retenu par Randomy le vingtiesme may quatre vingtz sept. — 7 liv.

Autre instrument d'achept en grossoye de Michel Piere Jacme François d'Usclatz de la moityé du plo de Bonne Mayon dit lou prat d'Aymard pour le prix de 100 liv. retenu par le Breton le premier janvier an V^e septante deux.

Autre achapt en grossoye fait par Michel François de six partz les deux de la borye de la Croux d'Usclatz pour le prix de 34 escus 20 s. retenu par Acaryes le dix neufviesme Mars an V^e nonante. — 103 liv.

Autre instrument d'achept de la metterye de la Resse fait à noble Jean Granier, Pérastre aud. s^r de Riolz, à luy a sédé par Bernard Tarade del Lina pour la siziesme partie de lad. metterye et moulin de la Resse au prix de sept flourins, retenu par François Merchant de Saint-Pons le 14e février an V^e quarante six. — 6 liv. 3.

Autre grossoye dud. Granger portant donnation à lui fait par Michel Tarrade de Cerre Joulye, instrument receu par Sinadou de Caunes le sixiesme jung an V^e cinquante un.

Autre grossoye d'achept à luy fait par Bernard Guilbert du Lina, d'un pred et champ à la Cabrial au terroir de Saint-Pons pour le prix de 4 liv. XV s. instrument retenu par la Vergne de Lonsac (Lavergne d'Olonzac ?) le dix huictiesme julhet an V^e 467 (557). — 5 liv. — Voy. à la fin.

Autre instrument d'achapt en grossoye à lui fait par Jean Catala filz de Guillaume de la Resse d'une troiziesme partie de la borye et moulin de la Resse pour XV flouris reaeu par François Marchant de Saint-Pons le XXVᵉ juin an V 46. — 12 liv.

Autre instrument d'achept en grossoye à luy fait par Bernard et Guilhaume Catala son nepveu de la sixiesme partie de la borye et moulin de la Resse pour le prix de sept flourins et demi prix par led. Marchant le 20ᵉ février an Vᵉ 4 ?. — 6 liv.

Autre achept en grossoye fait par Jean ? et sa femme de la troixiesme partie de lad. metterie et moulin de la Resse pour le prix de XV flouris retenu par led. Marchand le 20ᵉ Mars an Vᵉ 4 ?. — 12 liv.

Autre achept en grossoye fait par Michel Terrade d'une pièce terre à la Vergüye pour le prix d'une livre dix soulz, instrument receu par Sinadou de Caunes le VIᵉ juing an Vᵉ 48 (58). — 8, 112, 1 liv. 10 s.

Autre achept fait par Raimond et Jean Ricardz de Plan Vernet d'une pièce terre sur le camy de la borye pour le prix de 26 liv. instrument receu par Pandrany notère de Saint-Pons, le 23ᵉ jung an Vᵉ 46 (56). — 26 liv.

Autre instrument fait par Bernard Catala del Lina d'une pièce terre au lieu dit la Verguye pour le prix de sept livres, retenu par Chabbert dud. Saint-Pons le 24 febvrier l'an Vᵉ 43 (53). — 7 liv.

Autre achept fait par Jean Catala de tout le droit qu'il avoyt au mas del Lina au prix de 20 liv. retenu par led. Marchand le 3ᵉ fevrier an Vᵉ L 2 (52). 20 liv.

Autre achept à luy fait par Bernard Guilbert del Lina d'un pred et champ aud. Mas pour le prix de 12 liv. instrument retenu par Chabbert le 9ᵉ février L V. — 12 liv.

Autre achept de Jean Catala d'un champ et bordz à la Resse terre de Saint-Pons pour le prix de X liv. instrument receu par led. Sinadou le Vᵉ Novembre 49 (59). — 10 liv.

Autre achept fait par Bernard et Guilhaume Catala d'un champ au lieu dit la Verguye au prix de 25 liv. retenu par Chabbert le 9ᵉ février L V. — 25 liv.

Autre grossoye fait par Michel Tarade de Serre Joulia d'un

champ à la Vergnic au prix de 4 liv. instrument receu par Sinadou le 5° novembre L 9 (59). 4 liv.

Achapt de noble Pierre de Riolz, a luy a sede je Piere Goubert de Ste-Colombe de sa part d'une metterye à Balaou sere terre Julia pour le prix de 30 liv. instrument receu par Bouisson de Cezerac le troiziesme Octobre an V° LVVIIt — 30 liv.

Autre grossoye a luy fait par Alyas Crespy et Espinassié d'un champ à sere Julya pour le prix de 16 liv. pris par Anblard le 3° Avril 77 (1577). — 16 liv.

Autre achept d'un champ à luy fait par François Apostoul assis a Sere Joulya pour le prix de 12 livres, instrument receu par de Jordy de la Linyvière le 23° août 77. — 12 liv..

Autre grossoye de Michel Terrade d'un champ au lieu al cazal de Sere Julya pour le prix de X livres receu par le Breton le 23° Mars an V soixante trois. — 10 liv.

Autre achept dud. s^r consede par Salvestre Pradal de Bryan d'un champ lieu dit de Serre Joulia pour le prix de 14 liv. instrument receu par Soulete dud. Saint-Pons le premier aoust LXXVII. — 14 liv.

Autre achept de Jean Espinassye d'un champ à Sere Joulya pour le prix de 19 liv. receu par Soulete le dernier aoust 77. — 19 liv.

Autre achept fait à Jean Michel et Raimond Terrade de Sere Joulya de la metterye dud. Sere Joulye pour le prix de 80 liv. receu par Le Breton le 18 Janvier an V° LVIIII. — 80 liv.

Autre achept fait par Michel Tarade d'une cantité teres au lieu dit Lortigas et autres pièces joignant pour le prix 135 liv., receu par led. Breton le troiziesme septanbre LXXII. — 135 liv.

Autre achept fait par Jean Tarade de Sere Julia pour vingt cestairés tere aud. Sere Julia pour le prix de XV liv. retenu par le Breton le 21° de May V LXVI. — 15 liv.

Autre achept fait par Bernard Lautyé de Fraissinèdes d'un pred al dit Mas de Lautyé dyt lou prat plus bas pour le prix de 12 ecus receu par de Jordy le 22° May an V° nonante. — 36 liv.

Autre achept dud. Jean Lautyé d'un pred aud. Mas dyt lou

prat plus bas pour le prix de 12 ecus receu par Acaryes l'an V^e
huitante neuf. — 36 liv.

Autre achept fait par Anthoine Lautyé d'un champ assis au
Mas de Bardon pour le prix de 45 liv. receu par le Breton le 25^e
Jung LXVI. — 45 liv.

Autre achept fait par Jean et Piere Ricardz de toute leur
metterye aud. Mas pour le prix de 226 escus X s. receu par
Acaryes le 11e octobre an V^e 8e (80). — 680 liv.

Autre instrument d'achept fait par lesd. Ricardz de mesme
vante receue led. jour par led. Acaryes.

Autre instrument d'achep fait par Pierre Guibbert du Lina
de la Vergnye pour le prix de 5 liv. 6 s. receu par le Breton le
9e avril 1561. — 5 liv. 6 s.

Autre achept d'Estene Auriol de Brian de la plus value de
la Resse pour le prix de 4 liv. 12 s. receu par le Breton le 6^e
septembre 1563. — 4 liv. 12 s.

Autre achept fait par led. Jean Catala d'un champ à la Four-
migade pour le prix de cinquante cinq sous reçu par led. Breton le 21e mars 1562. — 2 liv. 15 s.

Autre achept fait par Jean et Guilhaume Calaa d'un pred au
mazage de Bardou pour le prix de 40 liv. reçu par le Breton
le dernier May 1566. — 40 liv.

Autre achept portant rachept fait par Raymond. Jean et Nicolas Ricardz de Bardou pour le prix de 4 liv. reçu par Chabbert
le second février 1559. — 4 liv.

Autre instrument d'achept fait par Raymond Ricard de plus
value d'un pred jardin champ que led. Ricard avoyt vandu à
Sales pour le prix de 5 liv. receu par de Jordy le 14e janyer 1559.
— 5 liv.

Autre achept fait par Anthoine Lautye d'un pred à la Vergnye pour le prix de 65 liv. instrument receu par le Breton le
doutziesme janvier 1576. — 65 liv.

Autre achept fait par Raimond Ricard d'un pred au Mas de
Bardou pour le prix de 12 liv. reçu par de Jordy le 14e Janvyer
1559. — 12 liv.

Autre achept acquis par decret de pocessions de Raymond Ricard de plan Vernet, mentyonnés aud. décret du huitiesme jung 1556 espédyé à Bésiers. — 300 liv.

Autre achept de metterye de Balme fait par Gabriel Sicard d'Azillans pour le prix de 300 liv. retenu par le Breton le dixeptiesme novenbre 1575. — 300 liv.

Autre achept de Frances Espinassié de Brian à Balme apelé de l'Albrespy pour le prix de huit escus trante soulz, retenu par Randomy le second novembre nonante quatre. — 25 liv. 10 s.

Autre achapt fait par Jean Calmette de plus value de lad. metterye de Balne pour le prix de 30 liv. receu par Le Breton le vingtiesme février 1576. — 30 liv.

Rellation faite par le Sr de Canbon aud. Sr de Riolz del pred de quinte fon, acquis des Fraisses de labat et par généralle distribution, acquis dud. S^r et relaxé le VIIe janvier 1590, retenu par Soulete nottere de Saint Pons.

Autre instrument d'achept a luy concédé par Jacme Espinassié de Sivayvolles de tout ce qu'il a aud. mazage pour le prix de 266 escus 40 s. instrument prins par de Jordy le 27e novembre 1579. — 800 liv.

Autre achept de plus value par led. Jacme Espinassié de lad. metterye de Sivayvolles pour le prix de 4 escus 50 s. retenu par Accaryes notere de la Cabarede le 23e d'avril 1589. — 12 liv.

Autre achept à luy concédé par nobles Bernard et Germain de Riolz des Verières Basses de Moussans d'une fenial et pred apellé du Téron aud. Sivayrolles pour le prix de 45 escus 34 s. instrument prins par de Jordy de la Levinière le 20e d'octobre 1581. — 135 liv.

Autre achept à luy fait par Guilhem Espinassié de toute sa part dud. Mazage pour le prix 132 escus 14 s. instrument prins par de Jordy nottere le 4e janvier 1589. — 400 liv.

Autre instrument à luy concédé par les tuteurs des hoirs de Guabriel Espinassié de leur part de Mazage pour le prix de 12 escus, instrument prins par Accaryes nottere d'Anglès le quinziesme d'aoust mil cinq cens quatre vingtz dix. — 36 liv.

Autre instrument de vante à luy concédé par les tuteurs des hoirs de Guabriel Espinassié de Sirayvolles de tout le bien qu'ilz avoyent aud. mazage de Sirayvolles pour le prix de 319 liv. 19 s. led. instrument retenu par Jean Randonis nottere de Feralz le 25ᵉ May 1591. — 319 liv. 19 s.

Autre achept à luy concédé par Barthellemy Valette et Guilhaume Lengevine de Leve Cabane et autres terres al Rec de quinte fon pour le prix de XXV liv. instrument prins par le Breton le second octobre 1575. — 25 liv.

Autre instrument de vante à luy concédé par Léa Franceze de Fabairoles d'un courtal et champ pres au mazage et pred de Courtialz et champ à la Capte de Fabairolles pour le prix de 312 escus prins par Accaryes notère à la Cabarede le 26ᵉ novembre 1589. — 936 liv.

Autre instrument à luy asedé par François Francés de Fabayrolles d'un pred aud. mas appellé le pred d'Albert pour le prix de huit escus, retesne par Randonnys le 25ᵉ May 1592. — 24 liv.

Autre instrument d'acord d'entre les hoirs à feu noble Pierre de Riolz et Mᵉ Pierre Cluzel prebstre pour raison de la pantion et rante annuelle assis sur la mazade de Syrairolles rettenu par de Jordy nottere le 6ᵉ octobre 1602. — 50 liv.

Instrument de lad. pantion remis par led. Cluzel aux hoirs dud. Riolz, portant rante annuelle en datte du troisiesme Aoust 1563, rettenu par le Breton nottère.

Decret des biens des pradalz de Briam consistant en un courtal, predz, jardrins et champs à plain limités et confrontés en icellui obtenu de la cour royale de Siran par noble Pierre de Riolz en date du vingt sixiesme janvier mil six cens un, signé Lacaune, lieutenant, Donadilhes greffèr, pour le prix de septante huit escus, ensemble l'exécustoire des Despans faitz à la poursuite dud. décret soy montans de sept escus un soul, honse deniers, en datte du quathorziesme avril mil six cens un, signé Donadilhes, greffier. — 200 liv.

Toutz lesquels susd. actes et instrumentz ont esté bailhés et deslivrés aud. Sʳ Ysaac de Riolz par noble Samuel de Riolz son frère qu'il a receux, et s'en est chargé, presentz moy soulz signé.

En foy de quoy aux Verières, ce vingt deuxiesme may mil six cens doutze.

Tiré du susd. invantaire pour bailher aud. Sr de Riolz.

DONNET, notaire.   LACROSSE, DRIOUS.

Pactes de mariage dud. Sr de Riolz avec damoiselle Jeanne de Malbois de Paisoig rettenus par Donnet notaire d'Estaing le 11 octobre 1611.

Testament dud. Sr de Riolz père, rettenu par Amblard.

Quittance faicte par David, Samuel, Isac de Riolz, rettenu par Donnet.

Quittance faicte par Samuel de Riolz à Isac de Riolz son frère pour 240 liv. escrite de la main dudit Samuel de Riolz.

Quittance faicte par Me François de Rozel à noble Isac de Riolz pour raison de la météric de Lespinassié.

Autre instrument grossoye d'achept dud. Granyer à luy fait par Jean Tarade de Sere Julya d'un champ à la Vergnye pour cinq flourins VI s. six deniers, retenus par Anblard de Saint [Pons] le XXIIII Mars des Ve 58.

(2e feuille de garde) 22 May 1612.

Extrait de l'invantaire des actes échus au partage de noble Isaac de Riols en datte du 22 May 1612.

N° 21.

(1re feuille de garde). Invantaire des papiers et lettres de Monsieur de Riolz.   N° LXXII.

----

8 novembre 1624.

A tous ceulz qui verront ces presantes, Paul Ardier conseilher du Roy au Conseil d'estat de sa Majesté, intandant et commissaire genneral des gabelles de France et garde des sceaulz estably aus contractz à Riom en Auvergue pour le Roy nostre Sire salut. Seavoir faisons que par devant nostre amé Robert Barrier clerc féal, nottaire royal héréddittaire aus Mandementz de Vai le Chastel, La Cougsat et Chassaignea, en sa personne estably Jacques de Riols, gentilhomme varrier, filz à feu noble Bernard

de Riolz et de demoizelle Cécille Galtier, vivantz, ses père et
mère et leur herittier pour ung quart et quatriesme partie des
biens par eulz déllaissés par leursd. decedz, natifz dans le lieu
des Verrières Basses de Montsaulz, paroisse de Nostre Dame des
Serieres au pays de Languedobt et dans la senneschaucée de
Calcassonne et à presant residant au lieu de Segonsat paroisse
de Sainct Gervasy de l'evesché de Clermont, pays et senneschaucée d'Auvergne, lequel de son bon gré et bonne vollonté a vandu
ceddé quicté remis et transporté et le faict par ces présantes à
tiltre de vante pure et yrrevocable à noble David de Riolz son
frère germain escuyer, seigneur de Tremollèdes y résidant paroisse de Montclard de l'evesché de Saint-Flourt, pays et senneschaucée d'Auvergne ad ce present, recepvant, acceptant et
pour luy et les siens le contenu en ces presentes apperpetuel (sic)
estipullant, asseavoir tous et chascuns ses droictz et actions
part et pourtion, soict de nature, légittime, successions directes
et collateralles escheües [et] à eschoir et que luy peuvent com-
puter et apartenir de présent que pour l'advenir es biens à luy
escheus et advenus par le décedz desd. feus père et mère de feu
noble Yzat de Riolz son frère, tant audict lieu des Varrieres
Basses que ailheurs et en quoy que sesd. droictz et actions part
et pourtion peuvent concister et luy appartenir par les raisons
susdictes, soyent meubles, immeubles, noms debtes, droictz et
actions quelconques et aultrement de quelque natture et con-
diction que lesd. biens soyent et en quelque lieu qu'ilz soyent
assis et scittués et ce puissent comprandre et luy appartenir en
la susd. quallitté d'hérittier desd. feus père et mère pour ung
quart et dudict feu noble Izac de Riolz sondict frère pour ung
tiers et tiers partie; et en outre tous autres droictz successifz qui
luy pourront appartenir directement ou indirectement et par
quelque cause et manière que lesd. successions luy soient
escheües ou luy pourront eschoir à l'advenir et sans aultrement
exprimer, déclairer ne confirmer lesd. biens et droictz sus vandus pour en estre led. sieur acquéreur certain de ce quy est en
nature presentement estans tous lesd. biens par indivis avecq
ledict sieur acquereur ainsin qu'ilz ont dict et confessé et sans
en faire aulcune réserve de tous les desd. biens et droictz successifz si dessus vandus par ledict sieur vandeur, soict de la
propetté (sic) que des fruictz et revenus d'icelle, et avecq leurs
autres droictz, servi Hudez quand à l'immeuble et charges

accoustumés, *toutefois francz et alodial de touttes charges et presantations annuelles*, néantmoings tous lesd. biens vandus tenus en fief du Roy nostre sire accause de son chasteau de Minerbe. Et en vertu de ces dictes presentes ledict sieur acquereur ce pourra faire payer aus fermiers et assansseurs des biens qui solloyent apartenir audict feu noble Yzat de Riolz, frère des parties, du pris de l'assance par culz contractée à son proffict et leur en donner acquit, lequel sera aultant vallable comme si ledict sieur vandeur le donnoict en prepre personne, le subroggant en son lieu, droict et place; comme aussi par ces mêmes presentes led. Sr Jacques de Riolz a ceddé, remis et dellaissé, cedde, quicte, remect et transporte aud. sieur David de Riolz sondict frère ad ce present comme dessus la somme de cinquante deux livres dix solz, faisant moithié de cent livres quy estoient deutz audict deffunct Yzat de Riolz par feu noble Samuel de Riolz vivant Sr de la Crosse, et par obligation que led. cédant a dis estre hadirée et perdue; l'original de laquelle est entre les mains de Martin, notaire royal de Labastide audict pays de Languedobt. Et pour en recepvoir le payement de lad. somme ceddée, led. Sr David de Riolz pourra faire contraindre led. Martin pour l'expédition de ladicte obligation et apprès en exiger le payement contre qu'il appartiendra, luy ceddant en outre ung tiers des autres cinquante deux livres dix solz restans de lad. obligation qui estoient deuz pour sa pourtion d'icelle audict deffunct Ysat de Riolz comme luy ayant succedé par ung tiers, et tiers partyé desd. biens; et l'autre somme de cinquante deux livres dix solz sus ceddée estoit proppre aud. Sr Jacques de Riolz et à luy deuhe par led. deffunct sieur Samuel de Riolz; et de touttes lesquelles sommes ainsin ceddées led. Sr de Riolz s'en pourra faire payer tout ainsin et de mesmes que led. Sr Jacques de Riolz eust peu et deu le faire auparavant cesd. presentes au proffict duquel s'en est desmis, en rien rettenir ne réserver, l'en faisant et constittuant vray Seigneur, acteur, procureur, pourchasseur, recepveur et quicteur et sans autre garantaige ne rettour de deniers si n'est que de touttes quictances et payementz et de son faict et affaire proppre seulement. La presant vante desd. biens et droictz successifz et cession desd. sommes sus ceddées a esté faicte et conssantie par led. Sr Jacques au proffict dud. Sr de Riolz acquereur moyennant le pris et somme de douze vingtz livres (240 livres), laquelle

somme a esté payée réallement aud. sieur vandeur et cédattaire
par led. S^r acquereur en doublons d'Espaigne, escus au solleil
et autre inosmages ayant cours en ceste province, comptés et
nombrés en présance du notaire royal soulzsigné et des tes-
moingz soulz escriptz, et duquel payement led. sieur vandeur
s'en est tenu pour comptant bien payé et satisfaict; et en a
quicté ledict sieur acquereur et les siens en pacte et convenance
de ne leur en pouvoir faire aulcune aultre question ne demande
en jugement ne dehors; et outre ladicte somme ainsin payée
led. S^r acquéreur a promis aud. vandeur de l'acquiter de touttes
charges hérédittaires qu'il pourroict estre recherché accause
desd. biens et droictz si dessus vandus et en liberer et garder
indempne led. vandeur. Desquelz dictz biens et droictz successifz sus vandus et déclairés led. S^r vandeur en a faict et constitué
led. sieur de Riolz sond. frère acquéreur et les siens vrays seigneurs utils propriétaires et pocesseurs, s'en est desmis à leur
proffict sans aulcune chose en rettenir ne réserver quil a confessé
tenir et pourter au nom de précaire proffict et utillitté dud. S^r
acquereur et des siens, si dorésnavant aulcune chose il en te-
noict ou poccédoict. Et aveq ce a promis de leur garantir et
deffandre lesd. biens et droict successifz sus vandus et déclairés
envers et contre tous, de tous troubles et empeschementz quelconques en jugementz et dehors. Car ainsin tout ce que dessus
a esté accordé entre les parties ad ce presantes, recepvantes,
acceptantes et pour elles et les leurs apperpetuel, estipullantes,
lesquelles chozes susd. ont promis et juré respectyvement led.
parties par leur foy et serement prester soulz l'ypothèque et
obligation de tous et chascuns leurs biens meubles et immeubles, presentz et advenir, tenir et attendre et au contraire ne
venir sur payne de randre et rambourrsser tous despans dom-
maiges et interestz que sur ce seront faictz et souffertz, renon-
çantz à touttes exceptions tant de faict que de droict à ces presentes contraires et au droict, disant la genneralle enonciation
ne valloir que l'especialle ne precedde. Et oultre ce ont vollu
et conssanty euls et les leurs pouvoir et debvoir estre forcés,
contrainctz et compellés par nous ou par icelluy quy au temps
advenir sera en lieu de nous, Monsieur le seneschal d'Auvergne
et autres qu'il apartiendra, par prinse et vante de tous et chescuns leursd. biens.

En tesmoing desquelles choses susd. nous garde susd. à ces

dictes presantes avons faict mettre et aposer led. scel royal que tenons; faict presantz et par tesmoings appellés M⁰ Guilhaume Barreyre notaire royal de Laval et Jean Boyer clerc à Enval qui ont signé avecq led. sieur acquereur et led. Sʳ vandeur n'a sceu signer. Faict et passé au lieu de La Vernelle, parroisse de Sainct Deydier et dans la maison de Mᵉ Pierre Charrier, le huictièsme jour du mois de nouvembre l'an mil six centz vingt et quatre advant midy.

Et à la minute originalle des presentes y sont signés. De Riolz, G. Barreyre, J. Boyer et moy dict notaire royal soulzsigné; et y est escript.

Remettre le sceau.

(Paraphes). BARRIER.

Ces presentes pour led. sieur David de Riolz et les siens apperpetuel.

(Paraphe).

Au dos, on lit :

Contrat de cession et surrogation du 8 noᵇʳᵉ 1624 pour le Sʳ David de Riolz et Izac de Riols.

DAYDEZ.

Vante cession et subrogation pour noble David de Riolz, seigneur de Tremollèdes à son proffict consantye par noble Jacques de Riolz son frère.

———————

ARCHIVES DE LA HAUTE-GARONNE.
Section judiciaire et notariale.

B. Eaux et Forests.   20 février 1638.

Maîtrise de Sᵗ Pons.

F. 17.

Les grandz Mʳˢ enquesteurs et generaux refformateurs des eaux et forestz de France et ancien domaine de Navarre aux provinces ressortz et gouvernemens de Languedoc, Provence et Dauphiné, veu par nostre lieutenant général l'ordonnance donnée le sixiesme de septembre 1628 en faveur des capdetz Bernard et Jean de Noguès frères, par laquelle et pour les causes

y contenues estoit permis audict de Noguès de fere bastir et
construire à neuf une verrière à six fourneaux avec ses apartenances et deppendances dans la forest appellée *Campaurel* et
endroit appelé *Le Pla de Crouset* prez la source de l'eau, et pour
le chauffage et entretenement d'icelle, de prendre le bois nécessaire dans lad. forest en payant annuellement au Roy en son
domaine ez mains du trézorier de la senechaucée de Carcassonne
la somme de quatre livres de rente annuelle et perpétuelle, la
moityé à la feste de l'Assantion et l'autre moytié à la feste de
Tossainctz de chascune année, lad. ordonnance signée de Catel
lieutenant general, et plus bas « Par led. sieur grand M* Mouret »; acte de dimission faicte par lesd. Bernard de Noguès en
noz mains, de lad. faculté de bastir et construire lad. verrière
et prendre le bois pour l'entretenement d'icelle en lad. forest de
Campaurel en datte du quatriesme du courant mois de febvrier,
faicte par devant M* Jean Gizard M* particullier des Eaux et
forestz en la senechaucée de Carcassonne et Bésiers; offre faicte
par Jean de Riolz gentilhomme verrier demeurant à la Borde
Cremade de se mettre au lieu et place dud. de Noguès en lad.
faculté portée par lad. ordonnance, de fere construire lad. verrière et de payer annuellement en domaine trois livres en le
faisant jouir d'icelle et de la faculté aussy de prendre de bois
en lad. forest de Campaurel pour le chauffaige et entretenement
d'icelle; Conclusions du procureur du Roi auquel led. acte a esté
communiqué; Par nostre presant ordonnance avons ordonné et
ordonnons que led. acte de demission et delaissement faict par
led. Bernard de Noguès de lad. verrière sera enregistré ez registres de nostre siège pour y avoir recours quand besoin sera.
Ce faisant avons deschargé et deschargeons icelluy de Noguès
de la construction d'icelle en payement de lad. rente annuelle.
Et au surplus attandre l'offre dud. Jean de Riolz Sr du Causse,
l'en avons investy et permis lad. faculté que ausd. de Noguès
de fere construire et bastir à neuf lad. verrière avec six fourneaux avec ses apartenances et deppendances ausd. endroict
appelé « Le Pla de Crouset » près la source de l'eau. Et pour
le chauffage et entretenement d'icelle *prendre le bois nécessaire
esd. forestz et montaignes de Campaurel, pour en jouir par led.
sieur du Causse, ses héritiers et successeurs et ayant cause à
l'advenir,* en payant annuellement au Roi en son domaine lad.
Albergue de trois livres suivant son offre aux festes de l'Assan-

tion et Tossainctz de chascune année, pour raison de quoy en
sera par nous dressée lettre d'estat au trézorier du domaine de
lad. senéchaucée pour en fere le recouvrement. En tesmoin de
quoy ces presentes ont esté expédiées aud Sr du Causse pour luy
servir de tiltre valable signées de nostred. lieutenant genéral et
sellées du sceau de nostre siège.

Faict à Toloze le vingtiesme jour du mois de febvrier mil six
cens trante huictz.

De Catel, lieutenant general.

Par ledict sieur grand Mᶜ

(Sceau).   Mouret.

Je Noble David de Riols, Sr de Moussans au diocèze de Sᵗ Pons
de Thomières, ayant heu cognoissance que vous Mʳ le Seneschal
de Carcassonne ou vostre lieutenant, estes commis pour la con-
voquation du ban et arrière ban que le Roy veut estre faict dans
ceste province du Languedoc, il c'est prezanté et fait desnom-
brement des piesses nobles qu'il jouisset et possède dans vostre
ressort.

Premièrement déclare que feu noble Nicolas de Riols mon
ayeul fist aquisition en l'année 1532 de Jeanne et Guilhalmette
Courcinos, sœurs, d'un vieux bastiment appelé Mossans ou
soulloit avoir unne veirière que mon feu père auroit faite remettre, de laquelle je me prévaus, une année comportant l'autre, que de quarante sols.

Pour un second et comprins dans la mesme aquisition quelques terres joignans lad. verrière tant cultes que incultes et bois
de fau, duquel je me sers tant sulement pour mon chaufage et
pour lad. verrière, *le tout noble de toutte ansiennetté*, soubs
l'aubergue de sept sols, six deniers tous les ans, paiables au
clavaire pour le Roy en Minervois, lesquels biens sont de fort

petit reveneu pour estre en lieu montanheux et desquels je ne me prevaux que de cinq cestiers seigle de valeur année par année de quarante sols.

Faisant ce denombrement souls protestation d'y auqmanter ou diminuer du prix du sus dit reveneu en cas j'aurois rien obmis ou ne seroit pas suivant l'intancion et volonté du Roy, afirmant en serement que je ne jouis ny possède autres biens noblement. Faict à Carcassonne le vingtcinquiesme jour du mois de mai mil six cens trente neuf.

DE RIOLS, signé à l'original.

Somme la taxe à quatorze livres dix sols.

Collationné à son original remis devers moi greffier en la commission de ban et arrière ban, envoyée en la sénéchaussée de Carcassonne et de Beziers. Faict à Carcassonne le vingtcinquiesme may mil six cent trante neuf.

HORTAL, commissaire, signé.

ARCHIVES DE LA HAUTE-GARONNE.
Série B.
Eaux et forêts.
Maîtrise de St Pons.
Sac 17.

30 avril 1663.
de Riols de Robert.
La Plane.

Louis par la grace de Dieu Roy de France et de Navarre au premier nostre juge magistrat sur ce requis, salut. En l'instance pandante en nostre cour de parlement de Thoulouse entre nostre procureur general demandeur en excès et defandeur, d'une part et Isac de Robert Sr de la Plane prevenu defandeur et suppliant par requeste du 9eme Xbre 1662 en cassation d'information contre luy faites à la requeste dudit procureur general et autres frais y contenues d'autre; et entre Samuel de Riols Sr de la Boissonade en qualité de propriétaire de la verrière de Moussans suppliant et demandeur par requeste du 12eme dudit mois de decembre pour estre rescue partie en l'instance et opposant envers l'arrest d'espediant obtenu par ledit de Robert Sr de la Plane avec nostre dit procureur general le 26eme 8bre audit au 1662 ce faisant sans y avoir esgart ny en l'infeudation mentionnée en icelle que ledit de Robert soit condamné pour la degradation par luy comise aux forests de Minerve en 1.000 [livres] d'amande avec defanse de la dite requeste d'une part, et ledit de Robert Sr de la Plane defandeur d'autre; Et entre Me Franssois de Moustier compte de Meranville, Rieux et...... ville de Minerve, conseiller en nos Conseils, chevallier de nos ordres et commandant en chef en nos armées de Provence, suppliant et demendeur par [exploit] du 13 janvier dernier, pour en qualité de seigneur et propriétaire des forests de Minerve comme engagiste de nostre domaine estre pareillement rescue partie intervenante en ladite instance, ce faisant, attandu que Samuel de Riols Sr de la Boissonnade n'a aucun tiltre pour prendre aucun bois dans les forests de Minerve et qu'il a entierement degradé lesdits bois et mis en culture plus de 300 cesterées de terre, qu'il lui soit fait inhibitions et deffances de prendre ny faire coupper aucun bois dans la forest de Moussans ny autres apayne de 1000 livres et autre arbitraire et autres fins de ladite requeste, d'une part, et les dits de Riols Sr de la Boissonnade et de Robert Sr de la Plane defandeur chacun en ce que les conserne d'autre; et encore entre ledit Samuel de Riols sieur de la Boissonnade suppliant et demandeur par autre requeste du 17 février dernier à ce que sans avoir esgard à la requeste presantée par le dit Sr Compte de Meranville appellant de comis respondre sur icelle ordonnance d'........? ny aus informations faites en consequance ny à tout ce que s'en est ensuivy que ledit Sr Compte de Merenville soit déclaré non recevable en sa requeste avec despans et deffansses de le troubler de presant ne a l'advenir en la faculté du jouissance des forests de Minerve et autres depandans suivant ses actes, tiltres, et pocessions immémoriales et pour l'indue vexation que ledit Robert de la Plane et ledit compte de Merenville luy donnent, qu'ils soient condamnés solidairement en tous despans, domages, et interets. Et néantmoins que les consuls de Minerve, Boisset et Rieussec soient tenus de desduire les interets, exceptions et deffanses qu'ils ont en ladite instance et condamnés à contribuer aus fraïs de poursuites et à indemniser ledit de Riols; autrement que à faulte de ce faire, que silence perpetuelle leur sera imposee depresant et à l'advenir et la faculté usagère pour leur chaufage, desdits forets et autres fins de ladite requeste d'une part; et tant ledit compte de Meran-

ville, de Robert Sr de la Plane, consuls de Minerve, Boisset, Belieux et Rieussec que ledit procureur général defandeurs en ce
que hacun concerne, d'autre.

Nostre dite Cour, veu le procès, plaide des 19eme janvier.
19eme fevrier dernier, charges et informations du 12eme octobre
1662 et 26eme janvier dernier, audition dudit de Robert du
9eme X^{bre}, aussy dernier arrest d'espediant duquel la cassation
est demandee du 26eme dudit mois d'octobre, lettres obtenues
du roy Charles neufiesme par Pierre de Riols escuyer verrier
des verreries hautes de Moussans, terre de Minerve sise pres la
forest dudit Moussans du 14eme mars 1565 adressantes au senechal de Carcassonne; enqueste faite par ledit senechal de Carcassonne en concequence des dites lettres du Veme 7bre 1565
contenant la deposition de 9 themoins, ordonnance de mainte-
nue donnée par ledit senechal du 20eme dudit mois de 7bre au dit
an; verbal de mise de pocession du 22eme may 1565; deux denom-
bremens randus à nos comissaires par les hauteurs dudit de
Riols des premiers may 1614 et 29eme may 1639; deux arrets
de la Cour du 11e may 1650 et 23eme X^{bre} 1658; infedudation
acordée à Jean de Riols S^r del Causse [de la verriere] de la
Boirie Crémade par les officiers de la Table de Marbre de Thaulose du 23 juillet 1630; ordonnance donnée par les officiers de
la dite Table de Marbre de Thaulose en faveur du dit Isac de
Robert Sr de la Plane concernant ladite verrière de la Borie
Crémade du premier février 1651; requeste de forclusion; requeste de comandement de lier et joindre avec les exploits y
endossés du Veme du present mois; coppie de requeste dudit de
Moustier comte de Meranville de la commission de mestre François de Viguerie conseiller et commissaire du 5eme dudit mois;
appointement par luy donné le mesme jour; requeste et ordonnance de ladite Cour du 14eme de ce mois, portant que sans
prejudice de l'appel de l'appointement dudit de Viguerie, sera
procédé au jugement du procès et autres productions par lesdits
de Riols et de Robert sur ce faites; ensemble les dires et conclusions de nostre procureur général par son arrest prononcé le
setsiesme du present mois d'april disant quant à ce droit sur
la requeste desdits de Riols et de Moustier les a receus et res-
soit parties intervenantes en l'instance en l'estat et sans avoir
esgard à celle dudit de Moustier en ce quelle tant en inhibitions
audit de Riols de prendre et faire coupper aucun bois dans les

forets de Moussans ny autres de laquelle pour ce regard l'a
demis et démet a déclaré et déclare ledit de Riols bien opposant
envers l'arrest d'espédiant pris avec nostre dit procurateur ge-
neral et ledit de Robert ledit jour 26eme 8bre 1662 et sans y avoir
esgard ny en l'infedudation et provisions des officiers de la
Table de Marbre de Thaulose par eus octroyés en faveur de Jean
de Riols et Isac de Robert, de la verriere sise au lieu appelé de
la Boiric Cremade des dits jours 23eme juillet 1630 et premier
fevrier 1651; qu'elle a cassé et casse et declare de nulle valeur
et effet ensemble tout ce que en consequence s'en est ensuivy
a fait et fait inhibitions et deffansés ausdits officiers de la Table
de marbre de par cy après sugerer de faire de semblables infeo-
dations ny octroyer de pareilles provisions, a payne de 1000 livres et cassation, et de respondre aus parties de tous despans,
domages, et interêts conformement à l'arrest dudit jour onzies-
me may 1650. Et a ordonné et ordonne que les fours à verre de
la dite verrière de la Boiric Cremade seront desmolis, avec inhibitions et defanses audit de Robert d'en y bastir aucun autre
à l'advenir ny de prendre aucun bois dans les forets de Minerve
pour le chauffage d'iceux sans nostre permission sur mesme
payne et autre arbitraire. *Et au surplus a maintenu et maintient
ledit de Riols en la pocession et jouyssance de la verrière haute
de Moussans, apartenances et dependances d'icelle et en la
faculté de prendre le bois à luy necessaire dans la foret de
Moussans pour le service de la dite verriere, conformement à
ses tiltres,* faisant inhibitions et deffenses tant au dit de Moustier, de Robert que tous autres de à ce donner trouble ny empechement sur la susdite payne, sans prejudice neantmoins de
degradations pretendues par ledit de Moustier, pour raison de
quoy ordonne ladite Cour que les parties seront plus amplement
ouyes, diront et produiront tout ce que bon leur semblera dans
le mois après la signification du present arrest pour ce faict,
être ordonné ce qu'il appartiendra...... en l'instance d'excès
d'entre ledit procureur général et de Robert [Sr de la Plane];
et m'est les parties, ensemble lesdits consuls de Minerve [Bois-
set, Belieux et] Rieussec hors de Cour et de procès sans prejudice... des arrets taxés par la Cour sur les informations d.....
a icelluy poursuivre comme il verra estre a faire. Et a condamné et condamne ledit de Robert aux dépans de l'instance envers
ledit de Riols, la taxe reservée sans autre despans des instances

jugées à ce que conserne lesdits consuls de Moustier, les autres
reservés en fin de cause. .

A ces causes, à la requeste et suplication dudit de Riols, nous
vous mandons et cometons par ces presantes, appelles ceux quil
appartiendra, *proceder à l'exécution dudit arrest en ce qu'il
porte maintenue en faveur dudit de Riols* et en tout le surplus
ou ladite exécution sera requise, constraignant à y obéir tous
ceux que besoin sera par toutes voyes deues et raisonnables et
sur les paynes contenues. .Mandons aussy et commandons au
premier nostre huissier sergent faire de par Nous et nostre dite
Cour les inhibitions et defenses portées par ledit arrest, tant audit de Moustier, de Robert que autres sur les dites peines et
pour ce faire tous exploits nécessaires. Et en oultre mandons
et enjoignons à tous nos justiciers, officiers et subjects, ce faisant, obeyr. Donné à Thaulose en nostre dit parlement le 30eme
jour du mois d'april l'an de grâce 1663 et de nostre règne le
20eme.

> Par arrest de la Cour   ainsin signé.

> M. de la Roche, raporteur, 30 liv.
> etc...

> Contrerolle 2 liv. 7 s. t. d.

> Signifié le 9eme may
> à Robert parlant à sa
> fame par Icart huissièr
> en la Chambre.

Inventaire raisonné de la production que met et bailhe devant
vous Messieurs les Officiers de la maistrize particulière de La
Bastide St-Amans, Noble Samuel de Riols sieur de Moussans
assigné contre le sieur procureur du Roy en voste cour pour
obtenir les fins et conclusions cy après prinses et autres de droit
meilheures.

Dict le produisant qu'il a esté assigné devant vous à la requi-
sition dud. sieur procureur en représantation des titres en vertu
desquels il jouyt et poscède ung moulin à bled et a scie par lui
poscédé aux Verrières Hautes de Moussans joignant les forestz
royalles de Campaureilh et Coste Rauste, comme résulte de
l'exploit fait par Josué Hébraud huissier en datte du dix hui-

tieme Janvier M VIc 4XX, la coppie duquel est cy produitte et cottée lettre A.

Sur le plaidé de laquelle assignation vous auries ordonné que le produisant remettroit ses titres dans huitaine, à quoi satisfaisant led. sieur produisant, dit que c'est a juste titre qu'il tient les d moulin et scie, d'aultant qu'il en paye la censive et la tailhe au Roy comme il fera voir cy après.

Dict, qu'en l'année mil cinq cens quarante et le siviesme jour du mois de Juilhet, Grégoire de Roquefort, seigneur de La Bastide, maistre des Eaux et Foretz commissaire du Roy, auroit concédé à Nicolas de Riols bizayeul du produisant, la faculté de construire led. moulin et scie à nouvelle inféaudation, a la charge de payer la censive annuelle de cinq sols, despuis lequel temps tant led. Nicolas de Riols que Pierre et David de Riols ses ayeul et frère en ont tousjour jouy aussy bien que led. produisant sans aucun trouble ny empeschement jusques au jour de l'assignation.

Dict aussy qu'en l'année M VIc trente six, le roy faisant procéder au renouvellement de ses recognoissances et papier terrier led. feu sieur David de Riols, frère dud. s\' produisant, il auroit esté obligé de recognoistre led. moulin à Sa Majesté soubz lad. censive de cinq sols par devant M* Jaques de la Rivoire docteur et advocat et commissaire subdelégué, comme appert de l'expédié de lad. recognoissance dans laquelle est esnoncée lad. inféaudation dud. jour sixiesme Juilhet 1540, ledit expédié de recognoissance est cy produit et cotté lettre B.

Et pour faire voir que le produisant ne paye pas seulement lad. .censive au Roy ou à son fermier, mais en paye aussy les tailhes et charges de toutte nature de deniers qui s'imposent au consulat de Rieussec duquel led. moulin dépand, remet l'extrait du compoix et cadastre dud. lieu estant cy cotté lettre C.

Au moyen de quoy veu que lesd. actes sont plus que suffisans pour prouver une poscession de cent trente années, vous debvés, Messieurs, maintenir led. sieur produisant en la paisible poscession et jouissance dud. moulin et scie avec inhibitions aud. sieur procureur du Roy et tous autres quil appartiendra de le troubler en icelle à peyne de mil livres d'amende et de tous despens et autrement pertinement   pour led. produisant.

Le procureur du Roy par ses conclusions qu'il a faites signiffier au produisant dit et soustient les recognoissances et compoix qu'il a produitz n'estre pas suffisans pour opérer la maintenue du moulin dont est question, comme il apert de la coppie d'icelles et exploit y endossé en datte du XXIX° mars 1670 estant cy produitte et cottée lettre D. .

A quoy respondant le produisant dit qu'il luy seroit impossible de faire presantement voir ny remettre led. acte d'inféaudation de lad. année 1540, dauttant qu'ayant esté assigné devant M° Louys de Lapoire commissaire subdélégué pour le renouvellement du papier terrier en Minervois dans le consulat de Rieussec d'où led. moulin dépend, devers lequel il auroit remis led. acte d'inféaudation de lad. eau pour reigler le payement de la censive que le produisant fait au Roy, lequel acte il ne peut présentement rettirer à cause que led. sieur commissaire a fermé son bureau despuis plus de six mois, et qu'en tout cas (droit par ordinaire) ? il luy doibt d'estre bailhé constrainte contre le greffier dud. s° commissaire pour remettre led. acte ou donner un dellay de trois mois pour en rettirer coppie en bonne forme des archifz de Carcassonne ou l'original de lad. inféaudation a esté remiz.

Mais pour justifier la longue et immémorialle poscession dud. moulin, le produisant remet coppie du testament de Pierre de Riols son ayeul par lequel il fait entr'autres choses donnation dudit moulin à David de Riols son père, en datte de l'an 1588, estant cottée lettre E.

Et pour prouver que led. Pierre de Riols tenoit et poscédoit led. moulin longues années avant sondit testament soubz la mesme censive portée par lad. récognoissance de l'an 1632, produit une quittance de lad. censive datée du quatriesme aoust 1561 qui prouve une poscession de cent dix ans, estant cy cottée lettre F.

Et c'est mal a propos que led. procureur du Roy demande la récession dud. moulin au domaine du Roy puisqu'il n'a jamais esté dud. domaine estans des biens ruraux des ayeuls du produisant, en ayant tousjours payé la tailhe et la paye encore comme il le justifie par l'extrait dud. compoix cy dessus produit soubz cotte lettre C.

D'aultant plus que le Roy par l'arrest de son Conseil d'Estat du douziesme mars 1668 ordonne que tous les poscesseurs de illes, illotz, moulins et autres choses sur les rivières navigables et autres y affluentes, qui eux ou leurs autheurs en sont en paisible poscession auparavant cent années à quel titre et condition que ce soit demeureront confirmées en lad. poscession et jouissance, le produisant ne peut estre que maintenu en la poscession de sond. moulin puisqu'il justifie par actes la poscession de cent dix ans, et d'ailheurs que led. moulin n'est sur aucune rivière ains. seulement sur deux meschans ruisseaux quy a peyne peuvent faire rouller une meule, lequel arrest led. sieur procureur du Roy, n'ignore pas, la coppie duquel est cy produitte en datte du XII mars 1668 et cottée lettre G.

Partant persiste en ses précedantes conclusions *Foset* pour le produisant.

Au dos on lit :

Invantaire de production pour noble Samuel de Riols sieur de Moussans.

Contre le s^r procureur du Roy en la maistrize particulière de La Bastide St-Amans.

FOSET.

18 Juin 1671.

Invantaire de la production que met et bailhe par devant vous messieurs les Commissaires depputés par Sa Majesté pour la Reformation génerale des eaux et forestz au despartement de la grande maistrise de Tolose.

Damoiselle Anne de Cristol, veuve de Pierre de Riols vivant conseiller du Roy au Séneschal de Bésiers.

Contre Monsieur le procureur du Roi en lad. refformation.

Dict que par une ordonnance du vingtiesme mai MVI^e soixante doutze rendue entre led. sieur procureur du Roi, d'une part, les héritiers de Jean Barbasa, Daniel Albert et autres habitans des Verrières Basses de Moussans, d'autre; et les héritiers de Isaac et Pierre de Riols, led. Pierre mari de la produisante appelée en garantie par lesd. héritiers de Barbasa, Albert et autres acquéreurs, auroict esté ordonné qu'avant fere faire droict deffinitivement que dans quinsaine apprès la signification de lad. ordonnance lesd. heritiers de Isac et Pierre de Riols reppresenteront l'acte de nouvel achapt et inféaudation de la Verrière Basse de Moussans et terres en deppendants, faict à Sicart Esmonin verrier par le lieutenant du M^e des Eaux et Forestz en l'année mil quatre cens huitante sept pour ce faict et communiqué aud.

procureur du Roi estre ordonné ce qu'il appartiendra comme appert de la coppie de lad. ordonnance et exploict de signification d'icelle si cotté lettre A.

Suivant laquelle ordonnance la produisante remet et produit led. acte de nouvel achapt et infeaudation faict aud. Sicart Esmonin le XXVIII Mars mil quatre cens huitante sept par extraict tiré sur le grossiré sy cotté lettre B.

La produisant employe la production quelle fist devant messieurs les officiers de la Maistrise particulière des eaux et forestz establis à Saint-Pons de Thomières estant dans un sac sy cotté lettre C.

Dict que le produisant a remis dans sad. première production le contrat de division et partage faict entre Pierre et autre Pierre de Riols des Verrières de Moussans, parroisse de Ferrals et juresdiction de Minerve, en datte du XXIIII° febvrier mil cinq cens cinquante trois ensemble le contract de vente du XVI Octobre mil six cens neuf esnoncés en une ordonnance du.   .   .

.   .   .   .

Par ainsin lad. produisante l'en emploie pour faire veoir que les terres des poscessions dont mention est faicte ausd. deux actes, sont situées et assises à la Verrierre de Moussans, lesquelles terres et pocessions comme est esnoncé aud. contrat de division, feurent données par Antoine Esmonin auteur de Sicart Esmonin en faveur duquel l'acte de nouvel achapt et infeaudation de la Verrière Basse de Moussans et terres en deppendances ci dessus produit feurt faict, ce qui est convainquant, et il ne peut estre doublé que les casalz appellés les Casals del four Viel assis dans la forest royalle appellée de Campaurel, juresdiction de Minerve souls la censive de quinse sols n'aye appartenu aux auteurs de la maison de Riols avec ses appartenances; les actes remis par la produisante le justiffient clairement et sont relatifs l'un à l'autre; et il est permis par led. acte d'inféaudation d'y construire et fere fere des edifices et d'en disposer soict par vante ou angagement.

D'où vous voies, Messieurs, que la produisante justifiant par bons actes qui ne peuvent pas estre légitimement contredits, la propriette des terres et pocessions dont est question le rellayié de la produisant ne peut recevoir de la difficulté et par conséquent des tenantiers ausquels lesd. terres et pocessions ont esté vendus.

Et pour justifier encores de lad. proprietté est faict production d'un contrat de vente faict et passé en l'année mil six cens vingt quatre par Jacques de Riols gentilhomme verrier de sa portion desd. Verrières basses de Moussan et appartenances tenus en fief du Roi, laquelle vente est faicte à David de Riols son frère, commun de biens à lui escheux et advenus par les déceds de ses feux père et mère que de feu Isac de Riols son frère ayeul des enfans de la produisante, lequel contrat est si produit et cotté lettre D.

Au dos on lit

Pour dame Anne de Christol veufve de Pierre de Riols conseiller au seneschal de Besiers.

Contre le procureur du Roi.

18 Juin 1671. — Pour Jean Barbaja, Daniel Albert
(Eaux et forests)

Maitrise de St-Pons f' 19

---

20 Octobre 1672.

Les Commissaires depputés par Sa Majesté pour la refformation generalle des eaux et forestz au département de la grande maistrise de Thoulouse, entre le procureur du Roi en lad. refformation demandeur aux fins de l'exploit du dix huitiesme juin 1670 contre les heritiers de Jean Barbasa, Daniel Albert, Jacques de La Roque sieur Du Bosc, François Vieu, le sieur de Jerme, le sieur Pilemond de Roubert, le sieur de Cantalauze, Jacques Pages, le sieur Abel Coulon, Jean Derriols sieur du Cause, Catherine Courrene vefve de Cesar Pailloux et les heritiers de Samuel de Roubert sieur de la Grenade et tous habitans des Verrières de Moussans, aux consulat de St-Pons et Rieusec riverains des forestz roialles de Moussans et Campaurel et les heritiers d'Isaac et Pierre Derriolz prenant le fait et cause pour tous les susnommez deffendeurs; Veu lesd. explois d'assignation donnée auxd. deffendeurs en representation des tiltres pour justifier les droitz de propriété et usages par eux pretendeux aux terres defrichées dans lesd. forestz desquelles chascun d'iceux c'est rendeu propriétaires d'une partie, requeste en garantie donnée par Jean de Riols et consors le 23ᵉ juin 1571 contre les héritiers d'Isaac et Pierre Derriolz père et filz de la ville de

Besiers, leurs vendeurs, exploitz d'assignation donné ausd. héritiers le 25° Juin signé Rames, huissier pour procéder sur les fins de lad. requeste, acte de division passée le vingt-quatrieme février mil cinq cens cinquante trois entre le sieur Pierre et autre Pierre Derriolz, des terres et pocessions dont ils jouissoint au lieu dit à la Verrière Basse de Moussans, led. acte de division reteneu par François Marchand nottaire de St-Pons, collationné par Barthou greffier en la maistrise dud. Saint-Pons, contrat d'achapt de lad. Verriere Basse et terroir en despandans fait par Isaac et David de Riolz, reteneu par Jean Amblard nottaire de St-Pons le 16° Octobre 1609, inventaire desd. heritiers d'Isaac Derriolz prenant la cause pour lesd. assignés, conclusions du procureur du Roi en lad. maistrise signifiés ausd. héritiers, extrait des registres de lad. maistrise, appointement rendeu par les officiers d'icelle portant que le tout sera remis par devant nous pour estre fait droit aux parties ainsin qu'il appartiendra, tout consideré, Nous, avant faire droit de definitivement avons ordonné que dans quinzaine après la signiffication de nostre presente ordonnance, lesd. héritiers d'Isaac et Pierre de Riolz representeront l'acte de novel achapt et inféodation de la Verrière Basse de Mousans et terres en dependans fait à Sicart Esmonin, verrier, par le lieutenant du M° des eaux et forestz en l'année 1487 dont est fait mention dans leur inventaire pour ce faict et communiqué aud. procureur du Roi estre ordonné ce qu'il appartiendra. Si mandons au premier garde du Roi en la prevosté de son hostel, premier huissier archer ou sergent garde des forestz faire pour l'exécution de la presente ordonnance tous exploitz requis et necessaires. Fait à Thoulouse le vingtième mai mil six cens soixante douze. Le Froidour signé. Par mond° s° le commissaire, Estachon pour l'absence du greffier, signé.

Le vingtsixiesme jour du mois d'Octobre mil six cens septante deux, par moi Anthoine Cambon huissier au présidial de Béziers, soubzsigné, le jugement dont la coppie est sy dernier escripte a este inthime et signiffié aux héritiers de Izac et Pierre de Riolz nommés, et bailhé coppie dans son domicille en parlant à sa servante.   Cambon.

Au dos on lit :   Mad°rlle de Boulvias.

Coppie d'ordonnt pour damoiselle Anne de Cristol vefve de M° Pierre de Riols conseiller au seneschal de Bésiers.   A.

Invantaires des meubles et effetz délessés par Monsieur de la Bouissonnade.

N° XXVII   3 janvier 1696.

L'an mil six cens quatre vingz setze et le troixiesme Janvier, dans la ville de St-Pons de Thomières, par devant nous Jacques Pagès no^{re} roial dud. St-Pons et dans nostre maison d'habitation une heure après midi.

A compareu Jacques Daidou de la Verrerie de Moussan, faisant pour noble Pierre de Riol sieur de Moussan qui nous a dit que noble Samuel de Riol sieur de Bouissonnade son père est décédé depuis le quatorziesme Octobre dernier, apprès avoir fait son testament dans lequel il le nomme son héritier et fait jouissant de son entière heredité dame Marguerite de Routolp sa mère, et d'autant qu'il ne prethant accepter lad. hérédité que par bon office d'invantaire, il nous requiert de nous vouloir transporter au château de Moussan à l'effet de procéder aud. invantaire.

Nous ayant esgard ausd. requisitions, avons offert procéder aud. invantaire, et à cest effet, partir demain matin pour aller aud. chasteau de Moussan.

Et le lendemain quatriesme dud. mois de janvier, serions partis dud. St-Pons à six heures du matin et estans arrivés aud. chasteau de Moussan environ l'heure de dix.

C'est présenté led. sieur de Moussan qui nous a dit ne vouloir prandre l'hérédité dud. feu sieur de la Bouissonnade son père que par beneffice d'invantaire sans confusion de ces drois, nous requerant vouloir procéder aud. invantaire, ayans à ces fins fait assigner à l'heure presente de dix de matin noble Pierre de Rotolp, sieur d'Aimard, noble Pierre de La Roque sieur du Claux, créantiers de l'hérédité et la dame de Rotolp sa mère pour voir procéder aud. invantaire, aussy qu'il nous a fait apparoir de l'exposé de lad. assignation fait par Fonte huissier de St-Pons cejourd'hui, qu'elle nous remettra après estre controllé.

A aussi comparu lesd. sieurs d'Aimard et Du Claux comme aussi noble Anthoine de Rotolp et noble Anthoine de Riolz s^r de St-Pierre autre fils dud. s^r de la Bouissonnade, créantier de lad. hérédité qui ont dit n'entendre empêcher qu'il ne soit procédé aud. invantaire.

Encore a compareu lad. dame de Moussan qui a requis aussi

led. invantaire pour s'en servir en temps et lieu s'il est necessaire, sans en faire aucun préjudice à ces droitz.

Nous demurans nostre present verbal chargé de dires, réquisitions et protestations des parties, en avons octroié et ordonné qu'il sera tout presantement procédé aud. invantaire.

Et à l'instant, à la présence de lad. dame et desd. sieurs d'Aimard, Duclaux, de Routolp, St-Pierre, de Moussan et à la présance aussi de noble Abel de Ligounier, s^r de Puechmire, noble Paul de Robert, s^r de Lairal et Pierre de Robert s^r de la Pradé, appelés en tesmoings et pour nous acister, il a esté procédé aud. invantaire de tous les effets, meubles, bestiaux, cabaux, papiers, titres et documens délaissés par led. feu noble Samuel de Riolz s^r de la Bouissonnade comme s'ensuit.

Estant à la salle dud. chasteau y avons trouvé un bois de lit de fau fort vieux avec un cadis vert fort uzé et par dessus deux linseuls toille de oison garni d'une coitte plume pezan soixante livres, un cuissin de plume pezant quinze livres, sa palhasse, une couverte de laine blanche.

Plus une table de noguier fort vielhe, avec son tapy de cadis vert fort uzé.

Plus douze chaises de noguier fort vielhes couvertes de cadis vert uzé.

Plus une paire chenez de fer, pezant vingt livres.

Plus un bacha de cuivre servant au lavoir avec son pied de fer pesant en tout vingt livres.

Estans allés à la chambre qui est joignant lad. salle y avons trouvé un lit bois noguier avec son garnimant cadis gris uzé avec sa courtine de soie jaune, garni de frange, de la mesme soie, sa couverte de mesme, une coitte avec son cuissin plumé, d'un coulé assez bonne, pezant en tout soixante dix livres, un matelas de laine de barbarie pezant trante livres.

Plus autre lit de bois de fau, entouré de sargue grise avec une petite frange de soie, et sa coitte et cuissin de plume fort uzés, pezant en tout quarante livres et une couverte de sargue.

Plus un grand cabinet de noguier à trois serrures fort vieux dans lequel a esté trouvé deux douzaines linsuls, petitz, grands et moiens, toille de maison, tous estans de deux toilles de quatre pans de large, et de douze à quinze pans de long, la plus part uzés, plus quatre douzaines et demi serviettes toille de maison, trélissées à la petite venise, assez bonnes, plus six nappes trélissées et à petite venise toille de maison.

Plus un vieux désabilher de bois de fau sans serrure, et sans rien dedans.

Plus six chèses de bois garnies de pailhe.

Plus autres six chèses de bois noguier, sans aucune couverture.

Plus un crémail fer.

Plus un paire chenez fer, pesant dix livres. Estans allés à l'antichambre verrière, y avons trouvé un grand cabinet bois de fau brut, sans rien dedans.

Plus un lit pour la servante [de] fau, vieux avec deux rideaux de sargue grise, sa couverte d'estoupe, une pailhasse, un cuissin plume pesant douze livres.

A la cave joignant lad. antichambre il y a six tonneaux pouvant tenir chacun deux charges vin, vuides.

Plus un grand granier ou coffre bois chesne blanc, à tenir bled, n'y ayant rien dedans.

Plus un autre granier à tenir cinq ou six cestiers farine sans rien.

Plus une salière bois fau servant à saller les pourceaux.

Estans allés à la cuisine joignant la susd. salle y a une cremalière, une paire chenez fer pesant scize livres, une table bois fau vielhe et un vieux armoire sans serrure sans rien dedans.

Dans l'arrière cuisine a esté trouvé une douzaine et demi assiettes, quatre plaz moiens, deux assiettes cruses. et quatre escuelles estain comun, le tout marqué aux armes de la famille, pesant en tout cinquante deux livres.

Plus trois plaz bassin de letton pesant douze livres, une vielhe chaudière cuivre pesant quinze livres avec son ance fer.

Plus un petit chaudron pesant quatre livres.

Plus un grand pot metail pesant dix livres.

Plus un pot de fer pesant neuf livres.

Plus un petit poillon.

Une poille à frire.

Une grilhe fer.

Une lèche fritte de fer.

Deux broches fer.

Un bassin cuivre pesant cinq livres.

Plus un paire chandeliers de letton.

Plus une mayt à pétrir pain.

Estans allés à la chambre haute qui est par dessus la salle, y avons trouvé un lit de noguier, entouré d'un cadis de colleur feulhe morte, avec une petite frange de soie jaune, sa couverte de laine blanche, sa coitte et cuissin de plume, pesant en tout soixante quinse livres, et une pailhasse.

Plus six caquetoires et quatre fauteulz bois noguier, tournées à chappelles, couvertes de toille et rembourrées de paille.

Plus un petit desabilher de bois de fau, avec sa serrure et une paire chenez de fer pezant six livres.

Dans la chambre joignant la verrière un vieux lit de fau, entouré de deux linsuls, toille grise, avec sa coitte plume pesant quarante livres, un cuissin plume pesant dix livres, une pailhasse, une couverte laine blanche.

Plus un grand coffre de noguier ou ont esté trouvés les titres et papiers suivans.

Premierement un extrait en parchemin des pactes de mariage de Noble David de Riols du 16 Janvier 1594, ci cotté n° 1.

Plus un extrait des lettres du Roi Charles IX portant maintenue en faveur de noble Pierre de Riols en la verrière haute de Moussans, ci cotté n° 11.

Plus un extrait d'arrest du Parlement de Thoulouse qui maintient led. s^r de la Bouissonnade à lad. Verrerie et à la faculté de prendre du bois de la forest de Moussan, ci cotté n° 111.

Plus l'expédié en parchemin de l'ordonnance de Monsieur de Bazin, intendant en Languedoc, qui maintient led. sieur de la Bouissonnade en la qualité de noble en date du cinquiesme janvier MVI^e soixante onze, ci cotté n° 1111.

Plus dans lad. chambre a esté trouvé un habit de drap vieux, une veste, une chause de chamois, le tout fort uzé, deux paires bas, six chemises toille de maison, un paire soliers vieux, un chapeau, un perruque.

Estans allés à la metterie dud. Moussan, nous y avons trouvé huit agneaux, et quatre vingz huict bestes à laine de la marque dud. sieur de la Bouissonnade, moutons et brebis.

Plus neuf bestes à grosse corne s'avoir deux taureaux de trois ans, un veau d'un an et six vaches.

Plus deux charrettes complètes, et led. sieur Duclaux a dit que led. bestail à lainne et corne lui est affecté en précaire et qu'il lui est deub vingt six livres sur une desd. charrettes et sur l'autre treize livres pour les avoir acheptées.

Lad. dame nous a dit que à la meterie de Fourneliès il y a un grand tonneau pouvant tenir huit charges vin, vuide, et un autre tonneau en pouvant tenir quatre aussi vuide, ensemble un pressoir avec ces outilz necessaires et une tine de bois toute démontée.

Encore a dit qu'il y a entre les mains du fermier de la metterie St-André quarante huit bestes à laisse de la marque, moutons ou brebis, dont il doit donner compte en ayant en table.

Et ayant interrogé lad. dame, si elle seait aucuns autres meubles et effectz de l'hérédité dud. sieur de la Bouissonnade, elle a dit et affirmé que non.

Et plus n'a esté procédé de tous lesquels meubles et effectz, bestiaux, cabaux, papiers, titres et documens, lad. dame c'est chargée les ayant laissés en son pouvoir, promettant les representer et en donner compte quand il appartiendra. Ayant estimé le tout, les parties, à la somme d'environ cinq cens livres, et pour ce observer lad. dame a obligé ces biens, soumis à justice et sceaux roiaux de France. Faict et récitté dans le chasteau de Moussans apprès midi, présans lesd. nobles Paul de Robert sieur de Leirac et Pierre de Robert sieur de la Prade.

Signé avec lad. dame et les susd. parties.

<table>
<tr><td>Marguerite.</td><td>De Moussans.</td></tr>
<tr><td>Saint-Pierre.</td><td>Rotolp.</td></tr>
<tr><td colspan="2" align="center">Duclaux de Laroque.</td></tr>
<tr><td>Lairac de Robert.</td><td>Ligonier Puchmire.</td></tr>
<tr><td>Laprade de Robert.</td><td>Rotolp.</td></tr>
<tr><td colspan="2" align="center">Rotolp d'Aimart.</td></tr>
<tr><td></td><td>PAGÈS.</td></tr>
</table>

Controllé à St-Pons f° 78 n° 10 par moy soubsigné ce 5 janvier 1696 1 liv. 5 s.

ROUSSEAU.

LIVRE III

Les moyens et les modes de production

Avant d'entrer dans le vif du sujet, nous tenons à rappeler ci-dessous, succinctement d'ailleurs la question de l'origine du verre.

Cette question est des plus discutée. L'origine du verre remonte à la plus haute antiquité, les recherches archéologiques l'attestent par des témoignages irréfutables.

L'Egypte semble avoir été le berceau de la fabrication du verre, l'Assyrie l'aurait connue ensuite et enfin la Phénicie. Les Phéniciens, véritables rouliers des mers, ont contribué à développer l'industrie du verre, au cours de leurs vastes et lointains voyages. « D'après l'opinion de M. J. Henrivaux (¹) dans son savant et intéressant ouvrage, les premiers briquetiers ont été probablement les premiers verriers, des verriers sans le savoir, naturellement. Quel qu'ait pu être d'ailleurs le délai mis par le temps, entre la découverte toute fortuite de ce produit nouveau et sa fabrication plus ou moins raisonnée avec des produits spéciaux, le verre n'a pas semble-t-il, d'autre origine. »

Longtemps la production du verre s'est limitée aux objets de toilette ou ornementaux : grains de collier, pendants d'oreilles, bagues.

Les Phéniciens transportaient aux Ethiopiens, sur la côte occidentale de l'Afrique (actuellement l'Abyssinie) sous le nom de pierres d'Egypte, des perles en verre multicolores : vertes, bleues.

Les Gaulois eux-mêmes, s'ils ne connaissaient pas encore la

---

(1) J. Henrivaux. *Le Verre et le Cristal*, Paris, 1897, page 1.

fabrication du verre, ils ont connu les bijoux en verre coloré, comme le prouvent des granis coloriés en bleu, trouvés sous des dolmens dans la Lozère. Des trouvailles semblables ont été faites en Belgique, en Allemagne, en Hongrie et au Danemark.

Les Egyptiens ont même connu le soufflage du verre, car les peintures des hypogées de Beni-Hassan (province de Minyeh), reproduisent les diverses phases de la fabrication : deux verriers sont représentés assis devant des brasiers allumés, soufflant avec leur canne aux lèvres l'un un vase, l'autre un manchon cylindrique.

D'après Pline, les Phéniciens de la Ville de Sidon avait inventé les miroirs de verre. Mais le grand mérite de ce peuple fut de substituer aux soudes imparfaites obtenues par la combustion de certaines plantes marines, l'alcali minéral : le sel de nitre, le fondant par excellence. Les verreries de Tyr n'ont pas eu la même renommée que celles de Sidon. Aux environs du village actuel de Saur, on a trouvé de nombreuses traces d'anciens fours de fusion, des débris de poteries et des débris de verres colorés, dénotant l'existence d'anciennes verreries.

Les Romains imitant avec tant de succès les arts étrangers s'assimilèrent vite l'industrie verrière. Les principaux centres verriers étaient ceux de Rome et de Cume. Le sable de Rome d'après Strabon était renommé pour ses propriétés vitrifiables.

Les Romains faisaient des coupes en verre extra-blanc, et même les fouilles d'Herculanum et de Pompéi, ont révélé l'existence de vitres, d'assez grandes dimensions.

Un indice du développement de l'industrie verrière à Rome, fut l'impôt fort lourd, que l'empereur Alexandre Sévère, institua sur les verriers, comme patente. Cet impôt fut ensuite, il est vrai, rapporté sous Constantin.

L'usage du verre était fort répandu dans les lieux publics, les cabarets, les maisons des patriciens.

Après la conquête de la Gaule, par Jules César, la verrerie fut importée. Il y a des ruines de verreries gallo-romaines à Rouen, à Amiens, Rennes, Bordeaux, Autun, Lyon, Nîmes et Strasbourg.

Les Gallo-Romains ont surtout excellé dans la fabrication de mosaïques en verres colorés; dans les tombeaux de l'époque on découvre de nombreux flacons à base carrée.

Malgré les grandes invasions, cette industrie se maintint en France, comme le prouve la lettre écrite par l'évêque Fortunat, à la Reine Radegonde (femme de Clotaire Ier) d'après laquelle, à cette époque, les viandes étaient servies dans les festins, sur des plats d'argent, et les légumes sur des plats de verre (1).

Pendant le Moyen âge les verriers s'établissent dans les forêts, loin des villes tant pour se procurer le bois nécessaire au chauffage, que pour échapper à la réglementation et au fisc.

Des documents authentiques, dit M. Henrivaux, démontrent l'existence de vingt-cinq fabriques de verre en activité sur notre pays entre 1207 et 1497. La pièce la plus ancienne est un diplôme de l'an 825 qui mentionne le port de la verrerie dépendant de l'abbaye de St-Mesmin.

Les Inventaires des Maisons Royales, en 1360 et 1380, indiquent que la plus grande partie des verres en usage, en France, viennent d'Orient.

On peut dire que la verrerie de luxe est d'origine étrangère, soit d'Orient, soit de Venise, tandis que la verrerie ordinaire était fabriquée dans notre pays. La vaisselle de verre était à un bas prix, car la plupart des riches marchands de l'époque dédaignaient d'en faire usage et avaient coutume de boire dans des coupes d'argent et de vermeil; les récipients en verre étaient réservés à l'office.

Selon Legrand d'Aussy, dans « l'Histoire de la vie privée des Français », il nous révèle l'existence d'une charte de 1338, par laquelle Humbert II, dauphin du Viennois, accorde à un verrier nommé Guionet le privilège de l'exploitation d'une partie de la forêt de Chamborant.

La verrerie artistique reparut au XVIe siècle, quand les gentilshommes verriers essayèrent d'imiter, avec succès d'ailleurs, les objets fabriqués dans les verreries de Murano.

Ceci brièvement exposé, nous allons nous occuper dans le chapitre suivant des moyens et des modes de production des verreries de Moussans.

(1) HENRIVAUX, *op. cit.*, page 11.

CHAPITRE PREMIER

Les moyens et les modes de production

Il faut tout d'abord nous occuper des produits primaires qui entrent dans la composition du verre.

Le verre blanc ordinaire est un silicate de sodium ou de potassium combiné avec un silicate de calcium. Les produits indispensables et constitutifs du verre, sont donc la soude ou la potasse, la chaux et le sable. Bien entendu d'autres produits sont nécessaires, mais nous nous occupons d'abord des éléments primaires.

L'étude géologique de la région des Verreries de Moussans faite dans le Livre premier, va faciliter notre étude sur les approvisionnements de verreries forestières de cette région.

La proportion des bases, dans la composition du verre exerce une très grande influence sur la fusibilité de la matière.

De même l'addition d'une petite quantité d'arséniate de soude ou de potasse augmente de beaucoup la fusibilité du verre.

Le silicate de potasse donne au verre moins d'éclat que le silicate de soude, mais ce dernier a le défaut de donner au verre une teinte bleu-verdâtre qu'il est indispensable de corriger par une addition proportionnée de Bioxyde de manganèse.

Des quantités variables de bases peuvent s'unir à la silice, élément acide, sans que les divers verres obtenus diffèrent beaucoup entre eux, au point de vue extérieur On peut dire que chaque verrier a sa composition, chacun cherchant à abaisser le prix de revient, sans sacrifier ni la solidité, ni la transparence, ni la fusibilité du verre.

A) *La soude ou la potasse.*

Les verreries de Moussans ont pu utiliser comme base, soit le carbonate de potasse, soit le carbonate de soude. Pouvant

extraire l'un de la calcination des genêts et autres plantes forestières, l'autre des varechs ou du salicor que la proximité relative
de la côte languedocienne rendait possible.

La soude provenait de la combustion de diverses plantes marines croissant sur la côte de la Méditerranée, telles que les
barilles, les salsola, les salicors. Ces plantes ont besoin d'une
température assez chaude pour pouvoir se développer.

Elles contiennent une assez grande quantité de soude com-
binée avec des acides organiques, principalement l'acide oxalique. Ces sels se transforment par l'incinération en carbonate de
sodium. Les végétaux étaient d'abord séchés au soleil, par grandes quantités. Ensuite dans une tranchée assez longue d'environ
un mètre de profondeur on allumait un feu avec les dites plantes et on l'entretenait jusqu'à ce que la fosse soit presque rem-
plie. Les cendres obtenues sont à moitié fondues, et elles se
présentent sous l'aspect d'une masse brune, consistante. Cette
matière était ensuite concassée avant d'être livrée au commerce.
C'était un mélange de chlorure de sodium, de sulfate et de carbonate de sodium.

« La soude, dit Piganiol de La Force (¹) provient de la combustion du salicor, herbe venant d'une graine d'abord dure et
d'un vert un peu transparent, puis rouge quand elle est mûre. »

Nous avons une série de faits rappelant le commerce de ce
salicor.

Le 13 mars 1579 Pierre Savy achète, au prix de 18 écus d'or,
un champ de salicor de six cétérées (environ 1.800 mètres carrés
par cétérée) relevant de l'évêque d'Agde (²). Dans l'ouvrage si
bien documenté de M. de Saint-Quirin (capitaine Cazanove), qui
a le premier parlé des Verreries du Languedoc (³), nous relevons
le renseignement suivant : « Le 9 janvier 1699, un marchand
de Narbonne, Donnadieu, envoie à « monsieur le Terme ou del
Terme (de Robert de Terme), à Peyremouton (Montagne Noire),
huit quintaux roc salicor que sans manquer pour port et voyture
ce que nous avons resté d'accord. »

En 1752, on récolte dans le diocèse de Narbonne environ 15.000
quintaux de salicor, qui étaient employés soit pour les verreries,

(1) *Description de la France*, 1759, t. VI, page 114.
(2) Jean DE LONAY, notaire. Archives Hérault.
(3) « Les Verriers du Languedoc », *Bulletin de la Société Languedocienne
de Géographie*, 1904, page 319.

soit pour les savonneries ('). La récolte des plantes marines était
souvent insuffisante pour les besoins de la région; aussi, en
septembre 1784, fallut-il permettre l'entrée des soudes ou des
cendres étrangères, en ne payant que huit sols par quintal.

Ces fournisseurs de salicor n'observaient pas souvent la pro-
bité commerciale requise, quant à la qualité du produit. Aussi
l'attention du Roi s'exerçait aussi sur les malfaçons et trom-
peries sur la qualité de la marchandise, en ce qui concerne les
fournitures de soudes de varech (') : « Ordonne sa Majesté, que
pour empêcher les abus et les fraudes qui se commettent à
l'égard des soudes de varech, que ceux qui feront brûler le
varech, ne pourront y mêler matières étrangères, à peine de
confiscation et de deux cents livres d'amende. » Le sieur Paul
Prévôt fut chargé d'opérer en tous lieux utiles les prélèvements
de matière nécessaire, pour veiller à la pureté du produit.

Les documents ci-dessus rapportés prouvent bien que les
gentilshommes verriers de Moussans se procuraient aisément
la soude, provenant de la combustion des plantes marines : salicors, varechs, chénopodes, arroches, etc. Mais ils utilisaient
aussi les sels de potasse. Les plantes qui croissent loin de la
mer renferment des sels de potassium à acides organiques,
comme l'acide acétique, l'acide oxalique ou l'acide tartrique.
Quand ces plantes sont incinérées, leurs cendres contiennent de
la potasse, en partie à l'état de carbonate. Ces cendres ont une
composition complexe : une partie est soluble, c'est celle contenant le carbonate, le sulfate et le chlorure de potassium. La
partie insoluble des cendres est constituée par du carbonate de
calcium, du phosphate de calcium et de la silice. Les cendres
obtenues par l'incinération sont soumises à des lessivages successifs, jusqu'à ce que les cendres ne contiennent plus que la
matière insoluble. Les eaux riches en matières solubles sont
évaporées, et le résidu est le salin, matière brune et solide. Ce
salin, calciné au contact de l'air pour brûler les matières organiques lui donnant une couleur brune, fournit un produit gri-
sâtre : la potasse.

Nous indiquons aussi un moyen, qui a pu être employé par
les verriers de Moussans : ceux-ci se trouvant dans une région
où les troupeaux de moutons abondaient.

(1) Archives Hérault. C. 4472.
(2) Ordonnance 27 mai 1738. Archives Hérault. C. 2758.

On lavait à froid les laines de mouton en suint. Les eaux de lavage, évaporées, donnent un résidu, que l'on calcine. Le produit ainsi obtenu, dissous dans l'eau, fournit 85 % de carbonate de potassium, avec un peu de carbonate de chlorure de sodium. Le lessivage de 1.000 kilos de laine fournit au moins 75 kilos de carbonate de potassium [1]. Si peu abondant que paraisse ce procédé, il méritait cependant de le signaler, car il ne faut pas perdre de vue que l'industrie verrière, de l'époque que nous étudions, était surtout une industrie quasi familiale, et non une industrie de manufacture ou de machinofacture, comme de nos jours. Selon des avis autorisés, un mouton de taille moyenne peut fournir 5 à 6 kilos de laine brute, avec le suint.

Les troupeaux étant fort nombreux dans la région Moussanaise, ce procédé d'extraction avait un certain intérêt pour les verreries ayant des creusets d'une faible capacité (environ 50 à 100 kilos de verre fondu).

Au sujet de l'extraction de la potasse, par l'incinération des végétaux, il convient de présenter les observations suivantes :

Les quantités de potasse ou de salin obtenues, varient suivant la composition du sol, l'âge des végétaux et les espèces végétales. Les parties jeunes, les branches, donnent plus de salin que les parties vieilles et les troncs. Les plantes herbacées, principalement les genêts, en fournissent beaucoup plus que les plantes ligneuses. Voici quelques chiffres puisés dans le grand dictionnaire Larousse [2] :

100 kilos de bois de chêne, de hêtre, de charme, de tremble, rendent environ 1 kilo de cendres, d'où l'on extrait 100 à 200 gr. de potasse;

Les sureaux, noisetiers, donnent de 2 à 4 kilos de cendres, qui fournissent 400 à 500 grammes de salin.

Les fanes de pommes de terre, de sarrasin. le colza, les orties, les chardons, donnent de 3 à 6 kilos de cendres et jusqu'à 1 kilo de potasse.

Moussans avait des relations commerciales avec les régions viticoles avoisinantes : il ne faut pas oublier que les lies provenant du soutirage du vin peuvent servir à la fabrication de la

---

[1] THOOST et PÉCHARD. *Chimie*, 1910, page 454.
[2] Tome XII, page 1511.

potasse. Après avoir pressé ces lies, pour extraire le vin, elles se présentent sous la forme consistante. Cette matière est séchée et incinérée, comme nous avons vu précédemment. 6.000 kilos de lies sèches donnent environ 1.000 kilos de cendres, d'où l'on extrait 500 kilos de salin.

Toutes les verreries forestières étaient chauffées au bois; les cendres qui en provenaient étaient utilisées par les verriers, soit directement, soit après traitement, pour en extraire la potasse.

Nous estimons qu'à une époque où les transports étaient difficiles, chers et dangereux, les gentilhommes verriers ne laissaient pas perdre cette source, relativement abondante, de carbonate de potasse.

B) *Le carbonate de calcium, ou chaux ordinaire.*

Le verre obtenu, selon que l'on employait de la soude ou de la potasse, était ou un silicate double de soude et de chaux, ou un silicate double de potasse et de chaux. Du choix du carbonate de calcium (nous dirons plus brièvement chaux) dépend la qualité du verre.

Tous les verres, bien que composés suivant des proportions différentes, présentent entre eux une grande analogie. Voici, selon Henrivaux (¹), la formule d'un verre blanc, obtenu avec de la soude extraite des végétaux :

Silice. . .	76,70
Soude. . .	12,00
Chaux. . .	11,30
	100,00

Le verre riche en chaux doit être préféré par le consommateur, mais il exige une température de fusion plus grande, il attaque davantage les creusets; de plus, il se dévitrifie plus facilement.

La chaux employée doit contenir le moins possible des oxydes de fer ou de magnésie. C'est surtout les sels de fer qu'il faut éviter, à cause de la coloration verdâtre qu'ils donnent au verre obtenu. Nous verrons plus loin comment on corrige cette teinte, par l'adjonction d'une dose de bioxyde de manganèse ou d'acide arsénieux.

(1) *Op. cit.*, page 136.

Nous avons vu, dans l'aperçu géologique de la région des Verreries de Moussans, que le carbonate de calcium abonde dans ce pays, soit à l'état de marbre, soit à l'état amorphe, soit à l'état de quartz.

Le calcaire en rocs, avant d'être employé pour la composition du verre, doit d'abord être concassé et pulvérisé aussi bien que possible. Les verriers devaient faire moudre les concassures par les moulins à eau existants dans la région avoisinante : La Resse, Ferrals, Saint-Julien-des-Molières; il en existait même aux Verreries hautes.

Une verrerie existait avant celle de Moussans, plus près de Galinier; elle était connue sous le nom de « lou païdal mouli » (¹).

Cette opération du concassage et de la pulvérisation des rocs calcaires devait être faite par les verriers pendant les périodes de « four-mort ».

Dans la région de Courniou, les fours à chaux étaient nombreux; pendant bien longtemps, les verriers de Moussans s'y sont fournis. Dans cette contrée, il existe un marbre, presque complètement blanc, qui est un excellent produit pour la fabrication du verre.

C) Le sable.

Le sable est le produit primordial dans la composition du verre; il est d'ailleurs employé en plus grande quantité que la soude ou la potasse et la chaux.

De sa plus ou moins grande pureté dépend celle du verre, qui sera obtenu après la fusion. Les sables sont de la silice, mêlée d'alumine et d'oxyde de fer, en proportions variables.

La silice existe même dans toutes les eaux courantes, où elle est dissoute grâce à la présence de l'acide carbonique.

Quelquefois, elle se rencontre dans la nature à l'état quasi pur; ce sont par exemple les sables de Fontainebleau, dont la blancheur est éblouissante.

La silice peut aussi être mêlée à des silicates alcalins ou alcalino-terreux, comme dans le sable des Landes, de Martres-Tolosane, de Saint-Martory.

(1) *Dictionnaire topographique et historique de l'arrondissement de Saint-Pons,* par M. Sahuc (*Bulletin de la Société Languedocienne de géographie,* 1910, page 192).

Les principales matières qui rendent impure la silice sont les oxydes de fer et les terres. D'où la nécessité d'éliminer les terres, en lavant le sable dans plusieurs eaux, le tamisage et le séchage de la silice ainsi obtenue. Le sable existant dans la région de Saint-Julien (¹) était jaunâtre, mais il contenait une proportion assez notable de silice. La manutention nécessaire pour épurer ce sable grèvait beaucoup son prix de revient. Au milieu du dix-neuvième siècle, cinquante kilos de ce sable, rendus à Moussans, valaient 8 à 9 francs, soit 160 à 180 francs la tonne. Le charroi de ce sable, de Saint-Julien à Moussans, se faisait par bœufs, dans des sentiers à peine praticables et dans une région accidentée. Ce fut la principale source du sable pour les verriers de Moussans.

L'élimination des oxydes de fer se fait au moyen du bioxyde de manganèse, pendant la fusion. Nous en parlerons plus longuement plus tard.

Tous les sables de la région Moussanaise contiennent en grande quantité de l'oxyde de fer; il ne faut pas oublier qu'il existe des minerais de fer très abondants dans les alentours.

Les sables prélevés dans le lit de la petite rivière le Thoré, qui traverse les Verreries de Moussans, sont très riches en oxyde de fer. La fusion de ces sables donnait un fort joli verre noir. Nous avons eu en mains de petits anneaux faits pour les tisserands, d'un très beau noir. La plupart des pièces fabriquées aux Verreries de Moussans : pourrons, bouteilles, ont une teinte verdâtre fort prononcée.

Pour les bouteilles, on recherche les sables ferrugineux et argileux, parce qu'ils apportent avec eux le fer et l'alumine, qui entrent comme fondants dans ces sortes de verres.

D) Les produits décolorants.

Les décolorants les plus usuels sont l'oxyde de zinc et le bioxyde de manganèse. Nous avons vu dans les pages précédentes que le manganèse se trouvait uni au fer dans plusieurs points de la vallée du Jaur et dans la vallée de l'Orb.

Le bioxyde de manganèse, ou « savon des verriers», est utilisé

---

(1) Petit village existant sur la route des Verreries, à La Lavinière, à une vingtaine de kilomètres.

pour enlever la teinte verdâtre du verre que lui donnent les sels
de fer contenus soit dans les sables, soit dans le carbonate de
chaux. On peut dire que la coloration d'un verre ordinaire, par
les sels de fer, est en raison inverse de la quantité de silice qu'il
contient : la pureté du sable est capitale pour avoir du joli verre.

Le bioxyde de manganèse colore le verre en violet, lorsque
celui-ci est exposé aux rayons solaires. Pour faire disparaître cette
teinte, il est nécessaire de recuire le verre.

L'acide arsénieux a la propriété d'agiter le mélange vitrifiable,
par sa sublimation qui, faisant bouillonner la substance fondue,
exerce ainsi un brassage mécanique, mélangeant toutes les parties de la masse du verre, rendant le tout homogène, et facilitant
le dégagement des autres gaz qui se trouvent dans la pâte du
verre.

L'acide arsénieux agit chimiquement sur la coloration du verre,
que celle-ci soit produite par du charbon ou par des sels de fer.
Le même résultat serait obtenu par le nitrate de soude, mais
nous ne pensons pas que les verriers de Moussans aient connu
ce dernier produit; pas plus d'ailleurs que l'oxyde de cobalt qui,
en faible quantité, neutralise certaines colorations.

E) *Le verre cassé.*

Il semble paradoxal de citer le verre cassé parmi les éléments
constitutifs du verre. Cependant, les verriers n'ignorent pas que,
pour avoir un verre fin, exempt de bulles ou d'impuretés, il est
nécessaire de mélanger du verre cassé à la composition habituelle
du verre; plus cette proportion est grande, plus le verre obtenu
a des chances d'être joli et fin. D'ailleurs, le verre cassé recuit
est moins cassant que le verre tiré directement de la composition.
Les verreries des xv° et xvi° siècles ne pouvaient pas atteindre la
température des fours actuels; aussi le mélange du verre cassé
aidait-il grandement à la fonte et à l'affinage du verre.

Saint-Quirin (capitaine Cazanove), dans son remarquable ouvrage [1] relate, ce qui est exact, que de vieilles femmes et des
enfants allaient dans les agglomérations avoisinant Moussans
ramasser les débris de verre, que beaucoup leur échangeaient

(1) « Les Verriers du Languedoc », 1290-1790, publié dans le *Bulletin de la
Société de géographie du Languedoc*, années 1904 et suiv.

contre de menus objets fabriqués : bagues, pourrons, burettes, verres, bouteilles.

C'était principalement dans Saint-Pons que s'exerçait l'activité de ces ramasseurs.

La nécessité du verre cassé, pour les maîtres verriers, est si bien démontrée, qu'en 1750 Jacques de La Croix de La Roque, syndic des gentilshommes verriers du Languedoc, demande à l'intendant de la province de prohiber la sortie du verre cassé.

« Le verre qu'ils fabriquent, dit-il, avec des matières neuves n'est pas si solide que s'ils pouvoient y mêler du verre cassé, ils ne peuvent pas le donner au prix accoutumé, depuis qu'ils sont privés de cette matière qui facilitoient beaucoup leurs ouvrages. » (1).

Le 9 juillet 1785, on renouvelle les prohibitions (par un arrêt du Conseil), d'exporter et d'entreposer, dans un rayon de quatre lieues de la frontière, des cendres, salins et potasse; défenses faites déjà le 26 avril 1781; mais, de plus, on y joint la prohibition d'exporter le groisil, ou verre cassé (2).

Dans les mesures ci-dessus, se retrouvent les idées de protectionnisme, chères à la monarchie, ne voulant pas qu'une province s'appauvrisse au profit d'une autre : mesures fort sages, à une époque où les communications étaient bien difficiles et les réapprovisionnements fort coûteux.

Il nous semble à propos de mentionner ici les diverses espèces de verre que l'on distinguait à cette époque.

Selon Henri Havard (3), il faut différencier :

1° Le verre commun, ou verre de France, ou verre de Lorraine, selon qu'il était plus ou moins verdâtre;

2° Le verre semi-fin, qu'on appelait verre de fougère : produit impur obtenu avec des sels de potasse, résultant de la combustion des plantes de ce nom, mais déjà plus blanc que le verre commun et dont on faisait toutes sortes d'articles de gobeletterie;

3° Le verre cristallin, appelé plus tard verre de Bohème, dans la fabrication duquel le carbonate de potasse était remplacé par du carbonate de soude et qui, au mérite d'une blancheur et d'une

(1) Liasse archives Hérault. C. 2765.
(2) Liasse archives Hérault. C. 2758.
(3) *Dictionnaire de l'ameublement et de la décoration*, Paris, Quantin, t. IV, P. 4, page 1550.

pureté plus grande, d'une sonorité plus agréable, joignait l'avantage d'être moins fragile que le verre ordinaire.

D'après les explications que nous avons fournies ci-dessus, le verre provenant de Moussans pouvait se rattacher soit au verre commun, soit au verre cristallin dit « de Bohème ».

Nous avons vu ci-dessus la composition d'un verre blanc de l'époque.

Il nous faut signaler le fait suivant :

Vers 1770, le sieur Vivien, curé de Saint-Pons, écrivit au roi un mémoire sur les moyens de fondre le basalte avec un verre lenticulaire.

Le 26 janvier 1783, Giral, natif d'Hérépian, adresse à l'intendant du Languedoc une bouteille et une chopine faites en verre de basalte, composé de :

> Deux parties de sable;
> Six parties de pierre de basalte.

Dès le 25 avril 1782, le sieur Giral annonçait à l'intendant du Languedoc l'envoi d'une bouteille et d'une chopine faites en verre de basalte, pierre provenant des volcans de nos cantons. Ce verre est extrêmement noir, mais il est solide et fin, et très maniable au travail. Il n'est entré dans sa composition aucune espèce de soude. Ce fut M. Chaptal, professeur de chimie, qui en fit la découverte [1].

On sait que le basalte est une roche volcanique à base compacte de labradorite, renfermant du pyroxène noir et presque toujours de l'oxyde de fer magnétique, fréquemment du péridot, et quelquefois des feldspaths en cristaux

Il résulte des analyses [2] auxquelles on a soumis divers échantillons de basalte que, sur cent parties, il contient en moyenne :

> 44 à 50 de silice;
> 15 à 16 d'alumine;
> 20 à 24 de fer oxydé;
> 8 à 9 de chaux;
> 2 de magnésie;
> 2 à 3 de soude;
> et 2 d'eau.

C'est une sorte de verre naturel, aux proportions imparfaites,

(1) Archives Hérault. C. 2724.
(2) LAROUSSE, t. II, page 296, 1re colonne.

qui peut servir à quelques expériences de laboratoires, mais pas à un usage industriel. Il convenait néanmoins de signaler la tentative de Giral, puisqu'elle intéresse la région avoisinant Moussans.

Après avoir étudié quelles sont les principales matières qui entrent dans la composition du verre et, après une très brève étude géologique, avoir montré les lieux possibles d'approvisionnement, il nous faut étudier les fours de fusion qui étaient plus spécialement employés aux Verreries de Moussans.

La fabrication.

Les fours de verrerie employés dans la région moussannaise.

Les plus anciens auteurs, qui ont traité de la matière, n'ont laissé que de très vagues notions sur les fours dont on faisait usage autrefois. Le moine Théophile, qui vivait au XIIe siècle, dans un ouvrage intitulé « *Diversarum artium schedula* », nous décrit les fours de verrerie employés à son époque.

Trois siècles plus tard, Georges Laudman, dit Agricola (1494-1555), dans son ouvrage « *De Re metallica* », livre XII, nous donne une description, en bien des points analogue à celle que donnait le moine Théophile. Jusqu'au XVIIIe siècle, il y eut peu de changements dans la technique du four de fusion employé dans les verreries.

Voici ce que dit Agricola [1] :

« Il nous reste à traiter du verre dont la préparation est de notre ressort, car c'est un produit de quelques sucs concrets et de sable, unis à l'aide du feu et de l'art; c'est un corps transparent comme les pierres précieuses, et entrant en fusion comme les métaux; mais il faut commencer par traiter de la matière dont se fait le verre, ensuite de quoi nous parlerons des fourneaux où il se fait et enfin de la manière dont on sy prend.

« On se sert pour cela de pierres fusibles et de sucs concrets, ou de sucs tirés d'autres substances, qui ont une affinité naturelle avec ces pierres. Parmi les pierres fusibles, on donne la préférence à celles qui sont blanches et transparentes, c'est pour-

---

[1] HENRIVAUX, *op. cit.*, page 208 et suiv.

quoi l'on met au premier rang le cristal de roche. D'après Pline, on fait aux Indes avec des morceaux de cristal, un verre d'une si grande beauté et si transparent, qu'aucun autre ne peut lui être comparé. On donne le second rang aux pierres qui, sans avoir la dureté du cristal, en ont la blancheur et la transparence; enfin on place au troisième rang les pierres qui ne sont pas transparentes. Il faut commencer par les calciner toutes, et les piler ou les broyer pour les réduire en sable; on les tamise ensuite; quand les verriers trouvent à l'embouchure des rivières un sable convenable, ils sont dispensés du travail de piler et calciner les cailloux.

« Quant aux sucs concrets, on donne le premier rang au nitre; le sel fossile blanc et transparent vient ensuite; à son défaut on prend le sel lixiviel, tiré de la cendre de l' « anthyllis » (¹) ou de toute autre plante qui contient du sel; il y a cependant des gens qui mettent ce dernier sel au second rang. Pour faire le mélange des pierres fusibles pulvérisées, on observe d'en mettre deux parties contre une de nitre, de sel fossile, ou de sel tiré des plantes; on y joint un peu d'*aiman* (²); on pense de nos jours aussi bien qu'anciennement qu'il a la propriété d'attirer la liqueur du verre, de la même manière qu'il a celle d'attirer le fer, de le nettoyer et de le rendre blanc, de vert ou nébuleux qu'il était; le feu ensuite consume l'aimant. Ceux qui n'ont point les sels ou sucs concrets dont nous venons de parler, mêlent au sable deux parties de cendres de bois de chêne, d'yeuse, de hêtre ou de sapin; on y ajoute un peu de sel marin et très peu d'aimant; ces dernières matières ne donnent pas un verre si beau ni si transparent que les premières. Quant aux cendres, on les fait avec de vieux arbres dont on creuse le tronc à la hauteur de six pieds, on y met le feu; de cette façon l'arbre se consume et se réduit en cendres. Pour le travail, on choisit l'hiver, lorsque les neiges ont séjourné longtemps sur la terre; ou l'été, lorsqu'il ne pleut pas; car, dans d'autres temps de l'année, les grandes pluies rendraient les cendres impures, en les mêlant avec de la terre. Pour prévenir cet inconvénient, on coupe ces arbres en morceaux, que l'on brûle dans un endroit couvert pour en tirer des cendres. »

Continuons la citation d'Agricola, mais auparavant nous si-

---

(1) Plante de la famille des Hépatiques; plantes herbacées, à tiges très rameuses et couchées. Elles croissent dans les champs sablonneux.
(2) Sans doute la magnésie.

gnalons que le moine Théophile, dans son remarquable ouvrage (¹), au 2ᵉ livre, ayant trait aux fours de verrerie, il distingue :

    1° Le four destiné à fondre les matières vitrifiables;
    2° Le four de refroidissement donnant le recuit;
    3° Le four de dilatation, destiné à l'achèvement des ouvrages.

Dans cette énumération, le four de recuisson doit être logique-
ment cité le dernier.

Agricola ne mentionne pas autre chose, ce qui prouve qu'à la
fin du XIᵉ siècle la verrerie était aussi avancée qu'au XVIᵉ siècle.

« Pour ce qui est des fourneaux, il y a des verriers qui en
ont trois; d'autres n'en ont que deux; d'autres enfin n'en ont
qu'un : ceux qui en ont trois, font d'abord cuire leur matière
dans le premier fourneau; ils le mettent à recuire dans le second,
et font refroidir les vases ou ouvrages de verre dans le troisième.
Le premier de ces fourneaux est voûté et ressemble à un four à
cuire du pain. Dans sa partie ou chambre supérieure, qui a six
pieds de long, quatre pieds de large et deux pieds de hauteur, on
allume un feu de bois sec et l'on y fait cuire le mélange à grand
feu, jusqu'à ce qu'il entre en fusion et se change en verre : quoi-
que par cette première cuisson, la matière ne soit pas encore
assez purifiée, on ne laisse pas de la retirer; et après qu'elle a
été refroidie, on la rompt en morceaux. On fait recuire dans le
même fourneau les creusets destinés à contenir le verre. Il y a
une chambre inférieure et une chambre supérieure.

« Le second fourneau est rond : il a dix pieds de large et huit
de hauteur; pour le rendre plus fort à l'extérieur, on le garnit
de cinq arcades ou contreforts, d'un pied et demi (²) d'épaisseur.
Ce fourneau contient aussi deux chambres. La voûte de la chambre inférieure doit avoir un pied et demi d'épaisseur : il faut qu'il
y ait par devant une ouverture étroite, pour pouvoir mettre le
bois sur le foyer qui est pratiqué dans l'âtre. Au milieu de la
voûte, il doit y avoir une grande ouverture ronde qui commu-
nique avec la chambre supérieure, afin que la flamme puisse y
parvenir. Dans le mur qui environne la chambre supérieure, il
faut qu'il y ait huit fenêtres entre les arcades, assez grandes pour
que l'on puisse y faire entrer les grands creusets que l'on place

(1) *Diversarum artium schedula.*
(2) *Pied :* Ancienne mesure de longueur d'environ 33 centimètres.

sur le plan de la chambre autour de l'ouverture par où passe la flamme; il faut que ces creusets aient deux doigts (¹) d'épaisseur et deux pieds de hauteur, que le diamètre de leur ouverture et celui du fond soit d'un pied, et qu'ils aient un pied et demi au milieu.

« A la partie postérieure du fourneau, il y aura une ouverture d'un palme en carré, afin que la chaleur puisse pénétrer dans un troisième fourneau qui y est joint; ce dernier fourneau est carré, il a huit pieds de long et six de large; il est aussi composé de deux chambres, dont l'une, inférieure, doit avoir par devant une ouverture pour mettre le bois dans le foyer qui s'y trouve. Aux deux côtés de cette ouverture, il y a une niche faite de terre cuite, qui a environ quatre pieds de long, deux pieds de haut et un demi pied de large. Pour la chambre supérieure, elle a deux ouvertures, l'une à droite l'autre à gauche, qui sont assez larges pour que l'on puisse y mettre commodément les moufles de terre cuite. Il faut que ces moufles aient trois pieds de long, un demi pied de hauteur, un pied de large pour le bas, et soient arrondis par le haut. On y met les ouvrages de verre que l'on a faits, afin qu'ils refroidissent petit à petit; car, si l'on ne prenait cette pré-caution, ils se briseraient. On retire ensuite les moufles de la chambre supérieure, et on les fait entièrement refroidir dans les niches qui sont aux deux côtés de l'ouverture de la chambre inférieure » (Voir figures 1 et 2).

Les verriers qui, au lieu d'avoir trois fourneaux distincts n'en avaient qu'un, faisaient usage d'un modèle comprenant les trois chambres dont il a été question ci-dessus. Ces trois chambres sont superposées.

En résumé, un four de fusion et un four de recuisson sont absolument nécessaires. Ils peuvent être distincts, ou bien le four de recuisson peut être conjugué avec le four de fusion et servir à celui-ci de cheminée de tirage.

De tels fours étaient employés en Bohème, et même à la fin du XIXᵉ siècle encore, à Venise.

Le combustible peut brûler sur la sole du four, comme nous l'avons vu dans la description faite par Agricola, mais aussi il peut brûler dans une grille encastrée en contre-bas du siège ou sole. Avec le second système, on obtient une combustion plus

----

(1) *Doigt,* pouce : Douzième partie du pied.

parfaite et une allure plus régulière du four. Le four pouvait avoir un seul tisard, ou deux, placés aux extrémités de la fosse.

Ces fours à bois avaient un tirage suffisant, et bien que ce fut un chauffage direct, il était possible de régler la température suivant les besoins. Dans les petites verreries où cinq ou six

Schéma du premier fourneau

Fig. 1. — *A*, Chambre inférieure du premier fourneau.
B, Chambre supérieure du premier fourneau.

gentilshommes verriers étaient occupés (et c'étaient les plus nombreuses), il n'y avait pas de division technique des tâches, le propriétaire du four était à la fois son chef de fabrication, son tiseur, son compositeur. Cette situation s'explique, parce que c'était surtout une industrie familiale, où tous les ouvriers étaient apparentés.

Ce ne fut que plus tard, à la suite de la concurrence de plus en plus âpre, que cette industrie quasi familiale se transforma en manufacture; alors apparut la division technique des tâches, et

l'ouvrier verrier, d'artisan tomba au rang d'organe d'une ma-
chine, dont il n'était plus le principal moteur. Parmi les verriers,
se distinguèrent alors les cueilleurs, les souffleurs, les ouvreurs,
les poseurs d'anses et de brocs, etc. Il est certain que la rapidité
de travail fut accrue, mais cette spécialisation aboutit à rendre un
ouvrier incapable de finir par lui-même un objet qu'il a façonné.

Schémas du second et du troisième fourneau

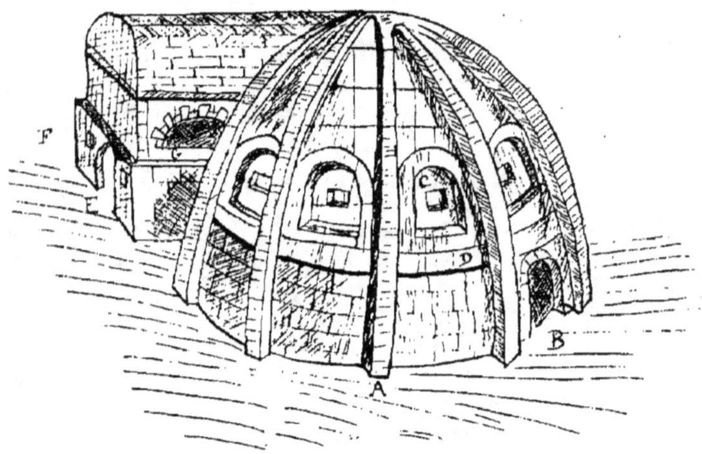

FIG. 2. — A, Arcades ou contrefort du deuxième fourneau.
B, Entrée de la chambre inférieure.
C, Fenêtres pratiquées dans la voûte de la chambre supérieure.
D, Rebord.
E, Orifice du troisième fourneau.
F, Trous où les mouftes refroidissent.
G, Ouvreaux de la chambre supérieure.

Voici, à titre documentaire, d'après le dénombrement de
1695 (¹), les noms des gentilshommes verriers de la Montagne
Noire « vivant de leur art » :

Abel de Coulomb, sieur de Lavernette; Isaac de Robert, sieur
de Lalbarède; le sieur d'Apalon; le sieur de Saint-André; le sieur
de Dontres de Montpezat; le sieur de Riols de Flaubert; Jacques

____

(1) Archives du Tarn. C. 1209.

de Robert, sieur de Lafabrègue; Louis de Riols, sieur du Vergnas; Jacques de Robert, sieur de Terme; Jean de Riols, sieur de Crouzet; Jean de Dontres, sieur d'Aiguefonde; le sieur de Lacombe; le sieur de Robert-Campaureil « fort vieux et pauvre »; Samuel de Coulomb, sieur de Lasalle; Etienne de Vertin (Bertin), sieur de Bertin; Danis de La Roque, sieur de Lacombe; Abel de Coulomb, sieur de La Frégère; Gabriel de Robert, sieur de La Motte, et le sieur de Fonclare.

Les verriers ci-dessus mentionnés se répartissaient dans plusieurs verrières, ce qui montre le peu d'ouvriers occupés dans chacune.

Selon un mémoire en détail de toutes les verreries qui sónt en Languedoc, publié dans l'ouvrage si documenté de Saint-Quirin (¹), voici la répartition pour la région moussanaise :

DIOCÈSE DE SAINT-PONS.

Moussans. — Noble Pierre de Riols, sieur de Moussans, avec sept gentilshommes. Leur ouvrage est des bouteilles ou verres pour boire.

La Prade. — Noble de Robert, sieur de La Prade, avec sept gentilshommes. Même ouvrage.

Lautier. — Noble de Robert, sieur de la Garrigue, avec deux gentilshommes. Même ouvrage.

Ce personnel, qui nous semble fort réduit, était cependant suffisant à cette époque pour les besoins régionaux, car souvent, comme nous le verrons plus loin, les maîtres verriers avaient la hantise de la surproduction, et le pouvoir royal même s'occupait de réduire la durée des campagnes, c'est-à-dire le temps pendant lequel un maître verrier fabriquait. En général, la campagne était pratiquement limitée par la durée du four de fusion, ce qui dépendait de la plus ou moins bonne qualité des briques réfractaires de la couronne ou du siège.

Nous avons vu que les meilleures terres réfractaires utilisées pour la confection des briques de four provenaient du lieu dit Salabas, à proximité d'Alais.

La création de verreries forestières était une source de revenus pour les possesseurs de forêts; signalons cependant que souvent

____

(1) *Op. cit.,* chapitre XII, pages 355-356.

la redevance était modique, surtout lorsqu'il s'agissait des forêts de la Couronne.

Signalons que le « four viel », situé dans la forêt royalle apelé de Campaureilh, près du ruisseau apelé tel vulguerement de Notre Dame juridiction de Menerbe, ou souloit être enciennement le four des verrierzs, lequel four souloit faire et paier tous les ans de sansive au Roy nostre Sire ou a son clavere au lieu de Menerbe quinze soulz tournois... » (¹).

Quels étaient les principaux lieux où se trouvaient les fours verriers de la région moussanaise.

On peut les placer chronologiquement ainsi :

1° Le four viel (dont il est question dans l'acte d'inféodation du 28 mars 1487), et qui se trouvait situé au paï del mouli. Lieu se plaçant entre le château actuel de Moussans et l'agglomération de Galinier (anciennement appelé Notre Dame de Sérières);

2° Le four de Moussans, fondé par Bernard Almoy ou son aïeul, situé sur l'emplacement actuel du château. La forêt de Moussans était, ainsi que celle de Campaurel, des forêts appartenant à la Couronne. (Voir archives notariales Mathieu de Lassière, à Carcassonne; archives notariales Jean Mas, Labastide-Rouairoux, janvier 1613);

3° Le four de Crouzet. Cette verrerie était située sur le plateau de cette montagne, et il reste encore de nombreux vestiges.

Plusieurs petits creusets ronds, contenant environ 100 à 150 kilogrammes de verre, des bronsons de burettes et de pourrons, des verres colorés, des briques de four recouvertes de leur enduit, des petites fioles verdâtres faites à la main, le fonds piqué, des pinces, se retrouvent très aisément aux abords de la bergerie existant encore. (Elle appartient à M. Albert Cabrol).

La verrerie de Crouzet peut se situer géographiquement sur le mamelon s'élevant au sud du ruisseau de la Resse, à environ un kilomètre à vol d'oiseau de la ferme de Lautié, et à près d'un kilomètre et demi à vol d'oiseau de la ferme de Value.

Cette verrerie fut l'apanage presque exclusif de la branche des de Riols, sieurs del Causse (²).

Signalons aussi une correspondance, en 1782, entre l'intendant du Languedoc Débonnaire de Forges et le subdélégué de Saint-

---

(1) 28 mars 1487 (1488 n. s.) acte de nouvel fief pour damoiselle Anne de Cristol veuve du sieur de Riols. Archives Parlement Toulouse. F. 18.
(2) Acte du 23 juin 1676. Pagès. Saint-Pons (actuellement Etude Valette).

Pons, relative à une requête par laquelle un sieur de Larpens (¹) demande l'autorisation de rétablir la verrerie de Crouzet, près Moussans, dans la paroisse de La Fon de L'Estat, et de laquelle il résulte que la verrerie de Crouzet est déjà concédée à de Fonclare, qui exploite des verreries voisines depuis plus de trente ans.

Le dépôt des objets fabriqués à la verrerie de Crouzet fut pendant un certain temps la maison dite du « Tilleul », joignant les immeubles Fabre, Molinier, Robert-Fraysse. Cette maison appartient encore à la famille (²) depuis le 27 mai 1825 (Etude Valette, Saint-Pons); elle changea plusieurs fois de propriétaires. Pendant l'hiver, l'accès de Crouzet était malaisé, même aux mulets allant chercher avec des bâts les marchandises; aussi la nécessité fit construire ce dépôt.

Avant d'être traversé par le chemin d'intérêt commun n° 47, le terrain sur lequel était bâti cette maison était immédiatement attenant au terrain appartenant à la famille Benjamin de Robert, dont la maison est en ruines.

Cette verrerie de Crouzet est fort ancienne, comme nous l'avons vu dans l'étude des familles des verriers de Moussans, et elle fut aussi inféodée à la famille de Riols, sieurs del Causse.

Par une étude des lieux actuels, nous avons retrouvé l'emplacement de l'ancien four. Il est situé à environ quarante mètres de la métairie de M. Cabrol, du côté de la Resse. On retrouve aisément les bases en maçonnerie soutenant la petite halle qui protégeait ce four; de même l'emplacement de l'ancienne cave servant au dégrillage. Cette cave est orientée nord sud, à un emplacement excellent pour utiliser les forts courants d'air de ce plateau. Voici quelles devaient être approximativement les dimensions de cette halle d'après les fondations restantes :

Longueur : dix à douze mètres;

Largeur : huit mètres.

De l'examen attentif des décombres qui d'ailleurs ont été utilisés partiellement par l'actuel propriétaire pour la construction de murs de clôture, il résulte que pour la fosse du four en question, les anciens maîtres verriers utilisaient des briques réfractaires crues des dimensions suivantes : 35 c. × 25 × 20 c. envi-

(1) Robert, sieur de Larpens. Archives Hérault, série C. 2766.
(2) Vente par le père Thomassin à Jean-François de Riols de Fonclare, verrier à Moussans, d'une maison et d'un jardin ayant appartenu à Guibbert prêtre-curé des Verreries (Etude Valette).

ron, et aussi des pierres *ferrugineuses* qui étaient fort abondantes dans la région des Verreries à Courniou. De telles pierres étaient placées derrière une première rangée de briques réfractaires.

Nous avons en notre possession un fragment des dites pierres. Elles se présentent sous forme lamellaire, percées d'une multitude de trous, et la couleur générale est d'un rouge brun très accentué. La densité est d'environ : 2,5. Au contraire la densité des terres réfractaires, trouvées au même emplacement, est de :

  1,51 à 1,70 pour les terres cuites;
  1,90 à 2,1   pour les terres crues.

Nous avons trouvé également en parfait état de conservation un petit creuset ovale ayant 62 centimètres suivant le grand axe de l'ellipse d'ouverture, 50 centimètres suivant le petit axe, et une hauteur totale de 37 à 40 centimètres. L'épaisseur du fond du creuset est de cinq travers de doigt, et les côtés d'environ deux (4 centimètres).

La terre employée pour la confection de ces creusets est d'une couleur jaune clair et d'un grain très serré, elle résistait bien à la température des fours de l'époque que nous envisageons, car les bords sauf les extrémités sont d'une épaisseur à peu près égale. Il y a de nombreuses perforations provenant des sels de fer contenus dans les matières employées dans la composition du verre, principalement dans le sable et dans le carbonate de chaux.

Disons en passant, pour n'y pas revenir en étudiant l'outillage que ces pots étaient faits par les verriers eux-mêmes, leur symétrie relative impliquerait cependant l'usage d'un moule en bois articulé, ayant les mesures correspondantes à celles de l'ouverture du four.

La verrerie de Crouzet ainsi que celle de Moussans étaient les seules construites d'une façon permanente et durable. Elles étaient recouvertes et elles ne chômaient que pendant les réparations nécessaires aux fours, en observant autant que possible les prescriptions royales, n'autorisant le travail dans les verreries que pendant neuf mois. Nous classerons les verreries permanentes, et celles que nous pourrions appeler « intermittentes », qui se déplaçaient suivant les coupes de bois.

Ces dernières portaient le nom de « gabassières », c'étaient des ateliers provisoires, couverts en planches et fougères ou bruyères, et qui, par suite, n'avaient qu'une existence précaire. La scie hydraulique installée à la Resse les approvisionnait en planches. Parmi les verreries permanentes, citons le four viel de Moussans, le four de Moussans, Crouzet, et le four de M. del Terme. Toutes les autres se rangent sous le nom de « gabassières ».

Sur la route de Favayroles à Authèze, un Cauquil, avait installé une verrerie minuscule pour la fabrication des bagues noires utilisées par les tisserands.

Une autre verrerie de quatre creusets, de la grandeur d'un seau existait au centre du village, proche le lieu dit le Terrier, et attenante à la terre de M. Ulysse Cauquil, elle était la propriété d'un de Robert, sieur de Terme, famille apparentée à la famille de Riols.

A proximité de la ferme actuelle de Balagou (appartenant à M. Sahuc, de Saint-Pons), existait aussi une verrerie. Balagou est située sur la droite du chemin allant des Verreries à Rieussec, à environ un kilomètre de la ferme de Lautié.

D'une correspondance que nous eûmes avec le regretté M. Sahuc, il résulte qu'aux alentours de Balagou, les briques réfractaires à demi calcinées, les débris de verres colorés et de creusets abondent. Certains objets fabriqués dans cette verrerie nous ont été prêtés, pour l'Exposition de Toulouse 1924, par M. Sahuc : ce sont des verres à boire d'une légèreté extrême ayant la forme conique et le pied assez élevé. L'un est en verre blanc d'une remarquable finesse, les autres ont le calice en verre blanc et les pieds de couleur bleutée ou verte.

Il n'y a pas eu de verrerie au Four de Lartigue, mais bien un four à chaux.

Une autre verrerie plus récente était dans le jardin attenant à la maison de M. de Robert; elle est située en contrebas du chemin n° 47. Sur cette petite verrerie, rien d'intéressant à signaler si ce n'est que la cave du four, par où s'opérait le dégrillage, a été transformée en « puisard ». La plupart des pierres réfractaires qui en composent les parois, sont aisément reconnaissables à leur enduit vitrifié. De nombreux débris de creusets, de verres colorés attestent encore l'existence de ce petit four.

Signalons aussi une verrerie forestière, à proximité de Lautié et qui appartenait à un membre de la famille de Robert. François de Robert, sieur de Lautié, est condamné, en 1668, à cent livres d'amende pour malversations commises pour le chauffage de sa verrerie dans la forêt royale de Moussans. Un membre de cette famille alla se fixer à Fourtou.

Un autre four verrier était au lieu dit Ginestiès, au-dessus de Balue, à proximité du plateau de Bel Soleil (783 m.).

Il nous faut donner quelques détails supplémentaires sur la verrerie de Moussans qui fut de beaucoup la plus importante de cette région. La verrerie en question comprenait primitivement des fours chauffés au bois, comme nous avons vu précédemment. Rien de particulier à dire là-dessus.

En 1868, le propriétaire, M. Gustave de Riols de Fonclarc (officier de la Garde impériale, se reporter à la généalogie) fit construire un four rond au système dit « parisien ». C'était un four chauffé au charbon, ayant un seul tisard et à fusion continue. Il contenait sept pots couverts sans compartiment. Ces pots contenaient environ quatre cents kilogrammes de verre, sauf le septième qui n'avait que 0 m. 60 d'entrée.

M. Gustave de Fonclare avait même fait venir un fournaliste spécialisé nommé Bouquet, et il se proposait en plus des articles du pays, de faire la gobeletterie fine. Il fit même installer une taillerie perfectionnée qui était dirigée par Bastien Canavèse.

A la suite de mauvaises affaires, la propriété passa aux mains de M. Fourcade qui, avec M. Eugène de Riols de Fonclare comme chef de fabrication, voulut fabriquer du verre. En 1875, M. Eugène voulut essayer la fabrication avec des pots découverts; dans ce but il refit la couronne du four à charbon, en l'abaissant d'environ 15 centimètres, cela ne donna pas de bons résultats.

En 1876, il fit une campagne infructueuse avec pots couverts et pots demi couverts à compartiment pour le verre vert.

La verrerie de Moussans fut louée ensuite à M. Gustave de Riols de Fonclarc-Chevalier qui fabriqua pendant de courtes campagnes jusqu'en 1887. La fabrication a complètement cessé depuis. Le four à bois comprenait huit creusets couverts dans lesquels quatre étaient en travail, pendant que dans les quatre autres, le verre se fondait. Le verre obtenu était fort joli et bien limpide, le chauffage était régulier. Autour de ce four, il y eut jusqu'à huit places montées, mais souvent la place n'était composée que d'un verrier travaillant seul à des topettes.

Les pourrons se faisaient souvent à un seul ouvrier qui les soufflait, faisait l'embouchure après l'avoir apontillé et il posait le broc.

Les places à flacons étaient composées d'un ouvreur et de deux souffleurs.

Les verreries à bois ne pouvaient guère se maintenir plus long-temps, par suite de l'âpre concurrence faite par les verreries créées plus récemment; d'autre part, la verrerie de Moussans avait de très grandes difficultés pour s'approvisionner en charbon, à cause des distances et de la cherté des transports.

C'est, à notre avis, la cause principale de la cessation de cette usine, pourtant si ancienne.

Il faut citer comme causes secondaires la dispersion des ver-riers, dès 1859, dans la région de Toulouse et, dès 1880, dans le Lyonnais; de même la propriété des bois environnants Moussans ayant cessé d'appartenir au fabricant, celui-ci risquait d'être tenu à merci par le prix de vente du bois de chauffage nécessaire à ses fours.

Comme nous l'avons vu dans l'étude géographique de la région de Moussans, la population est tombée de 722 habitants en 1866, à 268 en 1921. Est-ce une cause ou un effet de la disparition de l'industrie du verre ? Les 454 manquants n'étaient pourtant pas tous des familles de verriers. Il y a une loi fatale d'absorption de la campagne par la ville, jusqu'au moment où l'équilibre est rompu, par la pénurie des produits nécessaires à la vie.

Dans beaucoup d'actes il est question de la veriere et de la veriero nauto; de nos jours encore, ces appellations se retrouvent. Le chef-lieu de la commune des Verreries de Moussans se com-pose de deux hameaux distincts :

1° L'un situé sur la rive gauche du Thoré se nomme la « Ver-rerie basse ». Cet hameau groupé autour du grand tilleul est cependant géographiquement le plus élevé;

2° L'autre situé sur la rive droite du Thoré, groupé autour de l'église, se nomme la « Verrerie haute », il est cependant géo-graphiquement le plus bas.

Ce contre-sens apparent à une origine ancienne : dans le lieu dit actuellement les Verreries hautes, résidait la famille de Riols de Fonclare-Causse qui, primitivement nous l'avons vu, était seule propriétaire de la verrerie du pla del Crouzet, d'où le nom de Veriero nauto, trouvé si fréquemment dans les actes de vente ou de partage. Les Verreries Basses étaient bien les plus basses par rapport à la verrerie de Crouzet.

CHAPITRE II

Les objets fabriqués

Après avoir étudié les divers fours de la région de Moussans il nous reste à parler brièvement de l'outillage et des procédés de fabrication aux XVIe et XVIIe siècles. Nous ne répèterons pas ce que disent les traités sur la fabrication proprement dite du verre. Chacun sait qu'un tube de fer, appelé canne, est nécessaire pour cueillir, dans le creuset, le verre utile à la fabrication des divers objets. Le verre doit être ensuite refroidi pour pouvoir le travailler; en le roulant sur une plaque de fonte (appelée marbre); et après avoir été apprêté par le verrier, qui ébauche l'objet qu'il se propose de fabriquer, il est nécessaire de lui donner sa forme définitive, soit en continuant le soufflage et l'apprêt avec des pinces et des fers appropriés, soit en le moulant, dans un « moule ».

Nous distinguerons donc les objets soufflés complètement faits à la main et les objets faits au moyen d'un moule :

a) *Les objets soufflés terminés à la main.*

Il faut citer les pourrons, les burettes, les entonnoirs, les bouteilles à pêche, les bouteilles à mouche, les pilons, les tire laits, les bouts de sein, les lampes, les verres à boire, les chandeliers, les plats de diverses formes, les brocs, les bouteilles à lait d'ânesse, les bouteilles de bât, les verres de lanterne, les tubes, les bagues et les anneaux, les cloches à fromage, les lisses de tanneur, les barres de tisserands, les lampes, les veilleuses (ou calels), les sondes, les siphons à soutirer les liquides, les servantines, les bonbonnes, les cantines, les urinaux.

Il est un certain nombre d'objets, tels que bouteilles, flacons, bouteilles à pêche qui, primitivement, ont été soufflés et terminés

à la main. Dans ce cas, ces objets ont une forme légèrement conique; et pour les bouteilles à pêche en particulier cette caractéristique est frappante.

b) *Les objets soufflés dans des moules.*

Définissons le moule, c'est un appareil ayant la forme de l'objet que l'on désire fabriquer; le verrier après avoir apprêté son
verre sur le marbre souffle un peu dans la paraison pour lui donner la grosseur appropriée et ensuite il l'introduit dans le moule
pour en terminer la fabrication, en donnant le soufflage
maximum.

Il faut distinguer le moule à charnière d'origine plus récente
qui permet la fabrication des objets moulés, et le moule fixe présentant seulement la forme cylindrique sans aucune ouverture
latérale.

Le moine Théophile dans son ouvrage : « Diversarum artium
schedula » (¹) cite les moules en bois et en fer dès le IXᵉ siècle.

Les moules en bois étaient fort peu durables aussi, de bon
heure, on leur substitua les moules de métal ou de terre réfractaire.

Ces moules étaient des cylindres légèrement évasés vers le
haut, ouverts des deux bouts. On les plaçait sur un fonds bien
plan et l'ouvrier finissait sa bouteille ou son flacon en imprimant
un mouvement de rotation à sa canne, en la faisant rouler verti-
calement entre ces mains. Ce mouvement était facilité par l'introduction de petites pailles entre le moule et la paraison, ces petites
pailles en brûlant adoucissaient le mouvement de rotation.

A l'Exposition de Toulouse de 1924, dans une vitrine, nous
avons exposé plusieurs de ces fioles de pharmacien faites au
moule en terre : elles étaient tournées, le fonds était remonté par
l'ouvrier, et la bague consistait en un cordon de verre rapporté
à l'extrémité du col.

Les moules en terre réfractaire étaient constitués par des cylindres de terre ayant, suivant leur capacité, de 4 à 7 centimètres d'épaisseur. Ils étaient renforcés par des cercles de feuillard
réunis par des bandes latérales. Leur usage est actuellement fort
rare, sauf pour de grosses pièces cylindriques rarement deman-
dées.

(1) *Dictionnaire de l'ameublement,* par HAVARD, page 1559.

Les bouteilles se faisaient de la même façon que les fioles, en les tournant dans un moule de contenance appropriée. Le fonds était remonté par les fers du souffleur : une bouteille piquée à la main se reconnaît à ce que la piqûre est plus arrondie et moins régulière qu'avec une pédale.

Dans les décombres de la Verrerie de Moussans et de la Verrerie de Crouzet nous avons retrouvé des bouteilles fabriquées de cette façon. Le verre était d'un noir jaunâtre, d'une fort jolie couleur.

Mon grand-père paternel, Gustave de Riols de Fonclare, fut dans son temps, un des meilleurs souffleurs de bouteilles faites de cette façon.

Les goulots des bouteilles à pêche, des gobe-mouches, des bouteilles ordinaires se faisaient au moyen d'un cordon de verre rapporté, sur le goulot à hauteur convenable et façonné aux fers.

Les goulots des petites bouteilles et surtout des fioles de pharmacie étaient réchauffés à l'ouvreau et au moyen d'une paire de fers approprié, le verre de l'extrémité était refoulé pour former une bague. Ce procédé de formation de la bague est plus récent que celui que nous avons décrit précédemment.

Mais au début ces fers étaient à bague fixe qui devait servir à une grande variété de flacons. Parmi l'ancien outillage venant des verreries de Moussans, nous avons retrouvé ces fers primitifs : c'est une bande de feuillard épais doublée en épingle de cheveux, les extrémités sont aplaties et elles présentent une ou deux encoches plus ou moins larges qui s'imprimeront en relief dans le verre du goulot, après avoir réchauffé celui-ci. Une barre médiale se trouve entre les deux bandes; au moment de la fabrication elle est introduite à l'intérieur du goulot, et l'ouvrier en serrant les branches contre ce mandrin et en imprimant simultanément à la bouteille un mouvement de rotation termine la bague.

Un progrès sensible fut de rendre le mandrin central amovible, ainsi que les coussinets portant les bagues incrustées.

Le procédé des bagues faites aux fers n'eut lieu qu'avec une division du travail extrêmement poussée alors se différencie l'ouvreur du souffleur.

Au contraire, le procédé du cordon rapporté existe quand le même ouvrier souffle, pique et termine lui-même sa bouteille.

Une fois certains objets soufflés : pourrons, burettes, servantines, conserves, le gros du travail est fait mais il est nécessaire de les réchauffer au four avant de faire d'autres travaux accessoires :

Formation du tutel pour les servantines, des goulots pour les bouteilles, des cordons pour les conserves, pose de l'anse et du broc, quelquefois du pied pour les burettes, pose du bronson pour les pourrons.

Cette nouvelle opération peut se faire au pontil ou au sabot.

Par leurs formes, les pourrons, les burettes ne se prêtent pas pratiquement à l'emploi du sabot, et pour cette fabrication le pontil est nécessaire.

Le pontil est un bout de verre conique qui termine l'extrémité d'une légère barre de fer. L'apprenti chargé de ce travail chauffe très légèrement le pontil, en le sablant ou non, et il l'applique contre le fonds du pourron ou de la burette. Le fonds étant légèrement piqué, le pontil ne se colle que sur la périphérie. Quand l'ouvreur a posé anse et bronson, par un coup sec frappé sur la tige de fer, l'objet se détache aisément, sans cassure. Le pontil a l'avantage de ne pas nécessiter un outillage compliqué, et il ne glace pas la marchandise, il permet aussi de la rentrer davantage à l'intérieur du four à rebrûler.

Pour certaines pièces l'ouvrier peut aussi « apontiller » directement sur le mors de la canne qui a servi à souffler les dites pièces.

On peut affirmer, avec preuves à l'appui que, jusqu'au début du XIXe siècle, les divers objets fabriqués aux Verreries de Moussans, sont en majeure partie soufflés et terminés à la main, sans l'aide d'aucun moule.

Sur des planches photographiques (V. **page 221** et suiv.), nous avons rassemblés la plupart des objets intacts fabriqués aux Verreries de Moussans :

1° Signalons les burettes à huile, avec bec et anse recourbés, ayant la forme générale des amphores, communément appelées dans le pays « olivières ». Les unes ont le pied étranglé aux fers, ce sont les burettes dites de Moussans. Les autres ont le bec et l'anse plus rectilignes et le pied est rapporté ce sont les burettes dites de Pointis;

2° Chacun connaît les bouteilles à pêche, sortes de nasses,

et les bouteilles à mouche, soit de forme ronde ou de forme droite, nous n'insisterons pas;

3° Les pourrons sont des récipients de diverses formes munis d'un bronson, permettant de boire à la régalade.

Pièces fabriquées aux Verreries de Moussans aux XV°, XVI°, XVII° XVIII° et XIX° siècles

De gauche à droite :
Burette forme Olive, petite légère, dite de « Moussans ».
Burette forme Pourron.
Burette Brouson, dite de « Pointis ».
Carafe à pêche.
En avant : Tire-lait dit « Canto-plouro ».

Les uns ont le corps cylindrique, ce sont les pourrons bouteilles. Les autres ont le corps arrondi et ils sont de couleur vert-clair, ce sont les pourrons ronds ou de Carcassonne. La forme du pourron Ariège est conique, et la couleur du verre est blanche.

Remarquons que la forme ronde se faisait surtout dans la région Moussanaise, tandis que la forme conique se fabriquait au début dans les verreries de l'Ariège.

La forme du pourron catalán est tronc conique légèrement

Pièces fabriquées aux Verreries de Moussans, XVe et XVIe siècles

De gauche à droite :

Verre à pied, d'une extrême légèreté, à trois couleurs.
Veilleuse à huile dit calel, pied avec couleurs torsinées.
Autre verre
Aiguière.
Autres verres.
Chandelier, avec couleurs torsinées.

applatie sur les faces, le col est droit avec l'ouverture étalée, le bec a une forme absolument conique, Cette forme se vendait principalement dans le Roussillon, avec le bec fermé;

4º Les bouteilles de bàt, sont des récipients de 5 à 10 litres, applaties sur une face, avec le col renflé pour permettre de les fixer une de chaque côté d'un bât. A l'époque où les routes étaient rares et souvent impraticables aux véhicules, ces bouteilles servaient au ravitaillement en vin et en alcool des populations montagnardes;

Diverses formes de pourrons

De gauche à droite :
Pourron berluse, verre blanc.
Pourron Ariège; verre blanc.
Pourron catalan, verre vert clair.
Pourron rond, verre vert clair, dit de « Carcassonne ».

5° Les bouteilles à lait d'ânesse sont des récipients au col largement ouvert permettant l'introduction de la mamelle de l'animal pendant la traite;

6° Signalons une pièce, au nom évocateur, la « canto plouro » ou tire-lait permettant à une maman de se tirer le lait en excès. C'est une sorte de tube recourbé permettant l'aspiration individuelle, tandis que la partie opposée qui s'applique sur le sein à un renflement permettant l'accumulation d'un peu de lait.

7° Les calels étaient une sorte de pied de chandelier terminé par une boule présentant une ouverture par laquelle on intro-

Pièces fabriquées aux Verreries de Moussans, XVIe et XVIIe siècles

En haut : Chandelier.
De droite à gauche : 2e rang ; Bouteille à pêche, outre à eau de vie.
— — 3e rang ; Bouteille à lait d'anesse, flacons de pharmacie, cloche à fromage, urinal.
Au centre : Petit cruchon fantaisie.

duisait l'huile où trempait une mèche servant à éclairer les logis pendant les longues soirées d'hiver.

Nous n'avons dit un mot que des objets n'ayant plus qu'un intérêt rétrospectif, il serait fastidieux d'énumérer ceux qui sont encore d'un usage courant.

Il nous faut nous occuper maintenant des conditions de vente des dits objets.

Produire, selon les économistes, c'est déplacer de la matière, cette étude rentre bien dans notre cadre : les moyens et les modes de production.

La Vente

Le transport de ces marchandises avait lieu dans la région Moussanaise, soit à dos de mulet, soit par chariots, mais les routes étaient en fort mauvais état.

Les gentilshommes verriers ne pouvaient selon l'opinion de certains auteurs (¹) vendre au détail ni hors de leurs magasins, et les marchands devaient aller s'approvisionner à l'usine.

Il semble cependant que ce n'était qu'une prohibition de principe édictée par les Assemblées de Sommières, car la plupart des Lettres patentes ne font aucune différence au point de vue privilège entre les gentilshommes verriers, leurs empteurs, marchands et vendeurs en gros et en détail (²).

Remontons plus haut et nous voyons que les lettres patentes du roi Charles (20 août 1438) disposent (³) ..... que led. suppliants et tous les autres maîtres verriers de nostre royaume et leurs serviteurs, familiers et valets demeurants et servants aux verreries tant de raison et de bonne coutume. D'ancienneté gardés et observés notoirement par privilèges à eux octroyés par nos prédécesseurs roys de France que de tout temps sont et doivent être exempts de toutes tailles et aussi de tous aides, subsides et impositions, coutumes, truages, barrages, chaussées et autres quelconques redevances et exactions anciennes et nouvelles ayans fours en notre royaume au regard de leur fait de marchandise de verrerie avec aussi tous marchands achetant verres tant d'eux que d'autres maîtres verriers et ceux vendant en gros et en détail par tout notre royaume, au regard desdits verriers doivent pareillement être francs et quittes des tailles. subsides, tributs, impositions, coutumes, truages et autres subventions quelconques sans que au regard de la dite marchandise aucun de nos fermiers, péageurs et autres quelconques leur doivent faire mettre ou donner à cause de ce aucun de sortie ou empêchement et il soit ainsi qu'il est nécessaire aux suppléants,

---

(1) Consulter l'ouvrage documenté de M. DE ROBERT-GARILS : *Monographie d'une famille et d'un village*, Toulouse, 1889; page 165 et suiv.
(2) Archives Hérault. C. 2758. Lettres patentes, décembre 1665.
(3) Archives du Tarn. A. 2.

ses valets, ses serviteurs et aussi marchants de verres et les transporte en divers lieux, en notre royaume et exercer lad. marchandise de verres, mais doutons des impositeurs ou fermiers des subsides ou redevances ou aucuns, deux ignorants de la coutume, les vouloir contraindre à payer aucune chose d'iceux subsides .....

Ces dispositions montrent bien que le marchand de verre, tout comme le maître verrier, jouissait de certaines exemptions d'impôts et de certains privilèges.

Il nous faut signaler le conflit qui s'éleva entre noble Marc de Robert, sieur de la Garrigue, gentilhomme verrier aux Verreries de Moussans et les commis des Leudes du doublement de Béziers qui lui avaient arrêté cinq charges de bouteilles à mettre des liqueurs, que noble Marc de Robert faisait conduire à Béziers.

Les commis avaient exigé, au lieu dit Sainte-Colombe, trois livres, à titre de consignation.

Marc de Robert adressa une supplique à Monseigneur de Basville, conseiller d'Etat ordinaire, intendant de justice, police et finances en Languedoc.

Après un long procès, la thèse de Marc de Robert triompha et nous relatons ci-dessous les conclusions du jugement (¹).

« Vu les requêtes respectives, l'arrêt du Conseil d'Etat, le jugement de messieurs les Commissaires du 4 décembre 1669, ensemble les autres pièces.

Nous ordonnons que le sieur de Robert de la Garrigue demeure déchargé du doublement du péage et leude pour lequel il a consigné trois livres.

Fait à Montpellier, le 11 février 1714.

DE LAMOIGNON.

Il nous faut aussi signaler (²) l'ordonnance du sieur de Bezons, intendant du Languedoc, du 4 décembre 1669, par laquelle mainlevée est accordée au sieur de Laroque, de la saisie de quatre charges de verres saisies à la requête de Jean Rivière, fermier du droit de leude et péage du lieu de Ste-Colombe. Les fermiers sont condamnés aux dépens par le Juge de la Connétablie de Bordeaux   1681.

(1) C. 69. Toulouse.
(2) C. 69. Extrait des Registres du Conseil d'Etat, 14 juin 1701, n° 55.

Mentionnons aussi à titre documentaire les Lettres patentes de Louis XIV, en décembre 1655, portant confirmation en faveur des gentilshommes verriers de la province de Languedoc et de leurs compteurs marchands en gros et en détail menant et conduisant les marchandises dont est composé le verre, de tous leurs privilèges et qu'ils seront affranchis quittes et exempts du payement de toutes tailles, aides, subsides, impositions, coutumes, rouages, barrages, chaussées, pontonages et de tous autres droits, péages et charges tant anciennement que nouvelles ayant cours dans le royaume (Enregistré à la Cour des Comptes et Aydes, finances à Montpellier le 15 décembre 1656)...... à la charge de contribuer aux tailles et deniers royaux suivant leurs compoix et allivremens, attendu que les tailles sont réelles en Languedoc. Enfin les lettres patentes de Louis XV, données à Versailles en août 1727 (enregistré au Contrôle général des Finances 2 novembre 1727) confirment les dits privilèges « pourvu toutefois que les dites franchises et exemptions n'aient esté révoquées par aucun édit, déclarations et arrests. »

Les marchands de verre qui allaient de Moussans dans les villages les plus reculés de la Catalogne, de l'Auvergne, de la Gascogne, écouler les produits fabriqués, formaient de véritables dynasties. Citons les Cauquil, les Daïdou, les Molinier, les Fabre, dont la plupart ont encore des descendants qui continuent le métier familial. Les routes étaient à peine tracées et peu sûres, ils organisaient des convois de deux, trois chariots pour pouvoir se prêter aide et assistance en cas d'accident ou de danger. Surtout à l'époque de guerres religieuses, leurs chargements devenaient à tour de rôle la proie des troupes catholiques ou des troupes protestantes.

La vente des divers articles avait lieu soit au poids, soit au panier, soit au comptage (par douzaine généralement).

Le registre de la verrerie de Pondelay, en Couserans, de 1740 à 1779 (¹) nous donne des indications sur les prix pratiqués dans le Languedoc :

« Thomas Manaud doit ce qu'il a pris :

Deux quintaux neuf livres de bouteilles à vingt livres le quintal, le 22 février 1743.

François Doumerc, du Bosc en Fabas, doit ce qu'il a pris du

---

(1) SAINT-QUIRIN, *op. cit.*, page 295.

9 avril 1743, deux quintaux seize livres de bouteilles à vingt livres le quintal.

François Montauriol, de Thane en Fabas, a pris soixante huit grosses topettes (flacons à large goulot). Raymond Montauriol a pris vingt grosses d'abreuvoirs et soixante quatorze grosses de gobelets. 1744.

Dans la généralité de France, le prix du verre en 1738 était de vingt-neuf livres le panier de fin et de vingt six livres le second choix.

On peut dire, d'une façon générale, que les verres de gobeletterie se vendaient par faix ou faïsse. En 1573 le prix des verreries communes était de seize sols tournois par faix.

En 1660 la communauté de Millau, paie à François Vernhette « dix sols » pour deux flacons de verre qui se sont rompus, de douze qu'il en avait prêtés pour \mettre du vin clair, pour envoyer au logis de l'intendant » (¹).

Le pouvoir royal s'occupa de réglementer la liste des objets que l'on pouvait fabriquer en verre par l'arrêt du Conseil d'Etat de 1688 (29 mai). Par cet édit on augmente les droits d'entrée et de sortie du royaume, sur les verres de toutes sortes :

Le verre cassé paie 20 sols par baril;

Le verre à vitre paie 12 livres par faix;

Les verres à boire 10 livres du cent pesant.

Ce fut Henri IV qui, le 20 mars 1600 (²), donna les premiers statuts aux marchands de verre. En 1658, ces statuts furent refondus et divisés en 36 articles. En 1706 les marchands verriers, maîtres couvreurs de flacons et bouteilles en osier, faïences et autres espèces de marchandises de verre furent réunis aux maîstres Emailleurs de Paris.

A côté de la caste des gentilshommes verriers, s'était développée celle des marchands de verre.

Le 8 mars 1735 il y eut une déclaration du roi portant règlement pour la fabrication des bouteilles et carafons (³) : « la mauvaise préparation dont ils sont composés cause la corruption des vins et liqueurs ..... la matière vitrifiée servant à la fabrication des bouteilles et carafons destinés à renfermer les vins et autres liqueurs, sera bien raffinée et également fondue;

(1) Archives municipales Millau, C.C. 497.
(2) *Dictionnaire de l'ameublement*, HAVARD, page 1568.
(3) Archives Hérault. C. 2758.

en sorte que chaque bouteille ou carafon, soit d'une égale épaisseur dans toute sa circonférence. Chaque bouteille ou carafon contiendra à l'avenir, pinte, mesure de Paris, et ne pourra être au dessous du poids de vingt cinq onces, les demis et quart à proportion, quant aux bouteilles ou carafons doubles, et audesus, ils seront aussi du poids proportionné à leur grandeur ».

Le 20 décembre 1740 il est même défendu à Thévenot du Vivier, entrepreneur des verreries d'Orléans et de Foy aux Loges, de fabriquer des bouteilles dont la contenance, la jauge et le poids ne serait pas règlementaire.

C'est l'époque de la toute puissance des corporations soumises à la réglementation la plus étroite dans l'intérêt des consommateurs, à qui il fallait livrer une marchandise correspondant à leurs désirs.

Il ne faut pas trouver exorbitante cette exigence de la contenance exacte, car de nos jours encore l'Administration des Contributions indirectes, cherche souvent noise aux distillateurs et aux parfumeurs, et par ricochet aux verriers pour obtenir des bouteilles à contenances rigoureusement exactes.

La vente de certains objets, tels les pourrons catalans, les servantines, les urinaux, les lisses, etc..., se faisait encore au poids dans le Lyonnais et dans notre région, il y a seulement une quinzaine d'année. Ce procédé tend de plus en plus à disparaître.

Une caractéristique des marchands de Moussans, c'est qu'après avoir vendu les objets de verrerie dans les lointaines agglomérations, ils prenaient un fret de retour, en revenant à leur pays natal.

Ceux qui allaient en Catalogne et en Roussillon ou bien ils rapportaient des vins et des primeurs, mais aussi quelquefois du salicor, denrée précieuse pour les maîtres verriers de Moussans. Ceux qui allaient en Gascogne rapportaient de l'alcool, des objets manufacturés qui se fabriquaient dans la région de Toulouse. Cet échange des produits entre localités augmentait le bien-être des populations, et ils revenaient à meilleur compte.

Après avoir vu comment se faisaient les objets de verre, comment ils étaient mis à la disposition du consommateur, il nous faut étudier comment les gentilshommes verriers étaient rémunérés de leur travail.

CHAPITRE III

Les salaires et la vie sociale des gentilshommes verriers

A l'origine, les gentilshommes verriers formaient plutôt de véritables associations, en vue du partage des bénéfices, proportionnellement à leurs connaissances professionnelles, à leurs travaux, à leurs mises de fonds.

Il n'y avait pas, à proprement parler, des salariés et des patrons; c'était une sorte de communauté, sans classes bien distinctes.

Pour créer une verrerie, il ne fallait pas de grands capitaux; aussi chaque gentilhomme verrier pouvait espérer devenir propriétaire de la verrerie où il travaillait, et cela contribuait à les rendre économes et prévoyants. Le combustible leur était en effet souvent concédé dans les forêts royales à un prix annuel fort modique. Nous avons vu que, pour le four vieil de Moussans [1], Sicart Almoy et ensuite la famille de Riols devaient « paier tous les ans de sansive au Roy notre Sire ou a son clavere du lieu de Menerbe quinze soulz tournois ».

En Normandie, au contraire, la plupart des gentilshommes verriers devaient acheter le bois nécessaire au chauffage de leurs fours. Ce qui le prouve, c'est la mention de la somme de 5.500 livres par an, dans le compte d'exploitation dressé par M. Le Vaillant de la Fieffe, dans son remarquable ouvrage [2].

Nous emprunterons à cet ouvrage quelques détails sur le taux des salaires payés aux XVIIe et XVIIIe siècles aux diverses catégories de gentilshommes verriers.

[1] Acte de nouvel achat et inféodation du 28 mars 1487. Réformation des eaux et forêts. F. 18. Parlement Toulouse.
[2] *Les Verriers de la Normandie*, Rouen, 1873, pages 146 et 147.

Notre opinion est, qu'antérieurement aux xvii⁰ et xviii⁰ siècles, il n'existait pas à proprement parler de salariés dans la région moussanaise. Les verreries de Moussans appartenaient aux familles d'Almoy, aux familles de Riols, et ensuite quelques verreries forestières appartenaient aux de Robert. Nous avons vu, dans le livre II, les liens de parenté et d'alliance existant entre toutes ces familles; jamais, dans les actes notariés, nous n'avons vu aucune allusion à une rénumération quelconque. Antérieurement au xvii⁰ siècle, la plupart de ces familles étaient devenues protestantes, et elles étaient placées de ce fait plus étroitement sous la domination du chef de famille. Cette prédominance du chef de famille existait d'ailleurs dans toute la société.

A l'origine donc, les ateliers familiaux qu'étaient les verreries de Moussans avaient de très grandes analogies avec les *communautés taisibles* de Moyen âge. C'était une communauté de biens, qui existait entre personnes parentes vivant à pain et à pot dans la même maison, sous l'autorité du chef de famille.

Selon les renseignements que nous avons recueillis, la notion de salaire, aux Verreries de Moussans, ne s'est fait jour qu'à la fin du xviii⁰ siècle.

Voici, à titre de renseignements, les salaires payés en Normandie, au xviii⁰ siècle, selon les capacités professionnelles de chaque verrier [1] :

Pour un gentilhomme directeur....   1.500 livres par an.
Pour un gentilhomme verrier......   1.300 livres par an.
Pour un gentilhomme cueilleur ....   800 livres par an.
Pour un apprenti.................   400 livres par an.

Du Journal tenu par Le Vaillant de Charmy, nous extrayons les détails suivants : en 1743, le cueilleur se payait à raison de quarante sols par jour. En mai 1750, un ouvrier complet se payait quatre livres par jour, plus quatre vingt livres de vin à la fin de la campagne. En avril 1756, six livres par jour. Le salaire variait selon les capacités de chacun; ce n'était pas, comme de nos jours, où l'idée d'égalité par en bas, poussé à ses limites, fait payer l'incapable comme le bon ouvrier, en vertu du système du tarif unique.

En 1812, le prix moyen de la journée de salaire est de 2 fr. 50.

(1) Le Vaillant de la Fieffe, *op. cit.*, p. 487.

En 1867, quatre ouvriers maîtres gagnaient 150 francs par mois; ils avaient en outre droit au logement et au chauffage. Le salaire des autres verriers ayant des capacités moindres était de 70 à 80 francs par mois (¹).

Mentionnons aussi les salaires attribués aux ouvriers non nobles, qui faisaient la fonte et les travaux accessoires (²) :

Le maître tiseur gagnait 12 livres par semaines, plus, à la fin de la campagne, une gratification de 150 livres et un chapeau.

Le sous-tiseur, 5 livres la semaine, plus 42 livres. Le tiseur de fonte, 4 livres 10 sous la semaine, plus 12 livres et un chapeau de six livres. Le tiseur de relais, 4 livres 10 sous la semaine et un chapeau. Le tiseur de journée gagnait 4 livres par semaine, et il lui était donné un chapeau de six livres.

Ces ouvriers avaient, en outre, la nourriture. Les sommes qui leur étaient versées en sus du salaire hebdomadaire l'étaient à titre de gratification, pour toute la campagne.

Nous avons vu précédemment que le défaut de capitaux avait toujours réduit la plupart des verreries de Moussans à n'avoir qu'un nombre restreint de verriers : six, huit ou dix.

Sans entrer dans de trop longs détails, signalons que, selon leurs travaux, les verriers se subdivisaient en ouvreur, en cueilleur, en broqueurs ou poseurs d'anses et en souffleurs, avec ou sans moule. Les menus travaux étaient généralement faits par des garçons d'une dizaine d'année, de famille noble, et généralement déjà parents ou alliés des ouvriers qu'ils aidaient. Dans ces conditions, il ne pouvait être question de protection de l'enfance. Les règlements de Sommières sont muets là dessus.

Le livre de Le Vaillant de La Fieffe nous fournit de curieux détails sur la vie des gentilshommes verriers à cette époque.

Les gentilshommes s'engageaient par écrit pour la réveillée entière (ou campagne), moyennant des appointements convenus et proportionnés à leur aptitude. Un chapeau brodé, comme les nobles en portaient alors, leur était fourni par le maître de la verrerie, en sus du salaire de chaque jour; quelquefois, un pot de vin en argent tenait lieu de chapeau; chaque gentilhomme avait droit, en outre, pendant le temps de la campagne, à son logement, à sa nourriture à la table du maître de verrerie, au

<hr>

(1) Le Vaillant, *op. cit.*, page 258 et suiv.
(2) Le Vaillant, *op. cit.*, page 117.

blanchissage de son linge, à la nourriture de son cheval et de son chien, soignés par les domestiques de la maison.

Le travail ne durait pas moins de douze heures par jour; il ne commençait jamais le lundi avant minuit sonné, et, le samedi, il ne se prolongeait pas au delà de la même heure. Sans doute, c'était pour observer le repos du dimanche.

Chaque gentilhomme trouvait, en arrivant au four, son déjeuner servi sur une assiette d'étain ou de grosse faïence; ce repas consistait, les jours gras, le plus souvent en une tranche de viande froide, du rôti de la veille, remplacée parfois par des tripes, du foie de veau, du lard, etc. Le pain et le vin étaient à discrétion. Toutes les heures, les apprentis criaient, sur une espèce de chant : « à boire pour ces messieurs », car, dans l'été surtout, on sentait souvent le besoin de se rafraîchir. Quand le moment du déjeuner approchait, pour se faire entendre des cuisines, les apprentis criaient par trois fois : « à dîner pour ces messieurs ».

Le dîner, qui ne durait pas plus d'une heure, se composait généralement d'une soupe copieuse, d'un bon bouilli de porc ou de volaille. Ensuite, chacun reprenait du travail jusqu'à la fin de la journée. La journée finie, on procédait à sa toilette, après l'avoir fait précéder d'ablutions complètes. On prenait alors la mise et la tenue convenable pour souper avec la dame de la maison, quand l'heure des repas se trouvait identique, car souvent, par suite du retard apporté dans la fonte, les heures de travail et de repos se trouvaient décalées d'autant, alors souvent le travail ne cessait que fort tard dans la nuit. On observait rigoureusement les jours maigres : œufs, légumes, et rarement du poisson.

Le souper se prolongeait longtemps; la conversation prenait un ton piquant, facétieux, parfois même, il faut en convenir, licencieux; on chantait, on répétait en chœur de joyeux refrains, qui, le lendemain, servaient à rythmer le travail et à leur faire oublier la fatigue. La gaîté distinguait le caractère des gentilshommes verriers : ceux ayant les plus belles voix, s'ils n'allaient pas à la chasse, le dimanche, chantaient la messe dans la petite église de Notre Dame de Serrières. Le luxe de la table et des habits n'existait pas chez eux; de ce second point vient peut-être le dédain, un tantinet mêlé de mépris, que les autres gentilshommes avaient pour les gentilshommes verriers. Ces derniers pourtant, comme nous l'avons démontré par de nombreux documents, avaient une ancienneté de titres, que le plus souvent les superbes gentilshommes fraîchement titrés auraient bien envié. Un trait dominant des verriers, c'est qu'ils n'avaient point de souci pour l'avenir; ils se mariaient jeunes, et le plus souvent entre parents. Il nous suffit de rappeler les liens multiples que les familles de Robert ont eu avec les familles de Riols. Les enfants, toujours nombreux, à peine arrivés à dix ou douze ans, trouvaient un emploi dans les verreries. Les plus intelligents, les plus économes, pouvaient espérer parvenir à une part dans l'exploitation de l'une de ces manufactures. D'autres, dégoûtés du travail, s'engageaient dans l'armée royale, servaient quelque temps la patrie, et ils trouvaient à leur retour les ressources qu'ils avaient dédaignées en partant. Nous avons vu que les règlements de Sommières prévoyaient des cotisations frappant tous les verriers, pour favoriser la carrière militaire des gentilshommes qui en avaient l'intention. Dans le Languedoc, les gentilshommes restaient dans la coutume féodale et, en cas de guerre ou de péril, ils devaient le service militaire personnel : l' « auxilium ». Les autres verriers étaient tenus d'équiper ceux qui étaient désignés.

Le repos du dimanche et des jours fériés était toujours de 24 heures au moins. Aux fêtes de Pâques, le travail était suspendu le mercredi saint à minuit, et il n'était repris que le mercredi suivant, afin que pendant ces six jours de chômage chacun put remplir ses devoirs religieux et passer ce temps en famille.

Le costume du gentilhomme verrier consistait, pendant le travail, en vêtements amples et légers, sans cependant n'avoir rien d'indécent.

Les femmes qui visitaient la manufacture étaient reçues avec courtoisie; on leur fournissait les explications nécessaires. Les apprentis offraient aux visiteurs des « pétarades » (scientifiquement, larmes bataviques, obtenues en laissant tomber du verre chaud dans de l'eau); en brisant l'extrémité du fil, cette masse éclatait en poudre impalpable. D'autre fois, on offrait des chanterelles ou « sisola » (selon une expression locale), sorte de tube, à parois excessivement minces, de la grosseur d'un bocal, et dont on tirait en soufflant dessus des sons agréables.

Les jours fériés, chaque gentilhomme suivait son penchant

qui le portait à se distraire des fatigues des jours précédents;
dès le matin, il ceignait son épée, assistait à la messe, puis il
allait rendre visite à ses amis des environs, ou il se livrait aux
plaisirs de la chasse à courre, soit aux sangliers, aux renards,
aux biches ou aux lièvres.

Ces nobles artisans, portant épée, tenaient toujours à se faire
respecter, sans avoir cependant ni nargue, ni fierté. Continuelle-
ment en contact avec des enfants du peuple, qui les assistaient,
les servaient dans le travail, ils en étaient tous aimés.

Il faut signaler cette remarque, c'est que la fonction de maître
tiseur était quasi héréditaire, et les tiseurs étaient fiers de leur
coopération aux travaux des gentilshommes verriers.

Ce qu'il faut mettre en relief, c'est la différence très grande
existant entre le gentilshomme verrier de Normandie et le
gentilhomme verrier de Languedoc. Nous avons déjà vu dans
l'appendice, qu'en Normandie il n'existait pas de juridiction
analogue à celle de Sommières, et que s'étaient les principes de
droit commun qui régissaient les rapports des verriers entre
eux.

La durée moyenne de la campagne, c'est-à-dire de la période
de travail, était de sept mois et demi; ce n'est que dans la région
de l'Espérou que la campagne était réduite à deux mois et
demi (¹). Cette mesure avait été prise en raison des rigueurs de
l'hiver dans cette région.

Le 10 décembre 1743 (²) Anceau de Lavelanet demande
qu'avant d'agir contre les gentilshommes verriers, on nomme
des commissaires pour vérifier si, en hiver, l'accès de l'Aïgoual
et de l'Espérou est possible, et il propose pour cette commission
Pitot, garde marteau de la maîtrise de Montpellier.

Dans l'ouvrage si bien documenté de M. Elisée de Robert-
Garils (³), nous puisons quelques renseignements au sujet de la
condition des gentilshommes verriers.

La manipulation du verre était réservée aux gentilshommes.
Le verrier devait faire la preuve de cette qualité par titres appropriés devant le syndic du département. (Nous avons vu plus
haut ce qu'il faut entendre par département). Le syndic du
département était juge pour savoir si les titres présentés étaient

(1) Archives Hérault. C. 2764.
(2) Archives Hérault. C. 2763.
(3) *Monographie d'une famille et d'un village*, Toulouse, Privat, 1889.

sufflsants; dans ce cas, il en dressait un procès-verbal, et un récépissé était délivré au gentilhomme verrier. En cas de contestation sur la validité des titres, l'affaire était portée à la juridiction de Sommières, devant le capitaine-viguier gouverneur de cette ville. C'était un véritable juge conservateur, chargé de confirmer les gentilshommes verriers à la fois dans leur noblesse et dans leurs privilèges.

Il y avait une véritable solidarité de caste entre tous les gentilshommes verriers; si un verrier tombait dans l'indigence, on le secourait pour éviter qu'il ne tombe dans la roture, et par des secours on lui facilitait son relèvement. C'est ainsi que, dans le département de Moussans, noble Nathanaël de Robert, sieur de Cantelauze, fut secouru par ses pairs jusqu'à un âge très avancé.

De même, si l'un de ces verriers manifestait une passion réelle pour les armes, on prévoyait des cotisations pour lui permettre de l'équiper et entrer au service du Roi.

Il existait un embryon de caisse de prévoyance; selon Saint-Quirin, chaque maître devait verser annuellement six livres, et chaque ouvrier trois. Le maître était responsable du paiement de la cotisation des verriers vis-à-vis du Corps des Verriers de Sommières. Les fonds ainsi recueillis servaient à couvrir les frais des assemblées générales et des assemblées particulières, et aussi à secourir les indigents.

L'assemblée de Sommières du 19 avril 1656, présidée par le gouverneur Gastard de La Croix de Castries, réunit les verriers du Haut et du Bas-Languedoc, du comté de Foix, de Haute-Guyenne et des Verreries de Moussans.

Voici, à titre documentaire, la liste des verriers assemblés (¹); le lecteur reconnaîtra souvent les noms rappelant les alentours des Verreries de Moussans :

« Noble Antoine de La Roque, sieur de Boisset (syndic des verriers); noble Jérôme de La Roque, sieur de Bouniol (verreries de la Boissières); noble Antoine de Girard (d'Agrès); noble Jean de Riols, sieur du Causse; noble Louis de Cailhat (Queylat) vieux, de la maison de Jourgat; noble Abel de Roubert, sieur de Combe-Signères (un kilomètre après Labastide); noble Pierre de Roubert, sieur de la Plane; noble Pierre de Roubert, sieur

(1) SAINT-QUIRIN, *op. cit.*, pages 168-170.

de la Saigne; noble Nathanaël de Roubert, sieur de Cantalauze; noble François de Girard, sieur de la Croix; noble Pierre de La Roque, sieur de la Jonquières (la Boissière); noble Pierre de Casteviel, de la maison de Cazillac; noble Bastien de Girard, sieur du Lac; noble Antoine de La Roque, sieur de la Combe; nobles Pierre et Antoine de Girard, cousins, du lieu de Sérignac; noble Bastien de La Roque, sieur de la Rouquette; lesquels sieurs de Riols, du Causse, de Roubert, de Combe-Signères; de Robert, de Boscapel; de Riols, de Boissonnade; de Roubert, de la Plane; de Robert, de la Saigne; de Robert, de Cantalauze, faisant, tant en leur nom propre que comme députés par noble Samuel de Roubert, sieur de la Grave; Paul et Charles de Roubert frères; Abel de Granier, sieur de la Berte; François et Germain de Suer, sieurs de la Serre; Abel de Colomb; Philémon de Roubert; Jean de Grenier, sieur de Raisin, et Louis de Riols frères; Charles de Roubert, sieur de la Roque; François de Roubert, sieur de Lautier; Pierre de La Roque, sieur du Clos; Jean de Riols, sieur de Roquebel; Jacque de la Roque, sieur du Bois; Paul de Grenier, sieur de Verni; Antoine du Grenier, sieur du Terme; Jean de La Roque, sieur de l'Alose; David de Grenier, sieur de Mouse; François de La Roque; François de Robert, sieur de Gault; Abel de Robert, sieur de la Serre; Jacques de Robert, sieur de la Roque; Pierre de Robert, sieur de Rabazette; Jacques de Robert, sieur de Fraissinet; Samuel de Riols, sieur des Ploz; Armand de Grenier, sieur de Coustan, et David de Grenier, sieur de Ribes, suivant procuration retenue par Louis Palazzi, notaire de la Bastide-Rouairoux, et aussi comme procureur des verriers de la Comté de Foix, suivant la lettre signée par Montauriol pour tous, à eux adressée et ledit Antoine de Girard, comme procureur de noble Antoine d'Aigalliers, maître de la verrerie de Ferreyrols (acte reçu par maître Clauze, notaire de Fons) et de noble Claude de Girard d'Olivier, son frère, suivant procuration à luy faite par noble Jean le Breton, verrier des verrières de Saint-Phelix de Montagnols en Rouergue, et de même comme ayant charge, de noble Jean de Bertin, maître de la verrerie de Corbonnière en Rouergue ».

A la suite de cette assemblée, Antoine de La Roque, de Boisset, est nommé syndic, et Louis de Queylar, de la maison de Gaujac; Antoine de La Roque, vieux, de la maison d'Agrès; Abel de Robert, sieur de Combe-Signères, et Jean de Robert, sieur de Montagnols, sont nommés procureurs.

Le syndic, à cette assemblée, proposa d'arrêter les travaux de verrerie depuis la veille de Saint-Jean-Baptiste jusqu'au 14 septembre.

Le 25 août 1657 et le 27 août 1667 eurent lieu de nouvelles assemblées à Sommières.

Les verriers de Gabre, le 11 mai 1664, délèguent un des leurs : Isaac de Grenier, sieur de Leychard, pour se rendre aux Verreries de Moussans, et partout ailleurs où il le jugerait bon, pour faire un règlement touchant l'art de la verrerie et passer tous contrats et actes nécessaires.

Le gouverneur de Sommières, Trémollet-Buccelly, marquis de Montpezat, par son ordonnance du 26 juin 1675, mit les gentilshommes verriers en demeure de faire vérifier leurs titres.

Ceux qui ne pouvaient se rendre en personne à Sommières faisaient constater par devant notaire leurs origines, et le syndic de leur département était chargé de présenter cet acte authentique au Procureur Royal.

Nouvelle assemblée prescrite le 7 août 1700, par M. de Villevieille. Le comte d'Harling, gouverneur de Sommières, le 1er août 1718, convoque de Robert du Terme, verrier d'Albine, pour faire ses preuves justificatives de noblesse.

Le 1er octobre 1753, par devant très haut et très puissant seigneur François-Raymond-Joseph de Narbonne-Pelet, dans son château de Fontanès, les verriers syndics du comté de Foix se présentent pour obtenir un renvoi de l'ouverture de l'assemblée des gentilshommes verriers; ce fut le 7 octobre 1753 que cette assemblée commença.

Parmi la liste des gentilshommes verriers qui assistèrent à cette assemblée, détachons les noms suivants (1) :

« Est comparu noble Germain de Robert, maître de la verrerie de la Bétouze de Camps, diocèse de Narbonne, tant de son chef que comme procureur fondé de noble André de Robert, sieur de Fonclare. »

Cette assemblée nomma des syndics départementaux et trois syndics généraux.

Détachons, pour l'étude qui nous intéresse, les nominations suivantes :

Pour le département de Moussans et Fourtou, diocèses de

(1) DE SAINT-QUIRIN, *op. cit.*, page 189.

Narbonne et de Saint-Pons, sont nommés syndics départementaux :

Noble Germain de Robert, habitant de la verrerie de la Bélouze de Camps, et noble Robert, sieur de la Garrigue, habitant de la verrerie Basse, diocèse de Saint-Pons.

Ce dernier avait pour prénoms Etienne-Bernard; de son mariage avec Toinette-Madeleine de Renaud il eut un fils, Jean-François, qui fut baptisé à Moussans le 8 juillet 1744.

Noble Germain de Robert fut élu aussi syndic général. Les fonctions de syndic général avaient pour but :

1° De veiller à l'exécution des statuts et des règlements édictés par les assemblées de Sommières, qui avaient en fait un véritable pouvoir législatif pour tout ce qui touche l'art du verre;

2° Le syndic général devait informer le juge conservateur, gouverneur de Sommières, de toutes les contraventions dont ils auraient connaissance.

Par exemple, il était interdit aux gentilshommes verriers de s'associer, ou même de travailler dans une verrerie gérée par des roturiers, à peine de 1.000 livres d'amende pour les maîtres et de 300 livres pour les ouvriers verriers.

La production était aussi adaptée aux besoins limités de la clientèle. La concurrence est d'un excellent effet si elle se produit dans toutes les branches de l'activité humaine, car les besoins sont alors plus aisément satisfaits. Mais c'est un mal quand dans une seule branche industrielle ou commerciale il y a pléthore, tandis que la plupart des autres branches de l'activité ont une production stationnaire. La loi de l'offre et de la demande entre en jeu, et le prix des objets offerts en trop grande quantité diminue, sans que la baisse des prix des autres objets vienne niveler les pouvoirs d'achats respectifs.

Sans accuser les gentilshommes verriers de « malthusianisme économique », ils prirent cependant de sages mesures en limitant la durée des campagnes. C'est ainsi qu'à l'assemblée de 1753 il fut décidé que, dans la Haute-Guyenne, Foix, Armagnac, Grésigne, Moussans et Fourtou, on travaillera 5 mois 1/2, soit à partir du 15 novembre jusqu'au dernier d'avril suivant. Dans ces prescriptions, on tenait surtout compte du climat de la région. Ainsi, dans les verreries d'Arbas, Aure et Armagnac, on était obligé d'éteindre les fours du 24 décembre au 8 janvier suivant, à cause de la rigueur de la saison; par contre, la campagne continuait jusqu'au 15 mai.

Il est fort difficile de mobiliser les gens, même quand il s'agit de leur intérêt : aussi, vers le milieu du xvii° siècle, les assemblées de Sommières furent peu à peu délaissées par les gentilshommes verriers de Languedoc.

En 1753, il fut demandé au capitaine viguier de prononcer contre les verriers défaillants (soit en personne, soit par procureur) une amende de 1.000 livres, la démolition de leurs fours, la confiscation de leurs outils, et si les titres de noblesse n'étaient pas présentés dans le délai d'un mois, de prononcer la déchéance des privilèges contre les défaillants. Malgré la décision de rendre ces assemblées décennales, ni celles de 1763, ni de 1773, ni de 1783 ne furent convoquées. Les pénalités étaient trop fortes, et elles ne furent pas appliquées.

Bien que cela n'entre pas complètement dans le cadre de notre étude sur les Verreries de Moussans, rappelons brièvement quelles sont les causes qui hâtèrent la décadence, sinon la disparition de la plupart des verreries forestières. Nous les citerons chronologiquement ci après. Elles peuvent se ramener à trois principales :

1° Tracasseries du pouvoir Central, au sujet de l'approvisionnement en bois des villes voisines et des prescriptions;

2° Apparition des verreries chauffées au charbon, nécessitant des capitaux plus importants;

3° Guerre des camisards, troublant le trafic.

On peut dire que le début du xviii° siècle marque la décadence de la plupart des verreries forestières du Languedoc, malgré les efforts des syndic :

Pour le Vivarais : Jean d'Azémar du Colombier; pour le Bas-Languedoc : M. de Girard.

Dès 1713, Jean d'Azémar proteste auprès de M. de Basville, intendant du Languedoc, qui avait réclamé la production des lettres patentes se rapportant aux gentilshommes verriers; l'assemblée de 1718 en fut la conséquence.

Vers la fin de 1724, une députation est même envoyée au roi pour demander le renouvellement des privilèges basés sur les lettres patentes de 1655.

Les guérillas des camisards commencèrent à hâter la décadence des verreries forestières : il est à peu près certain que cette cause doit être écartée pour les Verreries de Moussans; la disposition géographique de cette région ne permettait pas des communications aisées avec Castres et Sommières, principaux centres de la résistance camisarde; de plus, aucun centre important n'était proche; le pays, quasi couvert de forêts, était fort peu peuplé, mais une certaine gêne était apportée aux échanges. Un arrêt du 9 août 1723 interdit l'établissement de nouveaux fours et, de plus, il interdit de couper des arbres de haute futaie dans les forêts royales.

Nous avons vu que la forêt de Moussans était une forêt royale, ainsi que celle de Campaurel. Il est également prohibé d'établir des verreries près des rivières flottables : cela pour éviter que les bûches flottantes, envoyées dans le plat pays par les bûcherons, ne soient employées presque entièrement par lesdites usines. Cette prohibition ne devait guère toucher les Verreries de Moussans, le Thoré étant presque toujours à sec !

Le 27 juin 1724 il y eut la réunion de :

Noble Antoine de Grenier, sieur de la Seigne, syndic et procureur général pour le département de Grésigne; noble Jean d'Azémar, sieur du Colombier, syndic du Vivarais; noble Antoine de Girard, syndic du Bas-Languedoc; noble Pierre de Robert, sieur de la Prade, pour les Verreries de Moussans.

Ils délèguent noble François de Grenier, sieur de Fonblanque, pour porter leurs doléances au roi et lui faire confirmer leurs anciens privilèges, et ils acceptaient de ne travailler que six mois de l'année.

A la suite de ces démarches, le contrôleur général Dodum, le 12 janvier 1725, invita l'intendant de Bernage à faire connaître son avis (¹).

Les Etats de Languedoc (janvier-février 1725) décident que les verreries du Bas-Languedoc ne pourront plus travailler, à cause du bois consommé, à moins de s'établir à l'Espérou ou sur l'Aïgoual.

En réalité, l'arrêt du 7 août 1725 ne fut pas appliqué de quinze ans. Une ordonnance du 18 juillet 1741 remit les clauses en vigueur, malgré l'opposition des verriers du Bas-Languedoc. La question est définitivement tranchée par un arrêt du Conseil

(1) Archives Hérault. C. 2760.

du Roi du 11 juin 1743, qui débouto complètement les gentilshommes verriers.

« ¡Ce sont des verriers du Languedoc qui ont les premiers
employé du charbon dans les verreries, à Saint-Sever, dans la
banlieue de Rouen (¹) ».

C'est la question du chauffage au bois qui a entravé le libre
développement des verreries forestières. Déjà, la plupart des
intendants se préoccupent, chacun dans leur province, de l'approvisionnement des villes, en bois.

On ne conçoit pas l'opposition mise par les verriers à l'adop-
tion du chauffage par le charbon, car le verre obtenu par ce
procédé est aussi joli qu'avec le chauffage au bois. A notre avis,
ce fut sans doute :

1° Difficulté de s'approvisionner en charbon, dans un pays
où les routes carrossables étaient rares;

2° Nécessité de modifier la construction des fours;

3° Routine, répugnant de transformer une industrie quasi
familiale en une manufacture qui aurait absorbé de grands
capitaux, faisant défaut chez la plupart des gentilshommes
verriers.

L'idée du chauffage au charbon fit des progrès avec le sieur
de La Bruguièdes, syndic du diocèse d'Alais et avec M. de Jou-
bert, syndic général du Languedoc. Un nommé Sartre obtient,
en 1728, l'autorisation d'établir une verrerie de charbon à Cette.

Le 26 janvier 1735, les Etats de Languedoc autorisent le sieur
Chatal à établir une verrerie à charbon à Alais.

En 1758, les Etats de Languedoc accordent une indemnité de
3.000 livres à M. de Solages, à condition de n'employer que du
charbon de pierre dans sa verrerie de Carmaux (²) : la fabrication annuelle qui était de 200.000 bouteilles, passe bientôt au
double. En 1761, un sieur Gilles, possesseur d'une mine de charbon dans la paroisse de Saint-Jean-de-Valeriscle (Gard), installe
une verrerie sans aucune autorisation; malgré cela les Etats de
Languedoc lui allouent, en décembre 1762, une gratification de
2.000 livres.

Le sieur Giral, par un arrêt du Conseil, du 23 février 1768,
est autorisé à établir une verrerie chauffée au charbon, à Héré-

(1) SAINT-QUIRIN, *op. cit.*, page 340.
(2) Archives Tarn. C. 128.

pian. En 1782, la famille des d'Aigalliers obtient la concession des mines d'Alais, et ils sont autorisés à ne payer le charbon qu'au prix d'extraction.

Le 30 août 1787, le sieur Rey, acquéreur du privilège obtenu par l'abbé Manuel, demande d'établir une verrerie au Bousquet d'Orb.

Nous avons vu, en étudiant les fours de verrerie employés dans la région moussanaise, que la famille de Riols de Fonclare fit construire, aux environs de 1860, un four à charbon de pierre dans la verrerie dépendant du château de Moussans.

Peu à peu, les nécessités économiques, la concurrence plus âpre, avaient amené les maîtres verriers à s'adapter au nouveau système de chauffage des fours, bien qu'ayant leurs usines dans une région admirablement pourvue de bois de chauffage.

Un four de huit creusets travaillant douze mois consomme aux environs de cinq mille cinq cent stères de bois sec, soit près de 300.000 à 350.000 kilos, selon la densité.

Disons quelques mots sur la Réforme dans la région de Moussanaise; nos renseignements sont forcément succincts, car rien de bien marquant ne s'est produit dans cette contrée.

CHAPITRE IV

La réforme aux Verreries de Moussans

Le diocèse de Saint-Pons, considéré comme division administrative, correspondait exactement à la division religieuse.
L'évêque exerçait la justice dans sa seigneurie, par des viguiers,
qu'il nommait à Saint-Pons, à Riols, à la Salvetat et à La Bastide-Rouayroux.

L'évêché de Saint-Pons était un évêché « crotté », c'est-à-dire
de ceux dont le titulaire était forcément dans la gêne, par suite
de la pauvreté du pays environnant.

Cet évêché occupait le septième rang sur les vingt-trois du
Languedoc.

Il avait la juridiction sur la région moussanaise, comprenant
la rive droite du Thoré.

Ce n'est qu'aux environs de 1530 que les idées nouvelles se
répandent dans le Languedoc : les protestants se réunissaient
pour les besoins de leur culte, mais les passions politiques et
religieuses ne se déchaînèrent qu'après le massacre de Vassy.
Jusque là, Calvin avait prêché la patience et la résignation à
toutes les Eglises de France. Dans les premières tentatives de
soulèvement, il y eut plus de mécontentement politique que de
souffrance religieuse. La conspiration d'Amboise fut un complot essentiellement politique, préparé par les mécontents de
la noblesse.

Il n'y eut rien de bien marquant dans la région moussanaise,
si ce n'est la prise de la ville de Saint-Pons, dans la nuit du
1er au 2 octobre 1567.

Le 1er octobre 1567 les protestants, conduits par Sébastien
de Genibrouze, vicomte de Saint-Amans, qui venait d'embrasser

avec fureur le parti de la Réforme, se présentèrent sous les murs de la ville (¹). Les remparts de la ville étaient suffisants pour pouvoir la défendre et pour résister à une attaque jusqu'à l'arrivée des troupes royales; mais certains habitants mal intentionnés contre les religieux et espérant un riche butin, ouvrirent pendant la nuit la porte aux troupes protestantes. Celles-ci songèrent à s'emparer du monastère des Bénédictins, où de l'or et des pièces d'orfèvrerie étaient entassés. Les protestants entrèrent par une « pourtanelle » qui donnait sur la ville, près du Pont Rouge, à côté de l'Evêché.

La situation du clergé devint vite précaire, et le 3 février 1572, Jehan de Lévis, maréchal de la Foy, vicomte de Monségur, chevalier de l'Ordre du Roy, capitaine de cinquante hommes d'armes, de son ordonnance, sénéchal de Carcassonne et de Béziers, donna ordre au premier des Conseillers de la Cour de se transporter à Saint-Pons.

Le 5 février, Guillaume de Boria, docteur en droit, conseiller à la Cour de Béziers, et Blaise Isarn, se rendirent à Saint-Pons, pour recevoir les dépositions de :

Messire Etienne Buscansolle, recteur de Labastide-Rouayroux, syndic du clergé; Pierre Augier; Guillaume de Lavit; Jean Massip; Anthoine Belot; Anthoine Molinier; François Merchand; Estienne Buscailet; Phalip Fornier; Darde Fabre; Jehan de Bonnafous, sieur de Bourgayroux; Jacques Senly; Estienne Besses, et Jehan Cabrol, sieur de Salebielhe.

De toutes ces enquêtes il résulte que les protestants saccagèrent le monastère des Bénédictins, rasèrent l'église, le cloître, les maisons des religieux; de même, le couvent des Dames Bénédictines, situé près le cimetière Saint-Martin et le Pont Rouge fut complètement démoli. Les chapelles ou ermitages Notre-Dame des Joyes, Saint-Barthélémy, Les Caussades, l'Oratoire du Foiral, situées dans le diocèse, furent détruits.

Les frères religieux Rolland Paris, Cristoffle de Caylus de Colombière et Alexandre de Prinet de la Molière furent tués. D'autres furent faits prisonniers « et après exhortés par les mynistres de ladicte relligion; et pour ne se voloir réduire à icelle furent menés au lieu le Gravas hors et près le mur du dict

____

(1) *Enquête sur la prise de la ville de Saint-Pons* (1567), par J. SAHUC, Le Vigan, août 1909.

Saint-Pons, où l'on a acostumé porter les chevaux et autres bestes mortes, et là les tuarent... » (¹).

D'autres personnes furent rançonnées, notamment le prieur de Ferralz, que les religionnaires avaient placé au sommet du clocher, pour lui faire déclarer où était son trésor. Les cloches furent pillées et fondues par les assiégeants. Le même traitement fut appliqué dans tout le diocèse « toutes les églises ont été pilhées et arasées entre autres La Salvetat, Anglès, la Besse, Fraïsse, La Bastide, les Uscladelles, Ferrals, Cassanholles, Sire, Azilhanet, La Calmette, le Lina (²), Pardelha, Riolz, Premyan, Rieussec, Saint-Jullien (³), Larson et autres qui n'est mémoratif, qu'on peult encore de présent voir ruynées, et croyt estre impossible aux ecclésiastiques remettre lesdites églises, mesmes celles dudit Saint Pons en l'estat qu'elles estoient pour cent mil escus... ».

La déposition de Guillaume de Lavit, second consul, qui alla rejoindre l'armée catholique commandée par François de La Jugie, baron de Rieux, fit une déposition semblable. Il ajoute que les monastères et les églises des environs de Saint-Chinian furent également démolis et rasés.

Messire Jean Massip, notaire royal de Saint-Chinian, dit que le bétail à laine de l'abbaye de Fontcaude fut enlevé par les protestants et que dans toutes les localités, sauf celles de Cessenon, Olargues, Olonzac et Minerve, les établissements religieux et les églises furent rasés.

Pour payer leurs rançons, les religieux de Saint-Pons empruntèrent à Manon Cartolle et à Jehan Cabrol, sieur de Salebielhe, à des conditions assez dures, puisque la dîme du blé fut donnée en paiement à vil prix.

Les livres et les documents de l'abbaye de Saint-Pons furent brûlés, et si l'on en juge par l'inventaire de 1276, dressé par l'abbé Pons, cette collection était remarquable.

Pendant longtemps les moines, n'ayant plus de logement, furent obligés de résider dans les villes, parmi les laïques, il en résulta un relâchement des mœurs régulières et, en 1630, beaucoup de religieux demandèrent leur sécularisation à Pierre de Fleyres, évêque, et elle leur fut accordée.

(1) Déposition de Pierre Augier, bourgeois et premier consul de Saint-Pons.
(2) Ferme des Verreries de Moussans, près Plan-Vernet.
(3) Près Olargues.

Parmi les objets pillés ou brûlés, en 1567, se trouvaient une série de tapisserie représentant l'histoire de Saint-Pons et de très belles orgues.

Avant la révocation de l'Edit de Nantes (octobre 1685) les passions religieuses étaient éteintes depuis longtemps. Pour des raisons religieuses et surtout pour des raisons politiques le roi Louis XIV fut amené à abroger cette sage mesure prise par Henri IV.

La conception omnipotente de l'Etat, incarné dans le pouvoir royal, ne pouvait admettre un Etat dans l'Etat; il y eut surtout la question des protestants hollandais et des protestants anglais, qui entretenaient des correspondances avec leurs coréligionnaires français.

En 1663, on ne trouvait dans le diocèse de Saint-Pons, que des protestants, dans les communautés d'Anglès et de Labastide-Rouairoux.

D'après la statistique faite par d'Aguessau et que Camille Rousset a rapporté dans son Histoire de Louvois (¹), il y avait alors en Languedoc 182.000 protestants, dont 1.024 seulement dans le diocèse de Saint-Pons, cantonnés exclusivement dans les communautés d'Anglès, de Labastide-Rouairoux et des Verreries de Moussans.

Anglès est situé dans la partie montagneuse du diocèse, les protestants y avaient un temple et un cimetière, mais pas de maisons, ni terres, ni héritage.

De 1656 à 1662 chacun payait annuellement une contribution volontaire au ministre. Mais à partir de 1662 l'imposition annuelle fut fixée à 402 livres, et les religionnaires payaient en sus « les frais de chambre, de sonneurs, de la cène, du synode, du colloque, de l'entretien et de la réparation du temple, les frais de dettes communs » (²).

A Labastide-Rouairoux les protestants avaient aussi leur temple et leur cimetière, jusqu'en 1662 ils n'eurent pas de ministre attitré, et ils payaient volontairement une taxe au ministre qui les visitait de temps à autre.

Quand le Synode leur eut attribué un ministre sédentaire, ils s'imposèrent annuellement pour une somme variable, qu'ils payèrent sans l'aide de collecteur.

(1) *De Percin de Montgaillard*, par J. SAHUC, page 92.
(2) Archives Hérault. C. 278.

Aux Verreries de Moussans il y avait bien un exercice, mais sa création était contraire à l'Edit de Nantes. Le centre protestant des Verreries de Moussans était à la verrerie de Crouzet, qui appartenait à la famille de Riols, sieurs de Crouzet, nous ferons une étude détaillée plus loin.

Le cimetière de cette agglomération « appelé encore par les anciens « le cimetière des protestants » est situé à droite du chemin forestier allant des Verreries Basses à Crouzet, au lieu dit « la segondo birado », il y a une quinzaine de pierres tombales couvertes de broussailles, et dont les inscriptions sont effacées. Une de ces pierres marquant une sépulture est encore aujourd'hui au ras du chemin forestier. Cette partie de bois est presque impénétrable et elle porte le nom du « Repaou ». Une autre tombe complètement entourée de buis séculaires formant un petit bosquet, est située à 200 mètres du plateau de Crouzet, en se dirigeant vers le lieu dit la Serre; mais là aussi les broussailles créent une barrière inviolée, là repose Isaac de Riols, sieur du Causse.

Les religionnaires (presque tous gentilshommes verriers, habitant Crouzet) étaient dont obligés d'enterrer leurs morts la nuit et dans les forêts; cependant à notre connaissance il n'y eut aucun acte de violence commis aux Verreries de Moussans. Catholiques et protestants vivaient en bonne intelligence, travaillaient, se divertissaient ensemble et se quittaient librement les uns pour aller à la messe, les autres pour aller au prêche.

Quand les mesures de rigueur et de violence furent appliquées les protestants du diocèse de Saint-Pons en souffrirent moins qu'ailleurs, grâce aux idées généreuses et éclairées de l'évêque Pierre-Jean-François de Percin de Montgaillard.

De tous les édits et de toutes les prohibitions restreignant la liberté de conscience des protestants ce généreux prélat ne retint que l'Edit de 1.666 sur les conférences et les missions publiques il allait lui-même trouver chez eux, ceux qu'il voulait instruire et convertir.

Il use beaucoup plus de la persuasion et de la discussion que de la violence si légère soit-elle. Il s'appuie sur l'autorité des Conciles, sur celle des auteurs sacrés et de l'Ecriture Sainte pour convaincre les religionnaires, qu'ils n'ont pas de motif suffisant pour se séparer de l'église catholique. Cet évêque était même disposé à toutes les condescendances possibles pour leur faciliter le retour.

Cette manière de voir fut bientôt condamnée par les évêques limitrophes, et bientôt les sévérités redoublèrent par ordres particuliers de M. de Louvois. Il écrivait, le 11 juillet 1685, au marquis de Boufflers « qu'en exécution des ordres de Sa Majesté, dont je vous envoie un grand nombre en blanc et que vous remplirez à cet effet vous fassiez marcher dans chaque communauté le nombre de cavalerie, d'infanterie ou de dragons que vous concerterez avec eux; que vous les fassiez loger entièrement chez les religionnaires et les délogiez de chaque particulier, à mesure qu'il se convertira » (¹).

Au mois d'octobre 1685, Louis XIV, signe à Fontainebleau l'édit portant révocation de l'Edit de Nantes octroyé en avril 1598; ensemble les articles particuliers arrestés le 2 may en suivant; lettres patentes expédiées sur iceux l'édit donné à Nîmes au mois de Juillet 1629 et les concessions faites en conséquence, en faveur de ceux de la R. P. R. (²).

Cet Edit fut enregistré, le 27 octobre 1685, à la Cour des Comptes, Aides et Finances de Montpellier. Lecture en fut faite le même jour, les Chambres assemblées, en présence du duc de Noailles à la tête de la compagnie, et du sieur comte de Roule, lieutenant général, pour le roi, au pays de Vivarez.

Dès que les ministres protestants eurent connaissance de ces nouvelles mesures, ils réclamèrent leur passeport pour quitter le diocèse de Saint-Pons.

Jacques Houlez, ministre à Anglès, demande à sortir par Bordeaux pour se réfugier en Angleterre avec Renée Maurel, sa femme. Jean Lamotte, ministre de Labastide-Rouairoux, se dirige sur Genève, par Lyon, avec sa femme Olympe Audibert, et deux filles, l'une âgée de deux ans neuf mois et l'autre de un mois et demi « avec une nourrice pour l'allaiter, comme il résulte de l'attestataire du lieutenant criminel de Castres » (³).

La fureur religieuse de ces populations surchauffée par les édits royaux et le personnel administratif s'acharne aux biens des consistoires et se livre à des actes regrettables. Nous signalons les faits suivants, car ils se sont produits dans le voisinage de Moussans.

A Anglès, le temple fut abattu et complètement rasé, le cime-

(1) RHULIÈRE. *Eclaircissements*, page 296.
(2) Archives Hérault. C. 259.
(3) Archives Hérault. C. 275.

tière fut affermé pour le prix de quatre livres distribuées aux pauvres, la cloche du temple, brisée lors de la chute du clocher, fut abandonnée au ministre pour qu'il se dédommage d'une année de gages.

Les pierres provenant de la démolition du temple furent employées à clôturer le cimetière de la paroisse et à paver une rue devant l'église. Les portes, les fenêtres, les pierres de taille furent employées à la construction de l'église rurale de Saint-Martin d'Uscladelles près Anglès. La chaire, les bancs et quelques poutres furent transportés à l'église où ils servirent à agrandir la maison presbytérale (¹).

A La Bastide-Rouairoux le temple fut complètement rasé : la chaire, les bancs et quelques autres sièges furent transportés dans l'église des Verreries-de-Moussans (village appelé à cette époque Fon de l'Estat); les balustrades furent placées dans l'église de Labastide. Le couvert et les pierres provenant de la démolition du temple servirent à agrandir le presbytère. Une colonne qui soutenait la galerie du temple fut employée à faire une croix; « le reste des matériaux n'étant pas de grande valeur furent pris par ceux qui en voulurent ».

Une ordonnance de M. de Basville, de novembre 1685, ordonna aux « anciens sindics, greffiers et escrives des consistoires supprimés de la R. P. R. de représenter les titres des biens de ces consistoires.

Le 16 février 1686, le juge de la ville de Saint-Pons, Antoine Gayraud fut commis pour recevoir cette déclaration et le 9 mars suivant, assisté de son greffier, Jean-Jacques Pagès, notaire à Saint-Pons, fit assigner les anciens greffiers du Consistoire à La Bastide, dans la demeure d'un sieur Calas, sous l'enseigne du « Lyon d'Or » (²).

Le 22 février 1686, les sieurs Jean Saïs, sieur de Campan; Pierre de Riols, sieur de Fontclare; Cabriès, Mathieu Calas, Hélie Benoist, Mathieu Viallet, Pierre Mainadier, Houlès, Moyse Rouanet, Pierre Benoist et Pierre Lignon firent leur déclaration après avoir promis de dire la vérité « la main mise l'une sur l'autre sur les Saints Evangiles de Notre-Seigneur ».

---

(1) Archives Hérault. C. 275.
(2) Verbail fait pour l'exécution de l'Ordonnance de Monseigneur l'Intendant touchant les revenus des Consistoires de ceux de la R. P. R. du diocèse de Saint-Pons. Archives Hérault. C. 275.

Le 23 février 1686, ce fut le tour des membres du Consistoire d'Anglès : Charles Mascarenc de Rayssac, Cabrol, Jean Alquier, Jean Gudados, Pierre Fabre, Pierre Bonnet, Pierre Savaric, Jean Houlès, sieur de la Fontésié, vinrent déclarer la situation financière de leur Consistoire.

Le personnel administratif essayait de convertir les religionnaires par les dragonnades, l'évêque de Saint-Pons, au contraire, essayait la persuasion par une armée de missionnaires dont il était le plus actif. Il employa des oratoriens et des séculiers, mais pas les jésuites au grand déplaisir du Père La Chaise.

Les changements rapides de religion inquiétaient M. de Montgaillard, car les conversions ainsi faites lui semblaient, avec justes raisons plus intéressées que sincères. Il opposa toutes ses forces et toute son énergie aux mesures violentes que l'autorité royale et les autorités provinciales ordonnaient à l'égard des nouveaux convertis pour imposer des communions forcées. Il écrivit plusieurs fois, à ce sujet, à M. le comte d'Husson, commandant les forces militaires en Languedoc.

Cette opposition de M. de Saint-Pons commença à émouvoir le pouvoir royal, le 11 décembre 1685, Louvois écrivait à M. de Basville : « le Roy a esté adverti que M. l'évêque de Saint-Pons n'a point voulu se servir de troupes pour obliger les religionnaires de son diocèse à se convertir.

« Sa Majesté aura bien agréable que vous me mettiez en estat de lui rendre compte de la vérité de cet advis et du nombre des religionnaires qui restent dans ce diocèse » (¹).

Le 26 janvier 1686, une lettre de Louvois ordonne de mettre en prison le curé d'Anglès qui a eu de la complaisance pour les religionnaires ».

Après une série de tiraillements réciproques, M. d'Husson, commandant de troupes, pénètre dans le diocèse de Saint-Pons et se rend à Anglès.

Les compagnies de dragons de MM. de Caffignol et de Savigny sont logées dans la communauté. En 1690 il y avait encore, à Anglès, les officiers de la Compagnie et les mestres de camp du régiment de Mouban.

La situation était délicate vis-à-vis des religionnaires qui

---

(1) Archives Ministère de la Guerre. Archives anciennes, vol. 758, fol. 1175.

avaient abjuré publiquement et qui cependant ne prenaient aucune part aux exercices de la religion catholique.

Louis XIV fit consulter l'évêque de Saint-Pons, à ce sujet, le 12 juillet 1698.

L'avis de M. de Montgaillard se résume en ceci :

1° (Pas de contrainte pour la fréquentation des sacrements et l'assistance à la messe;

2° Obligation d'assister aux instructions faites par des prêtres de vie irréprochable, devant user de la persuasion et de la douceur.

La Cour de Rome paraissait favorable à l'évêque de Saint-Pons, car le Pape voyait à contrecœur les persécutions exercées contre les religionnaires par un roi gallican, et ce ne fut que le 27 avril 1701, à la suite d'intrigues, que la censure fut prononcée contre les ouvrages de M. de Montgaillard.

Voilà comment, dans le diocèse de Saint-Pons, les rigueurs des dragonnades furent atténuées le plus possible, grâce à la fermeté, à l'élévation des idées, à la bonté de M. de Montgaillard, évêque de Saint-Pons.

Voyons quelles sont les influences de la Réforme sur la situation des gentilshommes verriers de la région Moussanaise.

La vie dans les bois avait influé sur le caractère des gentilshommes verriers, ils étaient très épris d'indépendance et ils supportaient difficilement les règlements émanant du pouvoir royal ou de l'intendant, tendant à restreindre de plus en plus leurs libertés professionnelles. Ajoutons à cela, la proximité des centres protestants de Castres, de Mazamet, de Labastide-Rouayroux, d'Anglès qui devaient influer sur l'orientation de la plupart d'entre eux pour le nouveau dogme.

Nous voyons de très nombreux membres des familles de Riols, de Robert, prénommés Isaac, Samuel, Nathanaël, Elie, David, Abel, indiquant une origine biblique, apparaître, dès 1550, dans tous les actes de vente, de mariage, de naissance.

En 1745, Robert Saint-Paulit alla prêcher le protestantisme à Moussans, décrété de prise de corps par l'Intendant de Languedoc, Lenain, il put échapper et éviter d'être mis en geôle au château de Ferrières.

Voici quelques faits qui méritent d'être signalés : Samuel de Riols, seigneur de Moussans et de la Boissonnade, épousa, le 31 mars 1664, Marguerite de Rozel (ou Rosophl, ou Rozoul).

Samuel de Riols, fils de David et de Anne Imbert, était le descendant du troisième fils de Bernard de Riols, premier de nom, sieur de Bourgue, vivant l'an 1480.

C'est la branche des Riols, seigneurs d'Espinassier, qui eut comme ramification la branche de Rieusséquel.

Signalons qu'en 1649, Samuel de Rosolph habitait Saint-Amans, il était propriétaire des métairies de Bellesier, de la Castellanne, des Grimares et de la Borio petite. Samuel de Rosolph était conseiller à la Chambre de l'Edit, à Castres. Il avait épousé damoiselle Catherine de Riols, qui lui apporta sans doute en dot la ferme de Rieusséquel.

Dans le remarquable ouvrage de M. Rey-Lescure (¹), publié par M. Gaston Tournier qui en acheva la rédaction, nous lisons :

« Pierre et Etienne de Riols, de Saint-Amans, se rendirent, en 1688, de Suisse en Hollande, le dernier était enseigne au régiment anglais de Cambon, le 1ᵉʳ avril 1689.

Ce Pierre de Riols était le fils de Samuel de Riols et de Marguerite de Rosel.

Voici l'origine des trois branches de la famille de Riols : Bernard de Riols, écuyer, sieur de Bourgues, eut trois fils : Suivant l'ordre de naissance :

1° Pierre qui fonda la branche des de Riols, seigneurs de Trémolèdes (ou branche d'Auvergne) ;

2° Jean qui fonda la branche des de Riols, seigneurs du Causse et de Crouzet. Les deux rameaux issus de cette branche sont les de Riols de Thaurines (en Rouergue) et les de Riols de Fonclare (en Languedoc).

Cette branche, dès 1550, embrassa le protestantisme;

3° Pierre, écuyer, qui fonda la branche des de Riols, seigneurs d'Espinassier. Une ramification alla s'établir à Saint-Amans, au lieu dit Rieusséquel. Cette branche embrassa aussi la religion prétendue réformée.

Dès cette époque (1550) un culte clandestin s'était établi aux Verreries de Moussans, il n'y a aucune erreur possible.

Dès 1667 (²), des plaintes sont adressées à l'évêque de Saint-Pons, contre les calvinistes qui veulent établir leur culte à Verrières.

(1) Géraud DUMONS. *Les Réfugiés du pays Castrais*, Mazamet, 1924, p. 289.
(2) Archives du Tarn. C. 72.

Ci-dessous nous allons signaler les actes notariés où il est question de la religion protestante dans les branches de la famille de Riols.

Le Testament de noble Jean de Riols, sieur del Causse, « habitant à la verrerie du Crouzet, terroir de Rieussec de Minerve, de la R. P. R., mentionne les dispositions ci-dessous (¹) :

« Premièrement a recommandé son âme à Dieu le père tout puissant le suppliant très humblement par le nieule de la mort et passion de son bien cher fils Jésus Christ lui faire pardon et remission de ses faultes et péchés qu'il a commis en ce monde afin que mourant de la mort des justes, il le puisse posséder éternellement dans le paradis, voulant après son décès estre ensevely, en la forme de la religion préthendue réfformée dont il fait profession. »

Ont signé comme témoins, à cet acte, nobles Jean-François de Robert, sieur de Talibert, Pierre Pailhous, Jacques Albert, Jacques Lanet, noble Jacques de la Roque, sieur del Bosc, noble Etienne de Berlin et Etienne Rouanet, habitants de la Fou de l'Estat.

A ce sujet mentionnons que la puissance paternelle au XVII⁰ siècle n'était pas un vain mot, et qu'il fallait un acte authentique pour enlever un enfant à la « patria potestas » du chef de famille. Cette situation fut encore renforcée par les idées patriarcales puisées dans la lecture de la Bible. A cet effet nous jugeons utile de publier *in extenso* l'acte d'émancipation de Samuel de Riols, sieur du Plos, fils de Jean de Riols, sieur del Causse (²).

« L'an mil six cens septante sept et le quinziesme jour du mois Janvier, dans le lieu du Crouzet, diocèse de Saint-Pons de Thomières,

Reignant très chrestien prince Louis par la grâce de Dieu, roi de France et de Navarre,

Par devant moy, notaire royal dudit Saint-Pons et tesmoings bas nommés, constitués en personne noble Samuel de Riols, sieur du Plos, fils de noble Jean de Riols, sieur del Causse, habitant dud. Crouzet,

Lequel étant à la présence dud. sieur del Causse, son père, à genoux, ayant les mains jointes, luy a dist et représenté qu'ayant

---

(1) Acte 23 septembre 1675. Pagès, notaire. Saint-Pons.
(2) Acte du 15 janvier 1677. J.-J. Pagès, notaire. Saint-Pons.

asteint l'àge de trente cinq ans et estant marié depuis quelques
années, il est dans un état de pouvoir se gouverner et négotier
ses affaires, sans avoir besoin de l'authorité paternelle. C'est
pourquoy il a très humblement supplié sond. père de le vouloir
émanciper et le tirer hors de sa puissance, luy protestant qu'il
continuera toujours l'obéissance d'un très fidelle fils.

Sur quoy, led. sieur del Causse père considérant son dit fils
être dans un âge compétent pour pouvoir valablement agir et
faire ses profits partout lieu sans son assistance, reconnaissant
sa sagesse et discréption, de son bon gred, franche et pure
volonté l'a mis et met hors de la puissance paternelle pour, sans
sa participation ni assistance, pouvoir librement agir, contrac-
ter, négocier et faire ses autres proffits particuliers, ester en
jugement et générallement faire toutes autres choses qu'une
personne libre pourroit faire.

En signe de quoy, il luy a donné sa bénédiction, déjoint les
mains et levé debout.

Dont acte fait et recillé au lieu que dessus après midy précises
le sieur Jacques Crenne et Jacques Albert dud. Saint-Pons,
signés et moy Jean Jacques Pagès, notaire. »

La branche de Riols de Fonclare, professa pendant quelques
années le protestantisme, mais, dès 1690, il est certain que cette
religion fut adjurée pour la religion catholique, sans doute après
la mission pacifique de Percin de Montgaillard, évêque de Saint-
Pons qui, par sa douceur, sa bonté fit plus qu'en employant la
violence.

Dans les archives de la paroisse des Verreries de Moussans,
conservées à la mairie de Saint-Pons, l'acte le plus ancien est
le suivant :

« Le 6 mai 1696, a été baptisé noble Pierre de Riols, fils dautre
sieur de Fonclare et de demoiselle Jeanne de Robert de la Roque;
parrin noble Jean de Robert sieur de la Vergnie, marrine demoiselle Marie de Vabre, feme du sieur de la Vergnie.

Signé : MARCOUIRE, curé.

Nous savons que par l'Edit portant révocation de l'Edit de
Nantes, en 1685, les protestants étaient privés de tout état civil;
il n'est donc pas étonnant que antérieurement à 1685 nous ne

découvrions rien dans les archives conservées à Saint-Pons.

Dans le testament de Marguerite de Riols. morte, le 4 novembre 1731, à l'âge de soixante et un ans « dans la communion de l'église catholique où elle entra depuis un an environ », cette disposition semble indiquer une série d'abjurations individuelles, mais non collective.

En résumé, voici quelles sont les religions des trois branches de la famille de Riols :

a) La branche aînée de Riols de Trémolèdes (ou branche d'Auvergne) conserva toujours la religion catholique ;

b) La branche cadette de Riols, sieurs du Causse, qui se subdivise en : branche de Riols de Thaurines qui se fixa dans le Rouergue et en branche de Riols de Fonclare, qui se fixa en Languedoc : la religion protestante fut embrassée vers 1550 et abjurée individuellement à partir de 1690 ;

c) La branche de Riols sieurs d'Espinassier ou branche de Rieusséquel embrassa le protestantisme vers 1550 et elle le conserva. Cette ramification s'est éteinte, après le mariage de Jean-Jacques de Riols, en 1814, avec Elisabeth-Lucie Le Brun, ils eurent trois demoiselles.

CONCLUSION

Voilà terminée cette étude sur la région Moussanaise; certains passages ont pu paraître arides au lecteur, mais le sujet ne se prêtait guère aux jolis développements. Nous nous sommes appuyés sur des documents pour étayer nos affirmations, nous avons même reproduits *in extenso* ceux qui nous ont paru les plus intéressants pour que le lecteur puisse contrôler nos dires, s'il le juge à propos. Nous avons multiplié les références pour que chacun puisse remonter aux sources, et si plus tard quelqu'un de plus qualifié que nous veut reprendre ce travail, nous lui en avons facilité les moyens.

Les gentilshommes verriers qui, au cours du XVI, du XVII et même du XVIII siècle ont multiplié les verreries forestières, soit à Moussans, soit dans l'Ariège, constituaient un aspect pittoresque de la Société de notre ancienne France, nous avons tenu à les sortir de l'oubli où la grande manufacture et même la machino-facture les avait plongés, à partir du XIX siècle.

Nous serons heureux si nous avons pu intéresser le lecteur et si nous avons pu le faire réfléchir sur les conditions d'existence de ces gentilshommes verriers. Existence faite de travail, d'indépendance, dure parfois, mais aussi combien variée.

TABLE DES MATIÈRES

Toulouse, Imprimerie J. BONNET, 2, rue Romiguières.